非民主政治的经济理论

沈友军 著

中国社会科学出版社

图书在版编目(CIP)数据

非民主政治的经济理论／沈友军著．—北京：中国社会科学出版社，2015.11
ISBN 978-7-5161-7082-3

Ⅰ.①非…　Ⅱ.①沈…　Ⅲ.①政治经济学—研究　Ⅳ.①F0

中国版本图书馆 CIP 数据核字(2015)第 268460 号

出 版 人　赵剑英
责任编辑　王　琪
责任校对　胡新芳
责任印制　王　超

出　　版　中国社会科学出版社
社　　址　北京鼓楼西大街甲 158 号
邮　　编　100720
网　　址　http://www.csspw.cn
发 行 部　010-84083685
门 市 部　010-84029450
经　　销　新华书店及其他书店

印刷装订　三河市君旺印务有限公司
版　　次　2015 年 11 月第 1 版
印　　次　2015 年 11 月第 1 次印刷

开　　本　710×1000　1/16
印　　张　15
插　　页　2
字　　数　238 千字
定　　价　55.00 元

目　录

引 言

政治学为什么远远地落后于经济学？[①] 如果撇开其他方面的原因不谈，仅仅从方法论方面寻找原因的话，目前的政治学的主流方法论存在什么缺陷？对于政治学来说，有没有相对而言较好的（当然也不可能是完美的）方法论可供采用？如果有，它可能是怎样的？这一类问题属于政治学方法论方面的问题，研究这些问题对于发展政治学乃至推动政治发展来说都具有重大的意义。

较好的方法论，应该能够指导我们获得新的、重要的具体研究成果；方法论本来就是工具，而不是目的本身。如果笔者要批评目前的政治学方法论的某些方面，要探索较好的方法论，那么，笔者最好运用新的方法论从事某项具体的研究工作，也就是说解答某个具体问题，以显示新方法论在某些方面的优势。

本书打算解答的问题是：如果我们将主流公共选择理论的背景条件假设（即西方民主政治制度）改为非民主政治背景条件假设，那么，从逻辑上说，理性经济人的政治行为将具有哪些规律？对于这一问题的回答，可以构成一个关于非民主政治的产生、维持和转型的条件或原因的理论。而好理论的最重要的特征是它的解释[②]范围比较宽广，而且能够解释比较精微的差别（也就是说解释的精确度

---

① 本书无意否定政治学已经取得的巨大成就，但是，这里的重点不是罗列成就，而是探讨其不足。本书是通过与经济学比较来阐述政治学的落后性的，两者具有一定程度的可比性的原因在于它们都是研究具有自由意志的人的行为的学科。

② 严格来讲，本书中的解释一般指科学哲学中的“说明”，不是诠释学中的解释。其特点是通过普遍规律，加上辅助条件，来演绎推论出个别现象。

高)，因此，本书打算让关于非民主政治的理论解释如下更加具体的问题：

为什么古代东方的非民主政治和西方的非民主政治有巨大差别(东西之别)？或者说，为什么古代东方独裁和西方独裁在程度上有巨大差别？

为什么古代的非民主政治和现当代的非民主政治有巨大差别(古今之别)？这个问题可以细化为两个问题：(1) 到了现代，在发达的资本主义国家德国和意大利为什么会产生极权主义独裁？(2) 现当代时期，为什么大量的非民主国家开始民主化？

生产力水平低下的原始社会为什么有民主？而生产力水平比原始社会高的大多数奴隶社会、封建社会为什么没有民主？然而，为什么古代雅典城邦、罗马共和国又有民主？

综上所述，本书虽然横跨政治科学、经济科学（特别是公共选择理论、新制度经济学）、哲学（特别是科学哲学）、历史学（特别是政治史和思想史）四大学科，但注意力却始终要集中在两个方面的工作上。一个方面是在政治学（特别是政治科学）方法论方面的革新；另一个方面是将新的政治科学方法论尽量严格地付诸科研实践，做一个示例，并且力求在这一具体研究中做出较多的创造性贡献。这两方面的研究在本书中是相互支持的关系。通常人们是以方法论指导具体研究，本书也有这一特点；所不同的是，笔者同时还希望第二方面的具体研究成果又能反过来凸显本书方法论的优点，构成对于第一方面的研究结论的支持，从而促进政治科学摆脱贫困落后的状况。

一 现行政治科学方法论的落后

和经济科学相比，政治科学还比较落后。其重要原因之一是，在一定程度上，政治学方法论还没有完全走出休谟（Davi Hume,

1711—1776)[①]、孔德[②]之前的时代，更不用说吸收科学哲学家波普尔的研究成果了。[③] 本书无意否定政治学方法论已经取得的成就，这里的尖锐批评是从如下特定角度提出来的。

休谟提出了两个著名的“休谟问题”，一个是伦理学或价值论意义上的“是—应该”问题或“事实—价值问题”，一个是逻辑学意义上的“归纳问题”或“因果问题”，政治学界往往漠然置之。对于“事实—价值问题”的漠视表现在：混淆实证研究与规范研究；重视后者，轻视前者。对于“归纳问题”的漠视表现在：沉迷于堆积事实资料，热衷于描述，企图从一个或多个的个别事实（单称命题）归纳出全称命题（普遍规律）。这里还存在着对“实证研究”的一种误解，即以为关于“个别”或历史过程的事实堆积得越多，就越“实证”。殊不知，其观察和描述必然渗透着大量未经检验的“理论”成见；而科学哲学家汉森已经提出“观察渗透理论”[④] 的命题。这种“实证”研究过于追求“个别”，殊不知再多的对“个别”事物的描述也构不成理论，理论需要的是指出共性或者普遍规律，进行解释和预测。对于普遍性规律的探索需要的是大胆地“猜想”，猜想的逻辑可能是归纳，也可能是演绎，还可能是类比……在提出猜想性的假说之后，必须进行演绎推导，得出可以检验的推论，并让这些推论接受经验事实的检验。

没有过于追求“个别”的一些政治学家又处于另一极端，那就是过于追求“内在本质”，却严重忽视理论检验，其科学哲学知识处于孔德之前时代的水平。自从孔德要求摆脱神学、形而上学阶

① 休谟最早指出了从“是”推不出“应该”，或者从“事实”推不出“价值”，但是，政治学（特别是中国政治学）往往还在混淆“是”与“应该”或者“事实”与“价值”。休谟最早质疑了归纳逻辑的合理性，但是，实证政治学仍然漠视“归纳问题”。从以上两个角度来说，政治学方法论还没有完全走出休谟之前的时代。

② 孔德最早提出实证科学与神学和形而上学的区别，提倡实证科学，但是，政治科学界仍然还有不少人在探讨无法由经验事实检验的“本质”等东西，从这个角度来说，政治科学（特别是中国政治学）还没有完全走出孔德之前的时代。

③ 政治学落后的其他原因很多，例如它更多地受到现实政治的影响或干扰，本书不讨论这些原因。

④ ［美］汉森：《发现的模式》，邢新力译，中国国际广播出版社 1988 年版，第 22 页。

段，进入实证阶段以来，经过逻辑实证主义的发展，科学界已经不仅仅沉思“内在本质”（因为它无法受到经验事实的检验），而且一定要通过可以观察的事实来检验关于本质的判断。批判理性主义者波普尔“革”逻辑实证主义的“命”，指出再多的单称命题也不可能“证实”全称命题（某个定律或理论），但是一个或少数几个单称命题可以“证伪”某个全称命题。于是，无论是自然科学，还是社会科学，研究的任务和过程就是发现问题，提出猜想（假说或理论），努力用经验事实检验（证伪）假说或理论，再提出新的猜想……

经济科学吸收了科学哲学的上述成果，因而创造了普遍性、原理性、演绎性、体系化的假说或理论，而政治学只有板块结构。政治学家甚至还不清楚：政治学能否成为科学？本书认为，政治学能够成为科学，即政治科学。① 论据是：虽然每个个别的人按照自己的自由思想和意志行动，但是，单个社会行动者的意图并不能决定事件的结果，事件的结果在某种程度上并非所有参与者预期的或向往的；社会或政治制度的“全部”特征极少符合任何人——即使是革命者或试图创造政治制度的“建国者”也不例外——的意图或如意算盘，从而使政治事件具有不以个人自由意志为转移的特征，这就保证了政治科学研究对象的客观性。恩格斯关于社会发展的“合力论”② 为我们提供了支持。其实，经济学的研究对象不也是具有自由意志的人吗？为什么经济学能够成为科学呢？艾克纳（Alfred S. Eichner）认为，只要人们能够为经济学确定更恰当的目标，这个问题就解决了。他说：“经济学研究的目标应当是对社会群体，而不是个人行为进行预测和解释。经济学作为一门学科所要描述的不是个人反应，而是个人作为一个大的社会体系中的一员的反应，也就是社会群体的经济行为。”③ 这个解决方案同样适用于政治科学。这再一次表明，目标不是个体，而是群体，如果仅仅是描述和搜集

① 政治学的另一组成部分是政治哲学。

② 《马克思恩格斯选集》第 4 卷，人民出版社 1972 年版，第 478 页。

③ ［美］阿尔弗雷德·S. 艾克纳主编：《经济学为什么还不是一门科学》，苏通等译，北京大学出版社 1990 年版，第 16 页。

“个别”政治人的行为资料，政治科学就不会有前途。政治科学需要采用“假说—演绎法”，提出普遍性、原理性、演绎性、体系化的假说或理论，然后检验它们是否符合事实以及符合的程度，如果不符合，就提出新的假说或理论……

新的政治科学方法论的要点总结如下：（1）正视“事实—价值”的问题。政治学一要将实证研究与规范研究区分开来，防止混淆；二要将实证研究作为规范研究的基础。（2）正视“归纳问题”。政治科学需要抛弃对描述和归纳的沉迷（当然，不一定完全放弃归纳思维），必须端正对“实证研究”的认识。实证研究分为两类：理论实证和经验实证。理论实证包括两个主要阶段：从现实中概括抽象或“创造抽象”出所研究内容的基本关系或基本假设条件的阶段；以此为基础或出发点进行逻辑演绎的阶段。理论实证的过程可以说是一个“假说—演绎”的过程，它是实证研究过程的第一个阶段。[①] 第二阶段才是经验实证阶段，后者就是对理论实证阶段得到的理论假说及其推论进行经验检验的过程。“最好的经验研究是有理论观照的那种经验研究。”[②] 今天的“政治科学”的“实证研究”缺乏理论实证，其经验实证常常是无的放矢，沦为资料的堆积。政治科学的出路在于按照上述要求进行实证研究，目前尤其要注意做好理论实证研究。（3）在解释模式上，政治科学可以考虑接受理性选择模式，这一点将在第三章介绍。

二　将新的方法论严格地付诸科研实践

在尝试做第二个方面的工作——即将新的政治学方法论严格地付诸具体的科研实践——时，本书选择的问题来自公共选择理论的一个矛盾：它的理性经济人假设既然适用于民主政治，就更加没有理由不适用于非民主政治，可是它主要只是研究了民主政治背景下

① 陈宪主编：《经济学方法通览》，中国经济出版社 1995 年版，第 228 页。

② ［英］吉登斯：《何为社会科学》，于海译，《社会》2001 年第 11 期。

的理性经济人的行为逻辑；它既然自称是“政治的经济学”理论，就没有理由只提供“民主政治的经济学”理论体系，可是它确实缺乏“非民主政治的经济学”理论，更不用说“无国家、无政府状态下的政治的经济学”理论了。

为什么绝大多数公共选择理论家刻意回避“非民主政治的经济学”理论呢？因为他们把政治看成交换，这大致符合民主政治的事实；然而，非民主的政治是否也能被看成交换呢？这个问题一定是难住了公共选择理论家。布坎南（James M. Buchanan）就左右矛盾，有时他认为非民主的政治也是交换，有时他似乎认为那是掠夺性政治（predatory politics）。[①] 矛盾解决不了，公共选择理论家就选择回避，只提供“民主政治的经济学”理论。只有少数几个公共选择理论家［其代表是罗那德·温特罗布（Ronald Wintrobe）］尝试将经济学方法用于各种非民主政治研究，但是，他们所研究的非民主政治其实只是西方的非民主政治，不符合古代甚至近代东方的专制主义之事实。新制度经济学家则果断地把一切政治都看成交换，几乎连盗窃和抢劫也不例外；这样，道格拉斯·C. 诺斯（Douglass C. North）的制度变迁理论涉及非民主政治，并且提出了所谓的“诺斯悖论”，诺斯可能以为这个悖论适用于各种国家，其实它只适用于非民主国家。[②]

在非民主政治中，被统治者——按照李慎之先生的说法就是“子民”[③] ——与统治者之间的关系中也有一些交换的因素，但是，其主要因素不是交换，而是非交易性关系，严重的可以称为掠夺与被掠夺的关系。关于交易的政治学无法解释非民主政治中统治者与被统治者之间的主要关系，如果仍然要用经济学方法分析两者之间的关系和两者的行为，就需要回到经济学的“成本—收益”分析框

① James M. Buchanan, *Liberty, Market and State*, Cambridge: Harvester Press, 1986, p. 90.

② 沈友军：《“诺思悖论”的存在条件》，《云南行政学院学报》2001 年第 2 期，《复印报刊资料——政治学》2002 年第 1 期。

③ 李慎之认为，把中国老百姓说成“臣民”仍然不够确切，而说“子民”好一些，笔者接受这种看法。见李慎之《中国文化传统与现代化》，《战略与管理》2000 年第 4 期。

架中来。只要资源是稀缺的、行为表现为选择，而选择意味着放弃某些价值从而意味着机会成本，就能够采用经济学方法进行分析。这样，本书就解决了如何运用经济学方法研究非交易性政治的问题。区分交易性政治和非交易性政治，对于非交易性政治中的统治者与被统治者之间的关系和行为，采用“成本—收益”分析方法加以分析，这是本书对于公共选择理论、新制度经济学的突破之一。这一突破为运用经济学方法分析非民主政治打开了大门，为公共选择理论的本土化打开了大门，因为我国拥有漫长的非民主政治的历史，这些历史需要得到公共选择理论的解释。

但是，一般来说，非民主政治中的子民与革命家之间的关系还是交易关系，这里才是交易政治学继续适用的领域。这是本书对于公共选择理论的第二个突破。这一突破改变了非民主政治的经济学理论的重点，也就是把重点分析内容从统治者与子民之间的关系转到了子民与革命家之间的关系。

总的来看，关于子民与革命家之间的交易政治学分析、关于独裁者与其子民的非交易性关系的“成本—收益”分析在本书中被整合到一个大的框架中来了。另外，本书的问题源于公共选择理论，然而解决方案中却借鉴和发展了大量的新制度经济学的成果；实际上，本书是把公共选择理论和新制度经济学理论的研究途径整合到一个理论框架中来了，这个理论就是本书提出的“非民主政治的经济学理论”，严格地讲，它是一个假说，需要继续接受经验事实的检验。

如果子民与革命家之间的交易能够以零成本顺利地进行，那么任何非民主政体都不能存在，政治权利的配置将会是平等的，不管其初始配置状况如何都会如此。这就是本书提出的政治科斯定理。本书没有把（经济领域中）资源配置的效率标准赋予政治科斯定理，相反，本书赋予它的标准是政治权利配置的平等标准，这是本书对于新制度经济学已有的政治科斯定理的突破。这一突破使得新制度经济学方法对于政治制度的分析转移了重点，即从关注经济领域的效率转向关注政治领域的权利配置。

由这一政治科斯定理也可做出推论：如果一个政体是非民主的，那么，其存在原因一定是该政体下子民与革命家的政治交易费用（如无特别说明，政治交易费用即指子民与革命家之间的政治交易费用）高过了某一程度。这差不多是一个同义反复，然而，正如经济学家们指出过的，经济学分析常常是同义反复，可是这些反复能够给我们带来发现。本书正是因此将重点转向政治交易费用状况的。

本书的假说惊人的简单：非民主政治之所以产生和维持，是因为政治交易费用高于一定程度，使得子民与革命家难以达成足够的联合来推翻现行统治者，独裁成本因此比较低；它如果发生转型，也就是发生民主化，是因为政治交易费用下降到一定程度了，独裁成本因此比较高，以致无论怎么努力也不可能建立和维持非民主政治，民主政治就建成和维持下来了。按照逻辑实证主义的说法，这一论述只是分析性的（正确性完全取决于用词的含义），还不是综合性的（正确性取决于经验事实）。[①] 下面本书要使它们变成综合性的命题，以便接受经验事实的检验。

一般来说，政治交易费用取决于子民与革命家的不确定性程度。关键问题在于，打算接受经验事实的检验的综合性命题必须明确地指出：是哪些因素影响着不确定性从而影响着政治交易费用？将这些因素明确下来之后，学术界就可以进行命题或理论的检验工作了。

本书的假说指出，在自然科学技术（特别是信息技术）落后的时代，例如古代，“国土”大小、人口多少、人们的空间距离等因素都是影响不确定性程度的重要因素。在无国家、无政府的原始社会，“国土”更小，人口更少，人们的空间距离更近，所以不确定性程度更低；再加上亲密的血缘关系、低下的生产力水平降低了独裁收益，而险恶的外部环境又提高了实施独裁的机会成本。所以原始社会尽管生产力水平低（此时，生产力水平低下甚至还是一个有利于民主的条件），还是有民主。以上所述是既合乎逻辑也合乎常识的。古代雅典和罗马为什么有民主？因为其独特地理环境使其能够幸运地拥有“小国寡民”条件，后者有助于降低不确定性。其实，雅典如果不被外部的独裁国家消灭，它也会随着“国土”和人

① ［美］阿尔弗雷德·S. 艾克纳主编：《经济学为什么还不是一门科学》，苏通等译，北京大学出版社1990年版，第23页。

口的扩大而趋向独裁制度的，“提洛同盟”时期的雅典其实在向非民主政治发展；[①] 而罗马的国土和人口扩大之后，民主就被帝制取代了。生产力水平提高了，然而，民主几乎在全世界绝迹了。

不过，雅典与罗马的民主政治为世界留下了最珍贵的遗产；在雅典和罗马，思想和“学术”的发展比较自由，没有思想独裁，具有民主性质的政治知识就产生了。政治知识是波普尔所说的“世界3”的重要成员，具有客观性、实在性和自主性，它长期而持久地影响着不确定性、政治交易费用和独裁成本。民主性质的政治知识这一遗产由于降低了西方世界的不确定性、政治交易费用，提高了独裁成本，因此构成了对于世俗世界的恺撒和屋大维们（打算建立和维持非民主统治的人）的制约，使得古代西方即使进入了非民主政治时代，它们的独裁程度也远远比不上长期实施思想独裁的古代东方专制主义。两者在独裁程度上的极大差别被本书称为古代“非民主政治的东西之别”。本书没有讨论欧洲中世纪的教权统治，其实，它从反面论证了政治知识的功能：思想独裁、镇压异端的教廷因为从政治知识上着手，所以能够建立较高程度的独裁；而文艺复兴也正是从复兴和发展民主性质的政治知识着手的。对比一下中国近现代史，就可以看出差距。

在信息技术日益发达的时代，也就是近代、现代和当代，信息技术与不同的人文社会科学知识（政治知识）相结合就决定着不同的不确定性程度。如果它与高度独裁性的政治知识结合，独裁者又能实施思想独裁，就可能产生极权主义。如果它与民主性的政治知识结合，就会出现民主化；这不仅是对已经发生的民主化浪潮的一个解释，而且也是对未来的一个预言。极权主义和民主化都是古代非民主政治所少见的，所以本书称之为“非民主政治的古今之别”。

以上研究是尽可能客观的理论实证和经验实证研究。由于不是不食人间烟火的价值完全中立者，笔者也高度地关心规范性结论。和许多热情的规范研究者不同的是，笔者强调：只有在实证研究成

① 参见刘爱兰《世界古代中期政治史》，载史仲文、胡晓林主编《新编世界政治史》（上册），中国国际广播出版社 1996 年版。

果的基础上结合人们的价值追求，才能提出恰当的规范性建议。

鉴于人类虽然热爱民主，但是也不愿意回到原始社会时期，又不可能（再）拥有古代雅典和罗马的“小国寡民”条件；鉴于信息技术即使在非民主政治中也会增长（虽然速度比在民主政治中慢）；鉴于科学的政治知识能够降低不确定性和政治交易费用，提高独裁成本，促进民主化；本书提出如下规范性建议：

如果要防止出现政治知识的严重供给不足局面，如果要发展和巩固民主政治，那么，（1）对于一个追求民主的政府来说，无论在什么情况下都要保持学术、思想、言论的自由；[①] 政府应该无条件地资助大学，由各大学自主地发展各门人文社会科学。孟德斯鸠（Montesquieu，1689—1755）说：“要享受自由的话，就应该使每一个人能够想什么就说什么；要保全自由的话，也应该使每一个人能够想什么就说什么。”[②]（2）对于非民主政治中的真正追求民主的政治家——当然，按照本书的理论，事实上只会有同样是理性经济人的革命家，不会有纯粹意义上的为部分或全部子民争取民主权利的人——来说，首要的行动是进研究室，研究政治学知识；在得到比较科学的政治知识之后，要下大功夫传播它们，使多数子民掌握它们；最后，就像采摘成熟的桃子那样去采摘“民主”这颗果实。如果独裁者实施思想独裁，那么，传播这些政治知识就会遇到很大困难，这种状况表明，民主化历程会更加漫长，研究和传播工作会更加艰巨，热爱民主的政治家们只有下更大的功夫来做政治知识的研究和传播工作才有可能实现其理想。

三 其他需要明确交代的若干事项

（一）本研究领域的国内外研究现状

关于政治科学方法论的研究比较薄弱，而充分吸收科学哲学的

---

① ［法］德里达等：《大学、人文学科与民主》，《读书》2001年第12期。

② ［法］孟德斯鸠：《论法的精神》（上册），张雁深译，商务印书馆1993年版，第322页。

研究成果，自觉地、明确地提炼和表达公共选择理论、新制度经济学对于政治科学的方法论意义的文献很少。

关于非民主政治的经济学研究十分缺乏。国内没有学者运用经济学方法研究非民主政治。在国外，本领域的研究处于起步阶段。公共选择理论研究的主要是“民主政治的经济学”，这最多也只是“政治的经济学”的一半。少数公共选择理论家，例如塔洛克（Gordon Tullock）、温特罗布，曾经专门研究非民主政治的经济学理论，还有一些学者尝试运用理性选择方法解释只存在于非民主政治中的革命现象。在上述研究中，温特罗布的研究代表着本领域的最高水平。新制度经济学家，特别是诺斯，提供了一个制度变迁理论框架，该框架还处于高度抽象和概括的状态，但是，其中应该可以发展出（可惜还没有被发展出来）具体的政治制度变迁的理论，后者应该包含非民主政治的理论。第二章将详细介绍上述研究。

（二）本研究的意义

自从原始社会以来，人类历史上既有大量的非民主政治，也有少量的民主政治。解释它们的产生、维持和转型的原因或条件正是历代政治学家所孜孜以求的。“在《联邦党人文集》的作者和托克维尔看来，政治科学或政治学就其实践意义而言，是一种旨在确定什么因素导致维持或破坏不同的政府形式的知识。”① 本书的理论意义和实践意义由此可见一斑，但是，本书在研究方法、研究结论上和传统政治学都大异其趣。本书是抓住不同种类的政体下的政治交易费用水平来展开分析的。

本研究工作对于政治发展具有重要的意义。它着眼于解释政治事实为什么是这样，提供了体系化、逻辑严密的因果关系方面的政治知识，从而有助于降低公民的不确定性程度，有助于将政治交易费用保持在较低水平。这样，本研究有助于发展和保持民主政治。本书阐明了非民主政治的产生、维持和转型的原因或条件，在经过

① ［美］詹姆斯·W. 西瑟：《自由民主与政治学》，竺乾威译，上海人民出版社1998年版，第27页。

逻辑严密的演绎推理之后，又将理论用于解释时间和空间范围广泛、种类差异巨大的多种政治事实，以检验理论的正确性。然后，笔者强调了科学的政治知识对于民主化的重要性，并且提出本书的规范性结论。

本研究具有重大的方法论意义。政治科学贫困落后的重要原因在于方法论落后，本书对于革新现行的政治科学方法论会有所促进。本书概括了进步的政治科学方法论要点，并且运用它从事具体的科研实践，解决了较多的理论问题，得出了普遍性、原理性、演绎性、体系化的假说或理论。

本书发展了公共选择理论和新制度经济学的制度变迁理论，提出和检验了一个非民主政治的经济学理论框架。自从1957年唐斯（Anthony Downs）出版其名著《民主的经济理论》[①]之后，公共选择理论就一直在努力发展"民主政治的经济学理论"。它的缺陷在于缺乏"非民主政治的经济学理论"，因为它找不到运用经济学方法分析非民主政治的途径；本书把经济学方法的应用范围从交易政治学推广到非交易政治学，有助于使它建成一个"政治的经济学理论"。本书为新制度经济学发展了一个政治制度变迁理论，其中，意识形态成为内生变量。本书的"政治科斯定理"没有把（经济领域中）资源配置的效率标准赋予政治科斯定理，相反，我们赋予它的标准是政治权利配置的平等标准。这是本书对于新制度经济学已有的政治科斯定理的突破。这一突破使得新制度经济学方法对于政治制度的分析转移了重点，即从关注经济领域的效率转向关注政治领域的权利和权力配置。

（三）章节安排

第一章没有探讨政治学方法论问题，而是将本书打算解答的具体问题明确地提出来；方法论的探讨放在第三章。因为方法论和具体问题研究的关系—— 一般情况下——是手段与目的的关系，目的

① Anthony Downs, *An Economic Theory of Democracy*, New York: Happer & Row Publishers, 1957.

高于手段。但是，在本“引言”中，笔者首先讨论方法论，然后解答具体问题，因为这样做最好地表达了笔者对于本书的贡献的希望。第二章介绍已有的关于非民主政治的经济学分析，重点是公共选择理论家温特罗布、塔洛克和新制度经济学家诺斯的研究。关于非民主政治及其对立物——民主政治——的其他相关研究（经济学分析之外的研究）成果则安排在其他各章，特别是第六、第七章，这样做能使各章显得紧凑些，全文也可以少一些重复；如果这些其他研究也都放在第二章一起介绍，那么，在其他各章，特别是第六、第七章中又要复述它们，会浪费篇幅。第四章讨论了非民主政治的本质，以及经济学分析方法对于非民主政治的适用性问题。第五章是重点章节，演绎了一个关于非民主政治的产生、维持和转型的经济学理论框架，对于这一理论框架的检验（也就是回答第一章提出的具体问题）构成第六、第七章。

全书明显的线索（明线）是：提出具体的研究问题→综述和评论相关文献→探讨研究方法→提出猜想或假说→检验假说，这样看来，所有文字都紧紧地围绕着第一章提出来的问题。全书内在的线索（暗线）是：方法论革新→将新的方法论付诸具体的研究实践。这样，本书对于具体问题的解答如果取得一定的成功，那么该成功的意义就不仅在于该问题本身，而且能够影响到政治学（特别是政治科学）方法论，也就是说“效益最大化”了。

第一章

问题与概念

一　本书的问题是什么

科学探索始于问题。爱因斯坦进一步指出："提出一个问题往往比解决一个问题更为重要，因为解决一个问题也许仅仅是一个数学上或实验上的技能而已，而提出新的问题，新的可能，从新的角度去看旧的问题，却需要创造性的想象力，而且标志着科学的真正进步。"① "问题"是什么？一般认为，问题就是矛盾，例如，事实与已有理论不符；或者某一理论内部的逻辑存在矛盾；或者理论与理论之间存在矛盾。②

本书的问题源于公共选择理论的一个矛盾：既然公共选择理论被"定义为是对非市场决策的经济学研究"，或者被"简单地定义为是把经济学运用于政治科学的分析"③，它就不应该主要只分析民主政治，而不分析或很少分析非民主政治；既然它自称是"政治的经济学"④ 理论，它就应该包括非民主政治的经济学理论。然而，绝大多数公共选择理论家都像该学派的创始人布坎南一样："我们

---

① ［德］爱因斯坦、［波］英费尔德：《物理学的进化》，周肇威译，上海科技出版社1962年版，第59页。

② 参见［英］卡尔·波普尔《辩证法是什么?》，载《猜想与反驳——科学知识的增长》，傅季重等译，上海译文出版社1986年版，第451页。

③ ［美］丹尼斯·C. 缪勒：《公共选择理论》，杨春学等译，中国社会科学出版社1999年版，第4页。

④ 方福前：《公共选择理论——政治的经济学》，中国人民大学出版社2000年版，第1页。

对专制政府并不感兴趣，不管它是如何组织的；我们主要是关心民主地组织起来的政府……”① 可是，在人类历史上，更多的时候，更多的政府是非民主政府，东方国家尤其如此。对于非民主政府和政治，美国学者也许可以“事不关己，高高挂起”，但是，我国具有漫长的非民主政治的历史，而且，其影响至今还没有完全肃清，因此我们不能不关心它们，不能不研究它们。

如果我们坚持公共选择理论的理性经济人假设，但是又要将其解释范围从民主政治拓宽到非民主政治的角度，那么，我们就要提出这样的问题：

问题一：如果我们将主流公共选择理论的（完全）理性经济人假设②改为（有限）理性经济人假设③，同时，更换其关于背景条件——西方民主政治制度——的假设，那么，理性经济人的政治行为将具有哪些规律？

由于公共选择理论并没有将其理性经济人假设的适用范围明确地局限于民主政治，所以，这样一个问题是可以而且应该提出来的。

问题一包含三个小问题：④

（1）如果社会主义社会中的政治人也是理性经济人的话（我国学术界对此尚有争议，本书也不研究问题一），在社会主义民主政治（显然，它和西方公共选择理论家们所研究的民主政治存在着本质性差别）⑤ 的背景条件下，他们的政治行为将具有哪些规律？

（2）在非民主政治制度的背景条件下，理性经济人的政治行为具有哪些规律？

---

① ［美］詹姆斯·M. 布坎南：《公共财政》，赵锡军等译，中国财政经济出版社 1991 年版，第 5 页。

② 公共选择理论家大多数使用完全理性假设，只有少数使用有限理性假设。参见袁瑞军《理性、交易与政治——论公共选择理论的理性经济人假设》，博士学位论文，北京大学，1998 年，第 20—21 页。

③ 如果没有特别说明，下文中凡是“理性经济人假设”都是指有限理性经济人假设。

④ 其实，这些问题本身也是很“大”的问题，“小”是相对于问题一而言的。

⑤ 可参见徐鸿武主编《民主政治大视野》，北京师范大学出版社 1998 年版，第 110—135 页。

（3）如果我们既撤销国家形态的民主政治的背景，也撤销国家形态的非民主政治的背景，回到原始社会，也就是回到无国家、无政府的社会，又如果那时的人类也属于理性经济人，那么，他们的政治行为具有哪些规律？

对于这三个小问题，本书只探讨问题（2）和问题（3）。之所以不探讨问题（1），除了篇幅限制的原因之外，主要原因在于它还不是一个成熟的科学问题。不成熟的原因之一在于："社会主义民主政治"这一概念反映的是"应然"的东西还是"实然"的东西？在科学研究中，这一概念应当反映"实然"的东西，但是，"实然"的社会主义民主政治和"应然"的社会主义民主政治还存在着很大的区别，[①] 前者还处在快速的发展进程之中，它还不十分成熟。[②] 问题（1）不成熟的原因之二在于：如上所述，在社会主义民主政治中，对于政治人是不是理性经济人也存在很多争议。

要回答问题（2）和问题（3），就要求本书演绎出一个关于非民主政治的经济学理论。"理论"又是什么呢？理论是以一种系统化的方式将经验世界中某些被挑选的方面概念化并组织起来的一组内在相关的命题。[③] 科学研究必须追求建构解释和预测范围越来越广泛、解释和预测越来越精确、假设越来越少（从而使理论越来越简单）的理论。针对经验事实，提出体系化的理论予以普遍性地解释和预测，这是科学研究的最高境界。如果相关学术界对于某类现象还没有给出体系化的理论，那么，我们可以说，相关研究还处于很幼稚的阶段。

科学理论具有如下特征：（1）科学理论的首要特征是"科学"性，即必须对事实做出断言，并且能够接受经验的检验，用科学哲学家波普尔的话来说，就是必须具有可证伪性。（2）科学理论的任务是解释事实之间的因果关系，预测新的事实；仅仅只有对事实的描述永远构不成理论。（3）理论的断言必须是全称陈述，即必须是

① 参见李景鹏《中国政治发展的理论研究纲要》，黑龙江人民出版社 2000 年版，第 314—317 页。

② 李景鹏：《谈社会主义民主问题》，《光明日报》1978 年 12 月 3 日第 3 版。

③ 风笑天：《社会学研究方法》，中国人民大学出版社 2001 年版，第 23 页。

针对某一类事物的全体的，必须对该类事物的全体都适用；它们的针对对象不能只是某一个别事物，对于个别事物的描述无论多么详细、准确，都不可能构成理论。（4）理论是系统化了的理性认识，各个部分不是孤立存在的，而是一个严密的逻辑体系。一般来说，将理论内部的各个命题连接为一个整体的逻辑方法必须是演绎逻辑，因为只有演绎推理才是逻辑最严密的推理。

这样一来，既然本书打算演绎一个关于非民主政治的体系化、一般化的“理论”，该“理论”就有必要回答更多、更基本的问题，“因为讨论理论时总应该用一只眼睛去注意它们可解决的问题”。①

问题二：非民主政治产生、维持和转型的原因或条件是什么？

由于非民主政治和民主政治是一对严格的“对立（opposite）词”②，所以，能够解释非民主政治的产生和维持原因或条件的理论，必须同时解释问题三。

问题三：民主政治产生、维持和转型的原因或条件是什么？

这一解释会这样进行：非民主政治产生和维持的原因或条件不存在时，民主政治就会产生和巩固；当然，这不是对问题三的正面回答，而是从反面做出的回答；不过，本书的重点也不在于正面回答问题三。同样道理，一个解释民主政治产生、维持和变迁的原因或条件的理论，也应该能够解释非民主政治产生、维持和变迁的原因或条件。之所以对理论解释提出如此苛刻的要求，是因为“理论”必须是体系化的、逻辑一致的。

如何判别关于非民主政治的经济学“理论”的真伪呢？本书采用曼瑟尔·奥尔森（Mancur Olson）阐述过的标准。他说：我们必

---

① ［英］卡尔·波普尔：《无尽的探索：卡尔·波普尔自传》，邱仁宗译，江苏人民出版社 2000 年版，第 193 页。

② 萨托利认为民主的对立词是“个人独裁”，其英文单词是 autocracy，参见 Giovanni Sartori, *Thetheory of Democracy Revisited*, New Jersey: Chatham, 1987, p. 205。该书中文译本中将 autocracy 译为“个人独裁”，以便与 dictatorship 相对，笔者同意；但是，译者将 tyranny 译为“专制”，而将 despotism 译为“暴政”，是刚好将两者颠倒了，不符合政治学界约定俗成的用法，需要互换（参见冯克利、阎克文译的《民主新论》，东方出版社 1998 年第 2 版，第 229 页，此译本也没有将所谓“个人独裁”的英文原文列出来，似乎不妥）。在本书中，“非民主政治”和 autocracy 的内涵和外延相同，后文对此有说明。

须坚持一种判别真伪的原则，即对历史规律的任何解释必须适用于两个以上的事件才算成立；只有能够确切地说明大量的各种历史现象的理论，才是真正令人信服的理论。[①] 他又说，一种理论的说服力不（仅）取决于它能够解释多少件事实，而（且取决于）它能说明差别多大的不同类型的事实。[②] 如果一种理论能够解释差别很大的各种事实，那么它就具有 19 世纪的科学方法论述家威廉·休厄尔（William Whewell，又译为惠威尔）所说的“统一性”。[③] 据说，历史上还没有一个例子说明凡具有这种“统一性”的理论在以后被发现是虚伪的。笔者认为，“理论”必须是演绎体系，而演绎体系中如果有一个推论不符合事实，那么人们可以因此否定该推论的某个（些）前提假设，甚至将整个理论体系否定掉。打一个不十分恰当的比喻，这有点像中国古代皇帝统治臣民用的“连坐法”，一人犯法，诛灭九族。因此，理论体系中的每一个命题的真理性不仅由它自己符合事实来保证，而且还由该体系中其他命题的真理性来做“担保”。

这样，运用本书的“理论”解释如下差别很大的历史事实的过程，也就构成对该理论的检验。

问题四：为什么古代东方的非民主政治和西方的非民主政治有巨大差别（东西之别）？或者说，为什么古代东方独裁和西方独裁在程度上有巨大差别？

问题五：为什么古代的非民主政治和现、当代的非民主政治有巨大差别（古今之别）？这个问题可以细化为两个问题：（1）到了现代时期，在发达的资本主义国家德国和意大利为什么会产生极权主义独裁？（2）现当代时期，为什么大量的非民主国家开始民主化？

---

① ［美］曼瑟尔·奥尔森：《国家兴衰探源》，吴应中等译，商务印书馆 1999 年版，第 14—15 页。

② 本句话括号中的文字是笔者对中译本原文做了修改后加上的，原文为：“一种理论的说服力不取决于它能够解释多少件事实，而在于它能说明差别多大的不同类型的事实。”笔者认为原文有些偏颇。

③ ［美］曼瑟尔·奥尔森：《国家兴衰探源》，吴应中等译，商务印书馆 1999 年版，第 17 页。

问题六：生产力水平低下的原始社会为什么有民主？而生产力水平比原始社会高的大多数奴隶社会、封建社会为什么没有民主？

问题七：为什么古代雅典城邦、罗马共和国又有民主？

能够经受住如此严峻的检验的体系化、一般化的理论——据笔者所知——目前似乎还不存在，因此，如果本书的理论能够经受住这样的考验，那么，笔者可以声称该理论超越了同类的或相关的理论，尽管该理论可能还很不完善。这将被当作本书的贡献之一。本书希望做出的另一项贡献在于有意识地革新政治科学方法论，并且自觉地将新的方法论贯彻到科研实践中来，从而发展出上述关于非民主政治的经济学理论。

二　对于问题的进一步阐述

为了便于读者迅速了解本书探讨的问题是什么，笔者开门见山，直接地、简明扼要地提出了问题，然而没有详细说明以上问题；因此，笔者现在要对上述问题的提出背景做进一步的阐述。

（一）提出问题一的科学哲学依据：拉卡托斯（Imre Lakatos）的科学研究纲领方法论

伊·拉卡托斯的“科学研究纲领方法论”阐述了发展科学理论的方法。“研究纲领”（research programme）指的是一种具有严密的内在结构的理论系列。它由内部结构（“硬核”）和外部结构（“保护带”）构成。硬核包含非常一般的、构成研究纲领未来发展基础的基本假设和基本原理，它决定了一个研究纲领的特性，是不可修改的，否则就等于放弃现有的研究纲领而使用新的研究纲领了。保护带是使硬核免遭经验事实反驳的保护性结构，由许多辅助性假设、初始条件或背景知识所构成。在研究纲领的发展中，一旦出现反常，即理论预见与经验事实相矛盾时，保护带就把经验反驳的矛头引向自身，让构成保护带的辅助性假设来承担责任，并通过修改、调整这些辅助性假设来保护硬核。[①] 正是通过保护带的调整、再调整甚至全部被替换，才保护了硬核，从而也保护了整个研究纲领。

公共选择理论这一研究纲领的硬核是理性经济人假设，关于民主政治的背景条件假设属于保护带。本书修改其硬核中的完全理性假设，用有限理性替换它；更换其保护带，用非民主政治代替民主政治。

为什么要采用有限理性假设呢？理由很简单，在现实中，人们的理性一般来说并不是完全理性，而是有限理性。完全理性又称最大化理性，它是指在所有可能的行为结果中，理性经济人只追求能使其效用最大化的结果。有限理性又称满意理性，它是指限于各种主客观条件，行为者在众多个人目标中，追求较为满意的目标。赫伯特·西蒙认为，人的理性受到三种限制：（1）风险和不确定性；（2）不完全信息；（3）各种函数关系或环境约束极其复杂，致使活动者无力计算最佳行动方案（这一点可以称为计算的复杂性）。[②]

（二）关于问题四至问题七所涉及的历史事实

1. 东方的非民主政治和西方的非民主政治大不相同（东西之别）

简单地说，西方非民主政治的独裁程度很少能够和西方之外的（学者们常常称为“东方”的）非民主政治相比。从亚里士多德到孟德斯鸠、黑格尔（Hegel, G. W. F., 1770—1831）、马克思、魏特夫（Karl A. Wittfogel）等众多西方思想家都曾经指出了这一点。[③] 马克思曾经指出，东方专制制度是一种普遍的奴役制，[④] 我们也可

① ［英］伊·拉卡托斯：《科学研究纲领方法论》，兰征译，上海译文出版社1999年版，第65—73页。

② ［美］赫伯特·西蒙：《现代决策理论的基石：有限理性说》，杨砾、徐立译，北京经济学院出版社1989年版，第47—48页。

③ Koebner, R., “Despot and Despotism: Vicissitudes of a Political Term”, *Journal of the Warburg and Courtauld Institute*, Vol. XIV, 1951, pp. 278-280；另见施治生、郭方《“东方专制主义”概念的历史考察》，载李祖德、陈启能主编《评魏特夫的〈东方专制主义〉》，中国社会科学出版社1997年版。

④ See Wittfogel, Karl A., *Oriental Despotism: A Comparative Study of Total Power*, New Haven: Yale University Press, 1957, p. 441.

以看到，西方历史上的独裁者几乎没有一个能像中国皇帝那样将天下土地和物产、漂亮姑娘据为己有，把若干男性变成太监。即使是所谓的绝对主义（absolutism）政治，君主的权力也只是在行使自己的祖传特权时才显得“绝对”，而就臣民的权利进行谈判时则有限得很。[①] 魏特夫说：“欧洲有许多内在的制度上的限制，使得暴政不可能长久存在下去，亚洲则不然。”[②] 如何解释东西方的非民主政治的巨大差别（东西之别）呢？

2. 古代的（或传统的）非民主政治和现代的非民主政治大不相同（古今之别）

非民主政治在现、当代发生了两类性质相反的巨变。第一种巨变是，一种新形式的非民主政治——极权主义——产生了。“20 世纪的极权主义现象与过去的专制政治相去甚远。”[③] 卡尔·弗里德里希（Carl J. Friedrich）与兹比格纽·布热津斯基（Zbigniew K. Brzezinski）[④]、胡安·林茨（Juan J. Linz）[⑤]、柯克帕特里克（Jeane J. Kirkpatrick）[⑥] 都曾经指出了这一点。柯克帕特里克甚至建议美国里根政府对传统独裁（traditional dictatorship）和现代独裁要采取双重标准，这里的现代独裁即特指“极权主义”（totalitarianism）独裁。虽然极权主义这一概念后来饱受批判，但是，这些政治学家所指出

① Henshall, Nicholas, *The Myth of Absolutism*, London and New York: Longman, 1992, p. 3.

② 《威特福格尔谈亚细亚生产方式》，《国外社会科学动态》1981 年第 2 期。

③ ［美］迈克尔·罗斯金等：《政治科学》，林震等译，华夏出版社 2001 年版，第 74 页。

④ Carl J. Friedrich and Zbigniew K. Brzezinski, *Totalitarian Dictatorship and Autocracy*, New York: Praeger, 1962, pp. 3-17.

⑤ Juan J. Linz, *Totalitarian and Authoritarian Regimes*, Colorado: Lynne Rienner, 2000, pp. 49-65. 该书的主要部分发表于 Greenstein, Fred I. and Polsby, Nelson W. (eds), *Handbook of Political Science*, Addison-Wesley Publishing Company, 1975. 我国学者精选后者中的某些部分予以翻译、出版，结果将胡安·林茨关于非民主政治的部分抛弃，参见［美］J. 唐纳德·穆恩《政治研究的逻辑：对立观点的综合观》（上册），载［美］格林斯坦、波尔斯比编《政治学手册精选》，竺乾威、周琪、胡君芳译，商务印书馆 1996 年版。

⑥ Jeane J. Kirkpatrick, *Dictatorship and Double Standards Rationalism and Reason in Politcs*, New York: Simon & Schuster, 1982.

的现代独裁和传统独裁的巨大差别是无法否认的。第二种巨变是，一批又一批的独裁国家向民主政治转型（民主化）了，而在古代，通常的情况是，非民主政治中无论发生什么变化，新的政府仍然是独裁政府，变化不过是改朝换代罢了。

问题是：如何解释非民主政治的古今之别？

3. 政治史的复杂历程

如果民主政治或非民主政治只在某一时刻存在，或者只在某一国家或地区存在，那么，我们也许可以比较容易地发现其规律。但是，这两种政治在人类历史上都有悠久而复杂的历史。[①] 原始社会的“政治”是民主政治。西方“早期国家”的“政治”仍然有民主政治（氏族模式），东方“早期国家”的“政治”已经基本上是非民主政治（酋邦模式）了。[②] 进入文明时代或者说产生国家之后，近代之前，除了西方的古代雅典、古代罗马共和国、中世纪城市共和国等国家或地区有“古典”民主（或者说“直接民主”）政治之外，其他地方一般实行非民主政治。从英国光荣革命开始，西方越来越多的国家有了“现代”民主（或者说“代议制民主”、“间接民主”），西方之外的大部分世界则仍然实行非民主政治，直到“第三波”（the third wave）民主化浪潮为止。对于20世纪90年代的情况，亨廷顿（Samuel P. Huntington）认为，60%多国家是通过某种形式的公开、公平和竞争性的选举来建立政府的了。[③] 然而，罗那德·温特罗布1998年还认为，大部分世界仍然生活在非民主政治中[④]；根据“自由之屋”（Freedom House）的调查结果，1996年，世界上22%的人口生活在“自由”社会中，39%生活在“部分

① 参见应克复等《西方民主史》，中国社会科学出版社1997年版，第一、三篇；［英］约翰·邓恩编《民主的历程》，林猛等译，吉林人民出版社1999年版。

② 谢维扬：《中国早期国家》，浙江人民出版社1995年版，第69—76页。

③ ［美］亨廷顿：《第三波——20世纪后期的民主化浪潮》，刘军宁译，上海三联书店1998年版，“序”第2页。

④ Wintrobe Ronald, *The Political Economy of Dictatorship*, New York: Cambridge University Press, 1998, p. 333.

自由”的社会中，余下的39%生活在“不自由”的社会中。[①]

（三）复杂的政治史等待进一步解释

关于非民主政治的系统化、一般化研究十分缺乏。20 世纪 50 年代时，冯·纽曼（Franz Neumann）说：“看起来可能很奇怪，但是我们确实没有对独裁政治进行任何系统的研究。历史资料很丰富，也有许多对不同国家的个别独裁者的分析。但是，我们没有这样一种分析：它不仅追求将 20 世纪的政治经验、而且也将遥远的过去的政治体制一般化。”[②] 弗里德里希与布热津斯基、林茨、柯克帕特里克等的研究工作主要是对非民主政治进行描述和分类，不是解释因果关系和建构抽象的一般化理论。孙哲写作于美国纽约、出版于 1995 年的《独裁政治学》也仍然只做描述、分类工作。[③] 塔洛克说，自从马基雅维里（Niccolo Machiavelli，1469—1527）以来，再也没有对于非民主政治的科学分析了，卡尔·卢温斯坦（Karl Loewenstein）等研究过非民主政治，但是其贡献主要在于政治哲学，而不在于公共选择理论。[④]

为什么对于非民主政治的系统化、一般化研究比较少？塔洛克说，主要原因在于研究非民主政治太难了。[⑤] 温特罗布指出了人们迄今还不太了解独裁政权的行为的三个原因。[⑥] 一是因为非民主政治具有封闭的特征，外界学者难以获得相关资料；二是学者们痛恨非民主政治，因而其研究着重于它如何兴起，其研究目的是防止它再兴起，这些研究于是不太关注非民主政治实际上如何运行；三是少数研究非民主政治的文献把它简单化为压迫和命令，这种研究对

---

① Adrian Karatnycky, “Freedom in the World: The Annual Survey of Political Rights and Civil Liberties”, *Freedom Review*, New York: Freedom House, 1997.

② Franz Neumann, “Notes on the theory of dictatorship”, in Neumann, Franz, *The Democratic and the Authoritarian State*, edited by Herbert Marcuse, Illinois: The Free Press, 1957.

③ 参见孙哲《独裁政治学》，（台湾）扬智文化事业股份有限公司 1995 年版。

④ Tullock, Gordon, *Autocracy*, Dordrecht: Martinus Nijhoff, 1987, p. 1.

⑤ Ibid., Preface.

⑥ Wintrobe, Ronald, *The Political Economy of Dictatorship*, Cambridge: Cambridge University Press, 1998, p. 333.

于压迫水平的变化、政权的兴衰的解释力就不够强大。

我国一些政治学者喜欢机械地套用马克思主义历史唯物主义原理来说明政体变化规律。政体一般由国体决定，国体一般由生产方式决定，生产方式一般由生产力决定。随着生产力的不断向前发展，相应地，政体也不断发展，大致应该呈现出某种单线进化的趋势。按照这一思维，资本主义生产力水平比较高，相应国家的政体一般应当进化到比较高级的阶段，即采用民主共和国形式。这一推论与一部分事实是相符的，但是与下列事实不相符：20 世纪上半叶，发达的资本主义国家德国、意大利却产生了极权主义独裁。另外，按照这一思维，原始社会、奴隶社会时期的政治应当是高度的非民主政治，这也只符合部分事实，而不符合原始民主、古代雅典、罗马共和国的民主政治之事实。

人们曾经认为，某些地区——例如东方世界、伊斯兰世界——有其独特的价值观，其政治尤为独特，而且也应该独特，民主这一奢侈品只能由西方人享有。然而，现在的“东方”国家中，受印度教文化影响的印度实现民主了，“儒教”文化圈的韩国、中国台湾地区也都民主化了，中国大陆也正在建设越来越高、越来越真实的民主。[①]“到 1996 年，几乎所有的环太平洋亚洲地区国家都处于某种形式的民主制度下。”[②] 原来，人也可能有某些基本共性，它们不因国别、地区的不同而不同，而价值观的差别也是在不断变化的。没有什么国家的人们永远只能生活在非民主政治中，正如达尔（Robert A. Dahl）所说：“不管任何时候，只要存在合适的条件，民主就可以被独立地发明出来和重新发展出来。”[③]

民主政治产生、维持和变迁（特别是向独裁转型）的原因或条件是什么呢？或者，非民主政治产生、维持和变迁（特别是民主

① 科学社会主义认为，中国的民主是社会主义民主，不同于西方的自由主义民主。本书不进一步讨论这其中的区别。

② ［日］猪口孝：《亚洲式的民主?》，载［日］猪口孝等编《变动中的民主》，林猛等译，吉林人民出版社 1999 年版，第 214 页。

③ ［美］罗伯特·达尔：《论民主》，李柏光、林猛译，商务印书馆 1999 年版，第 11 页。

化）的原因或条件是什么呢？我们面临这样一种矛盾：有大量的政治事实，然而缺乏体系化、一般化的理论的矛盾。

三　对于“非民主政治”概念的说明——兼从概念看政治事实的复杂性

要精确地界定问题，就需要明确关键概念的内涵。然而本书的关键概念——“非民主政治”——却比较难以界定，因为人类历史上的非民主政治极其复杂。本书打算采用两种办法，使这个概念的含义尽可能地明确。

（一）第一个办法是首先定义“民主”，然后确定其对立词“非民主”的含义

林茨说：“定义一个概念的最简单的办法是指出它不是什么。很明显，这预先假定了我们知道某种其他事物是什么，以至我们能够说我们的概念和它相反。这里，我们将从一个假定——即我们知道‘民主’是什么——出发，集中考察不符合民主定义的所有政治体系。”[①] 按照这样的办法来定义“非民主”（nondemocratic）、“非民主政治”或“非民主政体”（nondemocratic political systems）[②]，其前提假定是“民主”比较容易理解或达成共识。一旦“民主”的定义清楚了，“民主政治”和“民主政体”的定义也相应地变得清楚了，我们就可以说，凡是不符合“民主”、“民主政治”或“民主政体”的定义的，就是“非民主”、“非民主政治”或“非民主政体”。[③]

目前比较具有代表性的一种民主观认为，民主是人民投票决定权力的归属。[④] 其代表人物约瑟夫·熊彼特（Joseph A. Schumpeter）

---

① Juan J. Linz, *Totalitarian and Authoritarian Regimes*, Colorado: Lynne Rienner, 2000, pp. 50-51.

② Ibid., p. 51.

③ 这里，我们不把“政治”、“政体”概念作为讨论的重点。关于“政治”的定义，本书第三章做了比较详细的说明；而关于“政体”的定义，本书参照我国政治学教材的通行用法，就不再赘述。

④ 王浦劬主编：《政治学基础》，北京大学出版社 1996 年版，第 414 页。

认为，“民主方式是为达成政治决定的制度上的安排，在此安排下，个人在争取人民选票的竞争中获得决定权。”[①] 这种“竞争式民主论”具有程序化的特点，在这里，民主成了一种方法，其论点被限制在整个民主过程的输入的方面或时刻。弗里德利克提出了所谓的“预期反应”原理：希望连任的当选官员（在竞争的条件下），当进行决策时受着他对选民会对他的决定有何反应的预测的制约，这样一来，输入与输出、过程与结果之间就建立了关系，民主成了择取领导人的竞争方法的副产品。这种民主论被称为“竞争—反馈式”的民主论。[②] 它只是把政治民主存在所必要的和充分的一组条件授予了描述性理论，对民主做了“最低限度的”定义。萨托利关于民主的描述性定义是：大规模民主是一种程序或机制，它(1)带来了开放的多头统治，这种统治在选举市场上的竞争（2）把权力给了人民，并且（3）具体地加强了领导者对被领导者的责任。[③] 在这种民主观中，“民主政治”是什么呢？菲利普·施米特等认为：“现代民主政治是一种管理体制，其中统治者在公共领域中的行为要对公众负责，公民通过他们选举出的代表们的竞争与合作来间接地行动。”[④]

以上所述还只是几种重要的民主定义中的一种，其他定义还有：[⑤] 民主是按照人民的意志进行政治统治（“古典民主理论”）；民主是多种利益集团的相互作用（“多元民主”观）；民主就是人

① ［美］约瑟夫·熊彼特：《资本主义、社会主义与民主》，吴良健译，商务印书馆 1999 年版，第 395—396 页。

② ［美］乔·萨托利：《民主新论》，冯克利、阎克文译，东方出版社 1998 年版，第 161 页。

③ 同上书，第 164 页。

④ Philippe C. Schmitter and Terry Lynn Karl, “What Democracy Is... and Is Not”, In The Global Resurgence of Democracy, edited by Larry Diamond and Marc F. Plattner, Baltimore and London: The Johns Hopkins University Press, 1993, p. 40. 中文译文见［美］菲利普·施米特、特丽·林恩·卡尔：《民主是什么，不是什么?》，载刘军宁编《民主与民主化》，李柏光等译，商务印书馆 1999 年版，第 22 页，译文漏译了“indirectly”，似乎也不够畅达，因此笔者依据英文原文做了一点修改。

⑤ 参见王浦劬主编《政治学基础》，北京大学出版社 1996 年版，第 413—415 页。

民参与政治决策[①]；通俗地说，民主就是人民（或国民）对政府的制约。[②] 马克思主义者列宁的民主观则认为："民主是一种国家形式，一种国家形态。"[③] 列宁还指出："民主就是承认少数服从多数的国家，即一个阶级对另一个阶级、一部分居民对另一部分居民有系统地使用暴力的组织。"[④] 王浦劬等根据马克思主义对于民主内涵的论述，把民主定义为在特定的经济关系和利益关系基础上，保障公民权利得到平等实现的政治形式；在阶级社会中，它表现为以特定阶级利益为基础，平等实现统治阶级成员政治权利的国家形式。[⑤]

可见，民主"这个词的用法多得数不过来"[⑥]，这样一来，通过确定"民主"和"民主政治"的含义来确定其对立词"非民主政治"的含义的办法就不是那么稳妥可靠了。因此，本书打算再增加一个确定"非民主政治"的含义的办法，那就是直接地、正面地把我们所知道的该概念的外延逐一列举出来，以帮助读者明白本书问题中的核心概念"非民主政治"。

（二）直接地、正面地列举"非民主政治"概念的外延

非民主政治的外延很宽广，就我们所知道的而言，非民主政治包括独裁政治（autocracy）、专制（despotism）、暴君或暴政（tyranny）、专政或独裁（dictatorship）、绝对主义（absolutism）、极权主义（totalitarianism）、权威主义（authoritarianism）等等。除了独裁政治（autocracy）之外，这些概念一般都有其特殊的指称对象。

1. *在一定程度上可通用的概念：独裁政治（autocracy）*

Autocracy 的本意是"独裁、专制制度、独裁政府以及独裁统治

① 参见［美］科恩《论民主》，聂崇信、朱秀贤译，商务印书馆 1979 年版，第 10 页。科恩指出："民主是一种社会管理体制，在该体制中社会成员大体上能直接或间接地参与或可以参与影响全体成员的决策。"

② 李景鹏：《试论社会主义民主的运行机制和理论基础》，《政治学研究》1988 年第 3 期。

③ 《列宁选集》第 3 卷，人民出版社 1972 年版，第 257 页。

④ 同上书，第 241 页。

⑤ 王浦劬主编：《政治学基础》，北京大学出版社 1996 年版，第 417 页。

⑥ ［美］罗伯特·达尔：《论民主》，李柏光、林猛译，商务印书馆 1999 年版，第 43 页。

国家”，它指的是一种一个人的统治，他不向其任何追随者或下属负责，这实际上是只有单个统治者的独裁主义。在当今时代，独裁者和独裁政权这些术语在某种程度上得到了更加广泛和灵活的运用，分别用来指那些在组织和机构内部不论对信徒还是对下属都以一种专横的方式行使权力的人和政权。

一种看法认为，独裁者最基本的特征是完全不受（宪法的或法律的）限制。[①] 独裁者的统治不能受到挑战，他体现着主权和国家权力。对于独裁者的统治，没有任何确定的范围，它是专横而无拘无束的。沙皇统治下的俄国就是独裁政治的一个例子。另一种看法是，这个概念虽然与“专制”概念很难区别开来，但是它和“极权主义”是有区别的，后者对其臣民的生活实行全面控制。[②] 按照这个术语的现代含义，独裁者可能大体上要受到宪法、法律规范或者规章和惯例的制约，然而“独裁”这个术语则用来表示运用权力的方法和方式的贬义特征。

这个词在过去政治学研究中出现的频率很高，但是现在很多学者都觉得它过于空泛，而且带有经典色彩，因此，为了表现独裁研究的“现代化”，他们更喜欢使用另外一些带有特指含义的词语，来表明自己究竟要说明的是哪一种独裁形式。[③] 然而，本书正好需要一个抽象程度高的、“空泛”的、实质上是概括性强的概念，所以本书选择了它。乔·萨托利把它看作民主或民治这些词的对立物[④]，本书也正是这样使用它的。

2. 现代独裁之一：极权主义（totalitarianism）

它的词根是 total（总体、整体），其最恰当的中文译名应是

---

① Carl J. Friedrich and Zbigniew K. Brzezinski, *Totalitarian Dictatorship and Autocracy*, New York: Praeger, 1962, p. 4.

② 参见［英］戴维·米勒、韦农·波格丹诺编《布莱克维尔政治学百科全书》，中国问题研究所等译，中国政法大学出版社 1992 年版。

③ 孙哲：《独裁政治学》，（台湾）扬智文化事业股份有限公司 1995 年版，第5页。

④ ［美］乔·萨托利：《民主新论》，冯克利、阎克文译，东方出版社 1998 年版，第 232 页。

“总体统治”或“无所不在的统治”。[①] 作为“总体”一词的衍生词，极权主义本身只是表示同涵盖并囊括一切的东西有关的一种思想。从语义上说，极权主义是指把整个社会囚禁在国家机器之中，是指对人的非政治生活的无孔不入的政治统治。[②] 整个社会都被政治化了，私生活领域即使还存在，它们也肯定是在下面这种状态下存在：它们所勉强忍受的统治，随时都可能以某种理由对它们加以控制、侵夺甚至取消。国家吞噬社会，这就是极权主义同绝对主义、权威主义以及其他各种独裁制度的不同之所在。对于“极权主义”概念的更详细的介绍请看第七章。

3. 现代独裁之二：权威主义（authoritarianism）

研究非民主政治的美国专家林茨把既非民主的又非极权主义的政治体系称为权威主义政权（authoritarian regime），并赋予它这样一个定义：

> 权威主义政权是这样一种政治体系：它具有有限的、不承担责任的多元主义，没有精巧的指导性意识形态，但是有独特的精神（mentality），没有广泛的或高强度的政治动员（在其发展过程中的某些时点上可能例外）；一个领导人或者偶尔是一个小集团行使权力，其权力范围通常没有很好地限定，但是实际上很容易预测。[③]

权威主义把社会看成是一个等级组织，一个在单一统治者或单一统治集团领导下的特殊的支配链。公民被要求毫无异议地遵守法律和缴纳税收。虽然权威主义国家里也可能存在民主的因素，但它几乎没有实际的应用。

---

① 冯克利、阎克文在其译作《民主新论》（[美] 乔·萨托利著，东方出版社 1993 年版）第 194 页译注②。

② [美] 乔·萨托利：《民主新论》，冯克利、阎克文译，东方出版社 1993 年版，第 194、203 页。

③ Juan J. Linz, “An Authoritarian Regime: The Case of Spain”, In Erik Allard and Yrjo Littunen (eds.), *Cleavages, Ideologies and Party Systems*, Helsinki: Westermarck Society, 1964.

4．主要适用于东方的概念：专制（despotism）

据曾经专门研究非民主政治学的孙哲考证，despotism 是“专制、专制主义、专制政治”的意思，它虽然也与 tyranny 一样，强调专制暴君的专横和暴虐，但是就总体上说，这个词更多地被用来形容专制政体，如专制国家或专制政府。西方研究非民主政治的学者还喜欢用这个词形容东方国家的专制，以示与西方的区别。[①] 它是一种统治者与被统治者的关系是主奴关系的统治形式，意指拥有无限权力的政府。

5．绝对主义（absolutism）

该词原本特指欧洲近代历史上继等级君主制之后发展起来的中央集权的“新君主国”（马基雅维里的用语），它是欧洲特有的一种现象，从本质上看仍是基于贵族的政权形式。[②] 现在已经有不少学者——例如尼科拉斯·亨歇尔（Nicholas Henshall）——认为，不论是英国君主制还是法国君主制，它们同时具有垄断权力和分享权力的特征：当君主行使其特权时是绝对主义的，当君主就其臣民的权利进行谈判时他们的权力是有限的。[③]

当代的观点是，应该把绝对主义同“专制”——即不正常的或东方式的政府形式——区别开来，把它同 20 世纪的“极权主义”区别开来。因为绝对君主不仅受制于通常将其注意力集中于公共事务的极少效率的镇压机构，而且受制于传统习惯、基督教道德、自然法、社会联合势力、历史遗留下来的法律或机构。

在西方学术界，这种政治体制的另一个名称是 absolute Monarchy（德文：die absolute Monarchie），直译成中文就是“绝对君主制”。马克思、恩格斯多次论述这种政治体制，但是，在中文版里，它一直被译成“专制君主制”或“专制君主国”[④]，我国有学者认为，

---

① 孙哲：《独裁政治学》，（台湾）扬智文化事业股份有限公司 1995 年版，第4 页。

② ［英］佩里·安德森：《绝对主义国家的系谱》，刘北成、龚晓庄译，上海人民出版社 2001 年版，“译者序”。

③ Nicholas Henshall, *The Myth of Absolutism: Change & Continuity in Early Modern European Monarchy*, London and New York: Longman, 1992, p. 3.

④ 《马克思恩格斯选集》，人民出版社 1995 年版，第 1 卷，第 274 页；第 3 卷，第 191 页；第 4 卷，第 172 页。

应该恢复直译的“绝对君主制”，因为这涉及对马克思和恩格斯的一些重要思想的理解。[①] 首先是绝对主义与专制主义的区别。在马克思、恩格斯的著作中，“专制主义”（德文：despotismus，英文：despotism）一般是用于“东方”，特指“东方专制主义”（又译为“东方专制制度”）。其次是专制主义和绝对主义这两者与封建主义的关系。在马克思、恩格斯看来，这两者是与封建主义不相兼容的概念。封建主义的概念最初是对中世纪西欧军事分封制和等级所有制的概念。马克思、恩格斯只承认这种本来意义上的封建主义。因此，凡是典型的、纯粹的封建主义，必然是“等级的所有制”，其统治权是分裂和分散的，那就不可能有专制主义。东方社会没有“封建主义”，只有“东方专制主义”。在西欧中世纪末期和近代早期发展起来的王权，因其权力集中，形成绝对君主制，也破坏了原有的“封建主义”。

6. 专政或独裁（dictatorship）

Dictatorship 一词来源于 dictate，本意是口述，使听写，下命令，支配他人等。这个词原来没有贬义，只是形容特殊情况下权力的集中和运用。后来人们逐渐把它与民主对立，具有某种意识形态的特点。不管怎么说，现在这个词已被广泛运用，专指独裁和专政。其最完整的定义为：“僭取并垄断了国家权力，因而可以不受约束地使用这种权力的一个人或一群人的统治。”[②]

专政并不总是与专断的统治同义。就其起源来说，在早期的罗马共和国，它确实是与不合法的专制相对立的。独裁者是在国家受到外来威胁或内部发生动乱的特殊情况下，由执政官根据元老院的推荐而任命并得到库里亚大会（平民大会）批准的最高级行政官员。他的任期是暂时的，尽管他实行绝对的权力，他却不是一个暴君，而是一位救世主。他需要向那些他所统治的人和法律解释其行

① ［英］佩里·安德森：《绝对主义国家的系谱》，刘北成、龚晓庄译，上海人民出版社 2001 年版，“译者序”。

② F. Neumann, *The Democratic and the Authoritarian State*, Glencoe, Ⅲ: Free Press of Glencoe, 1957. 另参见［英］戴维·米勒、韦农·波格丹诺编《布莱克维尔政治学百科全书》，中国问题研究所等译，中国政法大学出版社 1992 年版。

为并对此负责，他是宪法规定的独裁者。在罗马共和国的最后几十年中，专政失去了其合乎宪法和暂时的性质，并且不仅包含了行政权，也包含了立法权，所以独裁者的权力在实质上成了无限的权力。克伦威尔于1653年用暴力解散议会时，他就否定了法律的权威，他同时又是作为上帝派到一个毁灭了的国家来的救世主出现的。在他之后，直到拿破仑·波拿巴（他的敌人常常谴责他是个独裁者）在法国崛起，专政这一术语才成为贬义词。

7. 暴君或暴政（tyranny）

Tyranny的本意是“暴政、苛政、专制、僭主制”，原来指古代希腊的僭主政治，现在常常被用来强调统治者行为的暴虐、专横和乖戾。

在古希腊，自公元前7世纪始，僭主是指僭夺城邦国家的唯一权力并无视任何先前存在的根本法而占有这一权力的人。他为了行使个人权力可用武力来维持权力，但他也能通过使国家治理更有效率而获得的民众赞同来达到这一点。因此，就其最初的历史含义而言，僭主一词并不一定是指无恶不作的统治者。然而，从很早开始，这一术语便开始作为贬义词使用；柏拉图和亚里士多德将僭主假定为一人统治的腐败堕落形式，这一用法便是当今的标准用法。

8. 小结

不同时代、不同地区的非民主政治各不相同。以时间为维度，人们发现，20世纪之前的传统非民主政治和之后的极权主义之间存在着极大差别。[①] 一些词只适合于过去，“专制和暴政基本上是作为标签留存在我们词汇中”[②]，这两个词加上“绝对主义”都已经被更为现代的概念取代，例如，专政或独裁（dictatorship）逐渐代替了暴政（tyranny）。以空间为维度，我们可以发现，在西方历史上，除了纳粹德国、法西斯的意大利的短暂统治外，不论是暴君制、专

---

① Jeane J. Kirkpatrick, *Dictatorship and Double Standards: Rationalism and Reason in Politcs*, New York: Simon & Schuster, 1982; Also see Carl J. Friedrich and Zbigniew K. Brzezinski, *Totalitarian Dictatorship and Autocracy*, New York: Praeger, 1962, p. 4.

② ［美］乔·萨托利：《民主新论》，冯克利、阎克文译，东方出版社1998年版，第229页。

政或独裁，还是绝对主义，其独裁程度都不能和西方之外（特别是东方）的专制政治相比。以人们赋予概念的感情色彩为维度，我们发现，有些概念的感情色彩经历了巨大的变化：绝对主义、独裁（dictatorship）都经历了从褒义（或至少是中性词）到贬义的过程。①

除“独裁政治”（autocracy）具备相对较高的概括性，因而勉强具备通用性之外，其他概念都不具备全称性质，或者说，它们都只能适用于某一区域、某一时代的非民主政治。见表1—1。

表1—1　**各种非民主政治概念的特指性质**

	时间	空间
专制（despotism）	古今通用	“东方”
暴君（tyranny）	以古代为主	以古代希腊为主
专政或独裁（dictatorship）	古代、近代和当代（但是含义各自不同）	在古代适用于罗马， 在近代适用于欧洲， 在当代又被西方学者用于东方②
绝对主义（absolutism）	近代	欧洲
极权主义（totalitarianism）	现代	意大利法西斯主义、纳粹德国， 西方学者还用它指称斯大林 政权（本书反对这后一种用法）
权威主义（authoritarianism）	现、当代	全球通用
独裁政治（autocracy）	古今通用	比较广泛，但是也有人认为它不宜指称极权主义③

① ［美］乔·萨托利：《民主新论》，冯克利、阎克文译，东方出版社1998年版，第230页。

② 我们不能同意这种带有意识形态偏见的用法。

③ 参见［英］戴维·米勒、韦农·波格丹诺编《布莱克维尔政治学百科全书》，中国问题研究所等译，中国政法大学出版社1992年版。

9. 本书的概念选择

本书所需要的概念是一个全称性概念，这是由理论必须具有普遍性所决定的。在上述7个概念中，本书选择 autocracy，用它概括上述所有各种具有特指性质的独裁政治。学术界有些人认为，它和极权主义有别，但是在本书中，笔者赋予它全称性质，把极权主义政治也作为独裁政治中的一种。从某种意义上说，笔者是出于无奈才这么做的，因为 autocracy 之外的其他词语更不适合，而创造一个新概念也许只会给学术界造成更大的混乱。

类似于本书这样使用“独裁政治”（autocracy）概念的学者比较多。萨托利认为，民主的恰当反义词（或者说对立词）是个人独裁（autocracy）。[①] 于是，民主又可以被这样表述：民主是这样一种制度，其中谁也不能选择自己进行统治，谁也不能授权自己进行统治，因此，谁也不能自我僭取无条件的和不受限制的权力。[②] 塔洛克研究非民主政治的专著也用这个词（autocracy）做书名，而不用 dictatorship，因为他认为 autocracy 除了能够包括 dictatorship，而且还包括王权（kingdom）和帝国（empire）。塔洛克的下列看法很独特：和 autocracy 并列的另外两种政府形式是封建制（feudal）政府、选举制（electoral）政府。[③] 弗里德里希与布热津斯基明确表示，暴政（tyranny）、专制（despotism）、绝对主义（absolutism）和极权主义（totalitarian）所具有的共性使得这些词可以同时包容进独裁政治（autocracy）这个词中来。[④]

需要特别说明的是，本书选择了“独裁政治”作为核心概念，却又用“非民主政治”概念来替代它。为什么不直接使用“独裁政治”概念呢？因为中文里的“独裁政治”一词具有鲜明的贬义色彩，容易引发一些不必要的、带有偏见的、妨碍科学研究的争论。

① ［美］乔·萨托利：《民主新论》，冯克利、阎克文译，东方出版社1997年版，第213页；东方出版社1998年版，第232页。

② 同上书，第214页。

③ Tullock, Gordon, *Autocracy*, Dordrecht: Martinus Nijhoff, 1987, p. 1.

④ Carl J. Friedrich and Zbigniew K. Brzezinski, *Totalitarian Dictatorship and Autocracy*, New York: Praeger, 1962, p. 3.

我们都知道，科学研究要求尽可能地客观，或者说尽可能地保持价值中立，尽管完全的价值中立是永远做不到的。

然而，“非民主政治”一词也有它的不足。它太宽泛，表意模糊，因此它也不是一个完美的概念。例如，除了包括独裁政治之外，“非民主政治”还涵盖一些特别的国家或地区，例如英国殖民统治下的香港政治。香港殖民地没有民主，因为港督是英国委任的，不是香港人民选举出来的，但是，英国本土是实行民主政治的，港督受到英国选民的有力制约；事实上，当时的香港人拥有的自由比独裁国家的人民拥有的自由多得多。所以，尽管英国殖民统治下的香港政治也属于“非民主政治”，本书还是不研究它。本书在这里提到它，目的是指出“非民主政治”这一概念太宽泛的缺点。

到底使用哪个概念呢？如果不打算另外生造一个新概念，本书就必须在“非民主政治”和“独裁政治”中做一个抉择。选择的依据是看它们的缺陷的严重程度，看该缺陷是否易于弥补。本书认为，“独裁政治”的缺陷比较大，而且较难弥补。换句话说，如果使用“独裁政治”概念，它可能给本书带来的“成本”将大于“非民主政治”概念由于不够精确而可能导致的“成本”。本书选择“非民主政治”，并且附加如下“弥补”措施：在指称范围上，本书让它完全等于“独裁政治”；在感情色彩上，本书在使用它时尽量保持价值中立。

在科学研究中，概念只是一个言说的工具，只要作者将它尽可能界定清楚，不产生太多的歧义就可以了。闻名全球的科学哲学家卡尔·波普尔说得好：“决不要让你自己被驱使去认真考虑词及其意义的问题。必须认真考虑的是事实的问题和关于事实的断言：理论和假说，它们解决的问题以及它们提出的问题。”[①] 波普尔认为，一种理论与在表述它时所用的词之间的关系，在某些方面类似于书面的词与书写这些词时所用的字母之间的关系。字母在词的表述中

① ［英］卡尔·波普尔：《无尽的探索：卡尔·波普尔自传》，邱仁宗译，江苏人民出版社 2000 年版，第 14 页。

仅是起技术上的和实用上的作用，词在理论表述中也仅是起技术上和实用上的作用。因此，字母和词都只不过是达到目的的手段；而在智力上唯一重要的目的是：提出问题，尝试提出解决这些问题的理论，以及批判性地讨论这些相竞争的理论。[①]

① ［英］卡尔·波普尔：《无尽的探索：卡尔·波普尔自传》，邱仁宗译，江苏人民出版社2000年版，第18页。

第二章

关于非民主政治的经济学研究

具有讽刺意味的是，政治学家们没有对非民主政治做系统化、一般化的研究，却有少数经济学家做了一些这样的研究。他们主要是公共选择理论家，新制度经济学家也有所涉猎。本章综述和评论他们关于非民主政治的经济学分析，至于有关问题四到问题七的已有文献，本书将在以后的相关章节中分别加以综述和评论。

一　公共选择理论家的研究

少数公共选择理论家，例如戈登·塔洛克、罗那德·温特罗布，出版了关于非民主政治的专著，笔者将重点介绍他们的研究成果。还有一些公共选择理论家饶有兴趣地研究了“革命”问题。不过，首先有必要注意一些公共选择理论关于“再分配”的研究，笔者要明确地指出，这些研究不属于非民主政治的经济理论。

（一）有关“再分配”的研究不属于非民主政治理论

公共选择理论家们注意到，集体选择划分为两类：一类使所有社会成员受益，具有资源配置效率；另一类使某些人受益而使其他人受害，属于再分配。[①] 前者（配置活动）属于正和博弈，后者（再分配）属于零和博弈。[②] 再分配活动的例子有：社会保险——它

---

① ［美］丹尼斯·C. 缪勒：《公共选择理论》，杨春学等译，中国社会科学出版社 1999 年版，第 559 页。

② 同上书，第 545 页。

构成现代福利国家中再分配的最大部分、社会福利、私人福利和特殊利益集团获得的特许等等；曼瑟尔·奥尔森的专著《国家兴衰探源》所专门研究的“分利集团”的分利行为——分利联盟以牺牲整个社会经济的效率为代价来获得自己的利益；所有寻租文献都可以视为关于政府对特殊利益集团的再分配过程的分析。

克努特·威克塞尔（Knut Wicksell）最早指出，配置与再分配之间存在着一个根本的区别，因而对这两个问题必须用不同的投票规则来分别处理。[①] 这一见解又重现在布坎南的著作和理查德·A. 马斯格雷夫的《公共财政理论》之中。布坎南区分了政府的立宪阶段和立法阶段或议会政治阶段；马斯格雷夫把政府的工作划分为配置性部分和再分配性部分。这种区分也是丹尼斯·C. 缪勒的《公共选择理论》的特色，并构成该书最后两章的主题。

这里，笔者之所以关心公共选择理论对再分配的研究，是因为再分配的零和性质与非民主政治中的某些政治行为的性质表面上相似。现在本书需要回答的问题是：绝大部分公共选择理论家们所关注的再分配和非民主政治制度之下的再分配有何区别。

简单地说，两者的区别在于行为背景上，行为背景不同，导致两者性质根本不同，其区别是民主政治制度之下的再分配与非民主政治制度的再分配的区别。具体分析，两者之间存在如下差别。第一，在民主政治背景下，“政府的再分配实际上是运用多数通过规则来决定的”[②]，再分配的受益者和受害者都有资格直接或间接参与决策；在非民主政治背景下，政府的再分配由统治者单方面决定，一般来说，受害者无权参与决策。第二，再分配行为的决定机制不同，民主政治下的再分配由一个非人格化的某种多数票决定，不能埋怨某个人，非民主政治下的再分配由能够明确分辨的统治者决定。第三，在民主政治下，能够影响再分配结果的投票规则也是受益者和受害者（在理论上）能够和平地施加影响的，再分配的结果其实是受害者能够预期其出现概率的，这一结果也许不是他所满意

---

① ［美］丹尼斯·C. 缪勒：《公共选择理论》，杨春学等译，中国社会科学出版社1999年版，第9页。

② 同上书，第545页。

的，但是，他基本同意导致该结果的规则的公平性，他赞成该规则，认为它符合自己的长远利益，他不同意为了逃避再分配之害而修改相关投票规则。显而易见地，非民主政治下的情况刚好相反。第四，民主政治下的受益人和受害人是经常变化的，今天你受益，明天我受益。倘使固定不变，那永久的受害人一定不答应。非民主政治下的再分配的受益人和受害人则是基本固定的。第五，资源的流向有区别。民主国家中存在着利用政府进行财富“再分配”的行为，有从富人和穷人两极流向中位数选民的，也有从穷人流向富人的，但一般是赋税和支出从富人流向穷人。① 麦迪逊精明地预见到了这一点，而戴维斯和诺斯在研究美国的制度变迁与经济增长时，也证实了这一点。② 而非民主政治下的再分配的流向一般是从贫穷的被统治者流向富裕的统治集团。第六，非民主政治下的再分配的数量、范围比民主政治下的再分配大得多。③

总而言之，不仅财富再分配与资源配置有根本区别，而且民主政治中的再分配与非民主政治中的再分配也有根本区别。从这个角度来说，公共选择理论关于再分配的研究不属于非民主政治理论。

（二）塔洛克的《独裁政治》

1987年时，塔洛克认为，公共选择理论中存在着一个空白，即公共选择学家还没有科学地分析独裁政治。④ 他决定填补这项空白，对于独裁政府进行一种连贯的研究，该研究的重点放在其内部机制上，而不是独裁政府的政策上（见该书前言）。

1. 独裁者的目标

作者认为，各种类型的独裁者或君主的目标可以合理地描述为

---

① ［美］丹尼斯·C. 缪勒：《公共选择理论》，杨春学等译，中国社会科学出版社1999年版，第550—551页。

② Lance E. Davis, Douglass C. North, *Institutional Change and American Economical Growth*, Cambridge University Press, 1971, p. 30. 另见盛洪《经济学透视下的民主》，载汤敏、茅于轼《现代经济学前沿专题》第二集，商务印书馆1996年版。

③ Wintrobe, Ronald, *The Political Economy of Dictatorship*, Cambridge: Cambridge University Press, 1998, p. 160.

④ Tullock, Gordon, *Autocracy*, Dordrecht: Martinus Nijhoff, 1987, p. 1.

(1) 获得权力, (2) 抓住权力, 以及 (3) 获得占有权力的某种享受。虽然创造一个帝国可以列在第三个目标之下, 但多数独裁者似乎一旦执政就满足于追求权力的稳固和奢华的生活水准。成功地隐退的独裁者多数都很有钱, 但不是巨富。

独裁者为什么要追求权力呢? 他想用权力做什么? 独裁者可以大大地满足其愿望, 其权力有两种用途: 一种是提高生活水平 (living standard); 另一种是实施他认为好的政策。[①] 不过, 一般来说, 独裁者对于政策没有很强的偏好, 各个独裁者的政策命令都会差不多, 甚至与民主的立法机构的政策相似。[②] 我们可以通过研究一个长期在位的独裁者来检验这一点, 我们可以看看, 当发现其政策不够明智时, 他是否还会坚持它们。由于独裁者对于多数政策没有很强的偏好, 由政变导致的独裁者的更替也通常不会带来政策的剧变。

2. 独裁者面临的威胁

独裁者基本上是不安全的。他面对三个威胁: 一个来自其政权中的高级官僚; 一个来自外国干涉; 最后一个来自群众暴动。[③] 真正的群众暴动极少发生, 除非独裁者不能调动其军队了。大多数被推翻的独裁者是被其高阶官员推翻的, 不是被群众起义推翻的。

独裁者的军事力量越强大, 他遭到外国力量推翻的可能性就越小。不过, 军队的军事成就容易激发其将军产生推翻现有独裁者的野心, 从而使独裁者被推翻的机会增加了。经常更换军官和队员编制、把军队交给委员会集体领导都可以减少其推翻独裁者的可能性。

企图推翻和取代独裁者的风险极大, 一般不会有人冒这一风险的。一般来说, 取代独裁者的人首先是爬到政府高位, 然后, 当机会来临时他才会推翻现有的独裁者。[④] 高阶官员之间的密谋活动很少能够顺利发展, 而政变之后的执政团体最后会浓缩到由一个人独裁。

独裁者一般不会自动隐退, 他们会执政到死, 即使身患沉疴。当独裁者指定一个正式接班人时, 他通常会废除这个人, 因为他怀

---

① Tullock, Gordon, *Autocracy*, Dordrecht: Martinus Nijhoff, 1987, p. 116.

② Ibid., p. 127.

③ Ibid., pp. 9-10.

④ Ibid., p. 131.

疑这个人。这一点可以这样检验：看看被指定的接班人能否（即使是短期地）保持其职位。大多数独裁者在位期间不会指定正式的接班人。要统计被儿子或其他接班人谋杀的独裁者人数是很困难的，因为谋杀者容易掩盖真相，但是，仔细的历史研究应该能够把这个数字弄清楚。塔洛克的假说是，独裁者最通常的死因就是被谋杀。

3. 独裁统治下的子民

休谟说：一个统治者可以使用他的警察和军队的力量统治人民，但是他无法使用这一力量统治警察和军队；统治依靠观念。[①]他没有阐明是什么观念，塔洛克补充道：独裁者要努力让其周围的人们知道的观念，不是他是个好人，而是，如果你们反对我，我将胜利。[②]

但是，为什么在一些情况下，合法性真的存在？也就是说，当一个公民支持政府所能够获得的收益小于不支持政府所能够获得的收益时，为什么他还是支持政府？塔洛克认为，合法性是指一部分人认为，其政府将会胜利（所以不反对它），这与某种神圣秩序无关。问题在于人们如何得到这一合法性的认识，独裁者如何鼓励这一认识。然而，这一问题也不太重要，因为对于独裁者的威胁主要来自高级官僚，不是受合法性影响的普通百姓。[③] 合法性对于独裁者是有帮助的，但是他在掌权初期得不到它，掌权时间长久之后自然能够得到它。尽管它有帮助，但是它不稳定。[④] 塔洛克认为，相对而言，意识形态对于独裁控制和合法性问题来说不是那么重要。[⑤]

真正的群众起义是很少的。塔洛克有一个假说，即所谓的群众起义其实是政府内部的分裂，其中拥有较多群众的一方将获胜。真正卷入推翻独裁者活动的人是很少的，肯定少于人口的多数；很可能比人口的2%或3%还少。任何人们（除非是政府高阶官员）推翻政府的密谋很少有机会成功。使独裁者免于被推翻的人或组织通常

① Hume, David, Esq., *Essays, Literary, Moral, and Political*, Ward Lock & Co. Warwick House, London, England, 1742, p. 23.

② Tullock, Gordon, *Autocracy*, Dordrecht: Martinus Nijhoff, 1987, p. 21.

③ Ibid., p. 109.

④ Ibid., p. 110.

⑤ Ibid., p. 107.

能够得到物质上的奖赏，但是其权力会削弱。

为什么极少发生群众暴动？其回答是一个老式的经济学关于公共物品的观点。对于一个理性的百姓来说，他参加革命将付出较大的私人成本，而且，他一个人的参加对于革命成功与否也没有多大的影响；革命的好处将被全体人民享受，他不过是享受其中很小的一部分而已；假使他保持中立，这种好处也少不了他的。[①][②] 也有少数人似乎不计较个人得失而从事革命，尤其是一些宗教信徒们，但是，其宗教可能告诉他们，如果他参加革命，他在来世能够拥有 22 个美丽的姨太太，或者受到上帝的格外青睐。总的来说，愿意为他人牺牲自己生命的革命者是极少的。许多公民似乎默认受某个独裁者的统治，即使他们较倾心于一种民主体制时也是如此。民主制和独裁制都能生存下去，也许较多地是出自公民的冷漠所培养起来的惯性，而不是它们先天的优越性。[③] 从一种制度向另一种制度转变的最通常的原因是，被一种外部力量所击败，这种力量强制性地改变政府结构。

4. 评论

简单地说，塔洛克的《独裁政治》一书的缺陷在于：（1）大量的推理方式是归纳推理，这削弱了该书的逻辑性、完整性；（2）研究还比较肤浅。这两点塔洛克自己也认识到了（前言）。

塔洛克研究了独裁者的目标、他所面临的威胁以及他的子民的行为。塔洛克认为他的贡献在于，以一种比较一致连贯的途径或方法研究非民主政治的内部运行机制，而不是独裁政府所采取的政策等等。[④] 他所设定的任务并不是回答本书提出的问题，我们当然看不到独裁政体的产生、存在或转型的原因或条件，看不到对独裁政体的古今东西之别的确切解释。

塔洛克甚至抹杀独裁政体的古今东西之别。将所有非民主政治都称为 autocracy 之后，他不再区分不同时代、不同地区的非民主政治。他看不到意识形态对于独裁者的巨大作用，他明确地说，独裁

① Tullock, Gordon, *Autocracy*, Dordrecht: Martinus Nijhoff, 1987, pp. 63-64.

② Tullock, Gordon, "The Paradox of Revolution", *Public Choice*, Vol. 11, 1971, pp. 89-99.

③ Tullock, Gordon, *Autocracy*, Dordrecht: Martinus Nijhoff, 1987, p. 9.

④ Ibid., Preface.

者要努力让其周围的人们知道的观念不是他是个好人，而是，如果你们反对我，我将胜利。[①]

（三）温特罗布的《独裁的政治经济学》

在塔洛克之后，温特罗布进一步贯彻公共选择理论的基本逻辑和方法，来研究非民主政治。而且，他使自己的理论高度地形式化和体系化。温特罗布1998年出版的《独裁的政治经济学》代表着当代世界学术界关于非民主政治的最高理论成就。

1. 独裁者的策略

独裁者可用的全部策略可以分为两类：压迫（repression）和购买忠诚（loyalty）。[②]“压迫”指的是实施种种限制：限制公民批评政府的权利，限制出版自由，限制反对党反对政府的权利，或者，就像极权主义政府所做的那样，赤裸裸地禁止集会、结社、组织政党反对政府。这些限制的实施必然伴随着对人民的监控、对不服从行为的制裁。种种独裁的共同特点是：存在着政治警察力量，对表达反对政府的意见的行为，特别是组织反对政府的行为予以极其严厉的制裁。压迫是解决或缓解独裁者的困境的一个方法。由压迫引起的问题可以用几种办法来对付：更多的压迫；给安全力量多付钱财；设置几种安全力量，使它们处于竞争状态，因而处于一种恐惧的状态。[③]积聚权力的另一条途径是积聚政治忠诚，政治租金（rents）的分发（distribution）能够起到激发忠诚的作用。“忠诚”被定义为个人对组织或制度的长期的归属或依附。[④]对于一个典型的公民来说，对政府或政府的反对者的忠诚是一笔资本资产，公民积累这笔资产的目的是促进其与忠诚对象的政治交换。[⑤]公民考虑的是忠诚的回报率和风险。当公民反对政府时，他实质上是把忠诚

① Tullock, Gordon, *Autocracy*, Dordrecht: Martinus Nijhoff, 1987, p. 21.

② 参见 Wintrobe, Ronald, *The Political Economy of Dictatorship*, New York: Cambridge University Press, 1998, p. 33。

③ Ibid., p. 35.

④ Ibid., p. 30.

⑤ Ibid., p. 48.

提供给政府的某个反对者，该反对者意欲提供另外的政策。

参加政治交换的主体是哪些人呢？温特罗布只说明了一方是独裁者，另一方是公民（citizen）和利益集团。[①] 他没有说清楚这里的“公民”是否包括了全部子民，根据独裁者购买忠诚的主要方式（分发政治租金）来看，参与政治交换的公民只是公民中的一部分，而独裁者给予另一部分公民的东西似乎只有压迫。

压迫和忠诚这两个变量之间的关系比较复杂。它们都要耗费独裁者的资源，所以独裁者有一个“权衡”（trade-off）的问题；它们也不是相互独立的：压迫的程度影响着忠诚的提供。[②] 压迫增加时，公民若不忠诚于政府，其风险会增加，而相应的回报会减少。结果，在一个典型的公民看来，反对政府就不是那么吸引人了，而与独裁者或其代表做“交换”就更有吸引力些。这种“替代效应”（substitution effect）意味着，忠诚的供给与压迫程度是正比例的关系。然而，“收入效应”（income effect）起着相反的作用：[③] 压迫增加时，或者要增加个人成为制裁的牺牲品的可能性，或者要增加制裁的范围，这会减少个人的收入或财富，即使他或她是忠诚于政权的。只要公民在政治忠诚上所投入（investments）的是一般意义上的财富（normal good），压迫的增加就会减少独裁政权从公民的忠诚中所能获得的财富，政权的反对派从其支持者的忠诚中所能获得的财富也同样会减少。

2. 非民主政治的一般模型（general model）

温特罗布先论述了具体的四类独裁政府，然后论述了一个更加一般的、总的独裁政府模型，前面四类具体模型可以从后面的一般模型中推导出来。然而，要理解温特罗布的理论，最好是从他的关于非民主政治的一般模型开始。下面，笔者打乱全书顺序，结合本书的初步问题，介绍其理论模型。

独裁者的目标是使其效用最大化，其效用包括个人消费（C）

---

① 参见 Wintrobe, Ronald, *The Political Economy of Dictatorship*, New York: Cambridge University Press, 1998, pp. 48-49。

② Ibid., p. 46.

③ Ibid., p. 48.

和权力（π）：$U=U(\pi, C)$

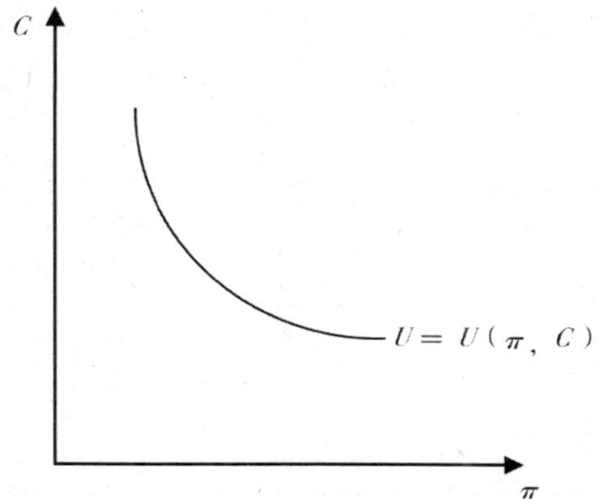

图 2—1　独裁者的效用无差异曲线

独裁者获得和保持其权力 π，需要花费预算（B），使用它们的过程也就是将资源（简化的说法是金钱）转化为权力的过程：

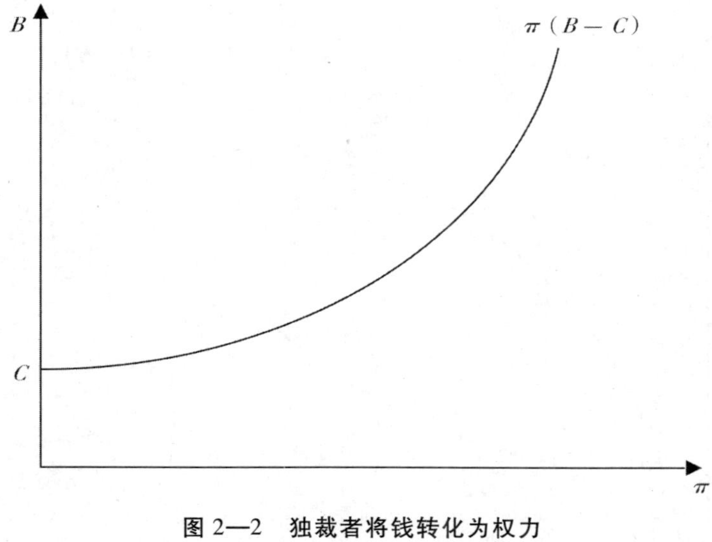

图 2—2　独裁者将钱转化为权力

如果独裁者的金钱 B 无限多，那么其权力 π 将没有止境。但是，他的钱又是通过使用权力获得的：

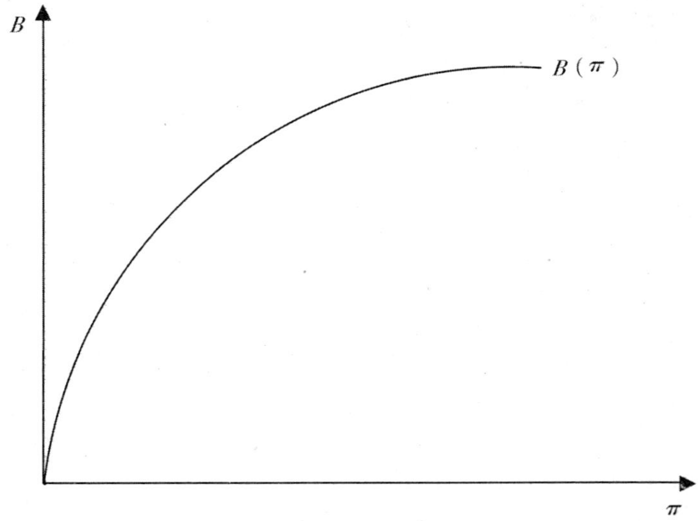

图 2—3　独裁者将权力转化为金钱

将图 2—2 和图 2—3 综合起来，独裁者的权力和金钱所受到的限制必然是这样同时决定的（见图 2—4）：

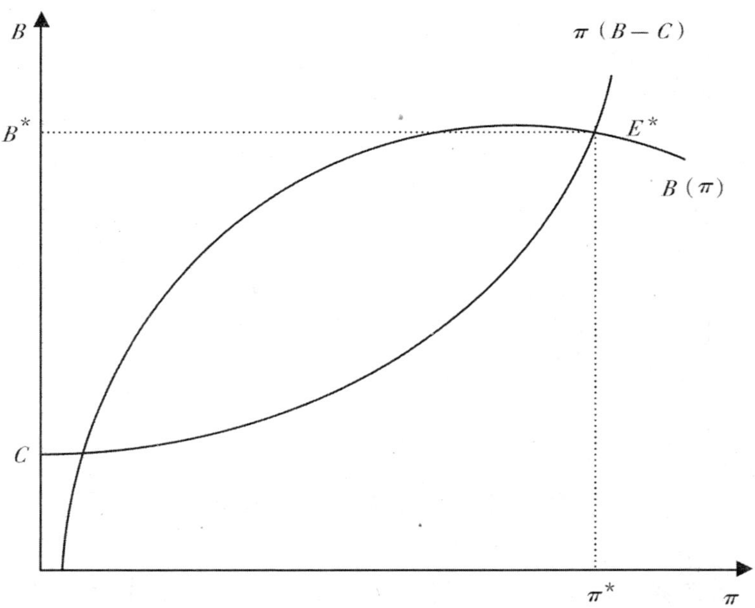

图 2—4　独裁政府的权力与预算的均衡

在均衡点 E^* 上，独裁者拥有权力 π^* 和预算 B^*。

3. 具体的四类独裁政府

独裁者会如何分配其预算 B^* 呢？首先，独裁者要确定自己想要更多的权力呢，还是想要更多的个人消费。这一步要确定其个人消费额 C。其次，独裁者要将（$B-C$）部分的预算资源分配到获得和保持权力的两类手段上去，即分配到压迫和购买忠诚上去；他的最佳策略是，让用于压迫和忠诚上的资源的边际产出（权力）率相等。

如果独裁者对个人消费的偏好强于对权力的偏好，那么，他可能满足于刚好能够维持统治的最小权力，而将省下的资源用于个人消费。这样，压迫和忠诚都少，该类独裁政府被温特罗布称为"廉价独裁"（tinpot）。真正慈善的独裁者，例如作者谈到的罗马皇帝马库斯·奥里流斯（Marcus Aurelius），以荣誉为至上原则，真心关心子民福利，他能够获得很多的忠诚，而压迫又低，这样的独裁政体被温特罗布称为 timocracy，我们不妨译为"慈善独裁"。

如果独裁者对权力的偏好强于对个人消费的偏好，那么，他将花费较多的钱在压迫（R）或购买忠诚（L）上。又假如独裁者控制了传播媒体，能够使用思想灌输（indoctrination）和压迫机构，那么，压迫价格就比较低，投入一定成本进行压迫，就能产生更多的权力。① 这时的政府得到的忠诚比较少，但是会有较严厉的压迫，该独裁政府就是暴政（tyranny）。假如独裁者不仅如此，而且还能够创造或利用发达的、先进的或现代的政治组织形式，例如政党，那么，他花费较少的资源就能够购买到较多的忠诚，那么，这时的政府不仅有严厉的压迫（R），而且有较多的忠诚（L），其权力达到极致，成为极权主义独裁。

对于独裁政体的以上分类的标准是压迫（R）和忠诚（L）的组合情况，见图 2—5。

4. 对具体的独裁政府的压迫和忠诚的均衡分析示例

温特罗布对每个类型的独裁政府的压迫与忠诚进行了经济学家们

① 参见 Wintrobe，Ronald，*The Political Economy of Dictatorship*，New York：Cambridge University Press，1998，pp. 110-111。

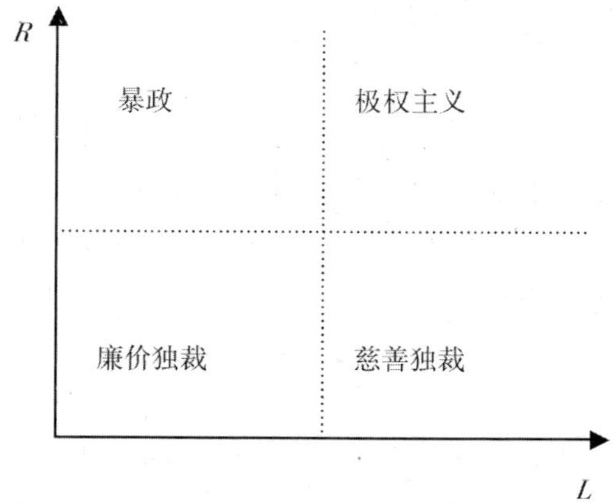

图 2—5　独裁政体下的压迫和忠诚之均衡类型

所喜爱的均衡分析，下面以廉价独裁和极权主义为例予以介绍。不过，温特罗布的主要结论笔者已在上文中进行了概括，读者如果觉得下面的均衡分析难读，也可跳过不读。

（1）“廉价独裁”

首先，作者假定，忠诚、压迫的投入（inputs）和权力的产出（output）之间的关系可以用这样一个生产函数来表示：

$$\pi=\pi\ (L,\ R) \qquad (2—1)$$

投入成本购买忠诚 L 和实施压迫 R，产出权力 π（power）。这里，$\pi L>0$，$\pi R>0$，$\pi LR>0$，πLL、$\pi RR<0$。这意味着，单独使用一种手段，其产出是递减的；压迫和忠诚在产出权力方面能够相互补充。图 2—6 用一组等权力线（isopower lines）描绘了这个生产函数。

其次，作者假定，可以获得的忠诚的总量，在短期内是固定不变的，但是在一个长时期中是可变的。另一方面，压迫程度在短期内和长期内都是可变的。

现在我们来看看对廉价独裁者的忠诚的供给（L^s）。①当压迫程度提高时，忠诚就会上升，两者成正比例；②忠诚的提供还与独裁者为其支付的“价格”（P_L）成正比例；最后，③与政权的经济绩效（PE）成正比例。忠诚的供给函数可以写成：

$$L^s=L^s\ (R,\ P_L,\ PE) \qquad (2—2)$$

这里，$\frac{\partial L^s}{\partial R} > 0$，$\frac{\partial L^s}{\partial P_L} > 0$，$\frac{\partial L^s}{\partial PE} > 0$。

通过引入独裁者实施压迫和购买忠诚的成本，我们可以使这个模型更完善。P_R是压迫成本，温特罗布假定它是固定不变的，即，$P_R = \bar{P}_R$

为了反映独裁者的支出函数，可以把P_L而不是L当作独立变量，从而把等式（2—2）改写成：

$$P_L = P_L(L, R, PE) \qquad (2\text{—}2)'$$

这里，$\frac{\partial P_L}{\partial L} > 0$，$\frac{\partial P_L}{\partial R} < 0$，$\frac{\partial P_L}{\partial PE} < 0$。

于是，反映独裁者的支出函数就是：

$$B = P_R R + P_L(L, R, PE)\,L \qquad (2\text{—}3)$$

等式（2—3）可由图2—6中的凹形预算线BB来描述。变量B并不代表政府的全部预算，因为它没有包括独裁者的个人消费，它代表的是独裁者保持权位的成本。独裁者当然并不受某一特定预算的严格限制，因为他可以通过增加税收、借贷或者简单地没收臣民财产等方式来增加其资源。此刻，我们只是注意到，在R和L上的投入是从独裁者的个人消费中转移过来的。所以，独裁者将努力使保持权位的成本最小。

廉价独裁（Tinpot）的问题是使保持权位的成本最小化，也就是在服从等式（2—1）的情况下，使等式（2—3）最小化，即：

$$\min V = \bar{P}_R R + P_L(L, R, \overline{PE})\,L + \lambda\,[\pi_{min} - \pi(L, R)] \qquad (2\text{—}4)$$

由此可以推导出：

$$\frac{\partial V}{\partial L} = \frac{\partial P_L}{\partial L}L + P_L - \lambda\frac{\partial \pi}{\partial L} = 0 \qquad (2\text{—}5)$$

$$\frac{\partial V}{\partial R} = \frac{\partial P_L}{\partial R}L + \bar{P}_R - \lambda\frac{\partial \pi}{\partial R} = 0 \qquad (2\text{—}6)$$

这两个式子可以合成为：

$$\frac{\pi_L}{\pi_R} = \frac{P_L + LP_{LL}}{P_R + LP_{LR}} \qquad (2\text{—}7)$$

在这里，$\pi_L = \frac{\partial \pi}{\partial L}$，$\pi_R = \frac{\partial \pi}{\partial R}$，$P_{LL} = \frac{\partial P}{\partial L}$，$P_{LR} = \frac{\partial P_L}{\partial R}$。

等式（2—6）所表达的长期均衡就在图 2—6 中的 E 点。

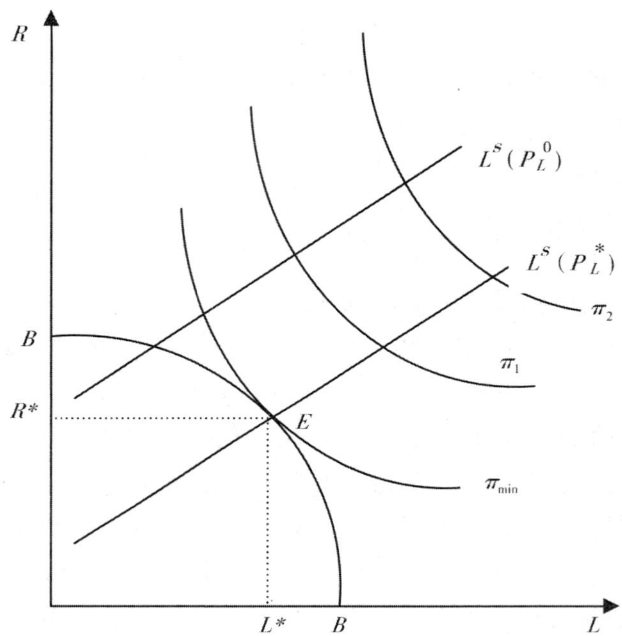

图 2—6 廉价独裁政权下的压迫和忠诚的均衡水平

（2）极权主义（totalitarian）独裁

在此类政权中，独裁者（或称为"领袖"，如希特勒）使用压迫和忠诚来使其权力最大化，经典的例子是纳粹德国。从经济学的观点来看，极权主义政权的中心问题，与其说在于如何使独裁者的效用最大化，不如说在于独裁者受到何种约束。领袖所关注的是群众（population）的忠诚，他的问题可由图 2—7 来描述。

只要忠诚的总供给线是向上倾斜的，独裁者就能通过增加压迫来增加他的权力。极权政权的独裁者的最佳点是图 2—7 中的 E_0点，在这一点上，忠诚供给曲线与最高的等权力线 π 相切。一般来说，领袖在忠诚的约束下选择 R 和 L 来最大化其权力。他的问题是：

$$\max \pi (L, R) + \lambda [L^s - L^s (R, \overline{PE})] \qquad (2—8)$$

这里的解决办法是简单的，即：

$$\frac{\pi_R}{\pi_L}=\frac{\partial R}{\partial L} \qquad (2—9)$$

它表示，如果唯一的限制就是忠诚约束，那么，在最佳点 E_0 点，忠诚供给线的斜率和等权力线的斜率一定是相等的。这表示，压迫会增加到这一点：这时，增加一份压迫就会减少一份忠诚。

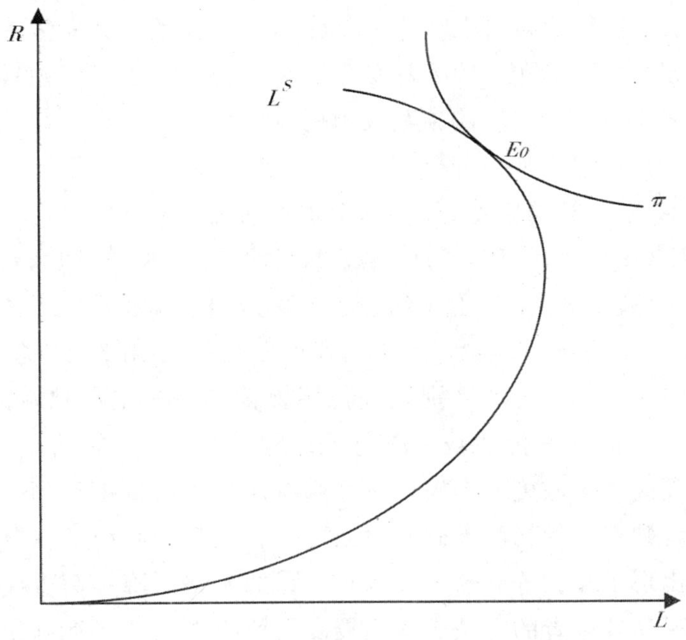

图 2—7　极权政权下的压迫和忠诚的均衡水平

5. 为什么会出现不同类型的独裁？

为什么会存在不同类型的非民主政治呢？首先，温特罗布用独裁者的偏好不同来部分地解释，即有的偏好更多的权力，这就容易导致极权主义，有的偏好更多的个人消费，这就容易导致“廉价独裁”……偏好成为一个外生变量。

其次，温特罗布引入政治组织的状况作为外生变量，来解释独裁者将其所获得的资源（例如金钱）转化为权力的效率。前面已谈过，如果独裁者掌握了群众性政党来进行动员，忠诚的购买价格就比较低，那么，投入一定成本所能获得的忠诚或者支持就会更多，就能产生更多的权力。忠诚增加使独裁政体向极权主义或慈善独裁发展。假如独裁者控制了传播媒体，能够使用思想灌输（indoctrination）和压迫机构，压迫价格就比较低，那么，投入一定成本进行压迫，就能产生更多的权力。压迫增加使独裁政体向暴政或极权主义发展。如果政府不仅有严厉的压迫（R），而且有较多的忠诚（L），其权力达到极致，就成为极权主义独裁。

再次，温特罗布引入经济制度作为外生变量，该变量决定着独裁者将权力转化为预算收入的效率。他认为，对于不同独裁国家的不同的经济制度如何影响独裁权力的创收效率，没有一个统一一致的模型，只能逐一加以分析。[①]

6. *温特罗布的理论会如何回答本书的部分问题？*

温特罗布没有提出本书的问题，当然他不会去解答。但是，我们如果引申一下他的理论，就会得到其理论关于非民主政治的古今东西之别的解释。下面的分析就是本书从温特罗布的理论引申出来的结论。

非民主政治的古今之别就是传统独裁和极权主义独裁的差别。传统独裁可能是廉价独裁，压迫低，忠诚度也低；也可能是暴政，压迫程度高，忠诚度低。极权主义则是压迫和忠诚度都高。极权主义和传统独裁中的暴政不同的原因之一，是政治组织的状况发生了改变，出现了政党等，这导致购买忠诚的价格下降；而古代的政治组织状况使独裁者的忠诚成本比较高。原因之二是经济制度也发生了变化，使得权力转化为金钱的效率提高了。

都是古代的非民主政治，为什么东方的和西方的非民主政治会有巨大的差别呢？使用温特罗布的术语，东方的非民主政治就应当算作暴政，而西方大多数非民主政治应当算作廉价独裁。非民主政治的东西之别就是暴政与廉价独裁的差别。西方的廉价独裁是压迫与忠诚度都低，东方的暴政是压迫程度高，而忠诚少。有助于压迫的因素是思想控制和灌输以及其他压迫机构，东方的政治状况使独裁者在

① 参见 Wintrobe，Ronald，*The Political Economy of Dictatorship*，New York：Cambridge University Press，1998，p. 114。

花费与其西方“同人”同样多的成本时，能够获得更高的压迫效率。

7. 评论

温特罗布的理论的缺陷以及留下的理论空白如下。第一，它以不同独裁者的偏好不同来部分地解释不同的独裁政体，比较无力。例如，我们很难回答，为什么东方独裁者几乎总是偏好个人消费，同时又偏好至高的权力，而西方的独裁者却几乎总是偏好个人消费，较不偏好权力。其实，不同独裁者的基本偏好是基本相同的，所不同的是其自然环境和人文环境。第二，将政治组织等方面的状况作为外生变量，或者说作为给定的变量，这就大大地降低了其理论的作用。政治组织形式的变化、思想控制和灌输以及其他压迫机构的状况正是非民主政治理论需要着力加以解释的变量，不宜作为外生变量处理。第三，独裁制度是外生的、给定的，这就无法解释独裁政体的产生和转型，从而缩小了其理论的解释范围。第四，温特罗布的理论没有系统分析非民主政治下的子民、觊觎政权者的行为规律，这当然不能算作错误，只能说还留有空白。一个完整的非民主政治的解释性理论应当填补这一空白。

（四）关于“革命”的经济学理论[①]

一个革命行动（revolutionary act）是旨在改变政府人事、结构或者政策的人士设计的超出法律之外的行动，它可以是暴力的，也可以是非暴力的；而革命（revolution）的定义是革命行动的发生频率格外高的一个时期。[②] 如果说，塔洛克的《独裁政治》和温特罗布的《独裁的政治经济学》主要研究的是非民主政治中统治者的政治行为，那么可以说，塔洛克、莫里斯·西尔弗（Morris Silver）、爱德华·N. 缪勒（Edward N. Muller）和卡尔—迪耶特·奥普（Karl-Dieter Opp）、米歇尔·泰勒（Michael Taylor）、杰弗里·贝利基坎（Jeffrey Berejikian）、马克·I. 李巴卡（Mark I. Lichbach）、杰

① O'Kane, Rosemary H. T. (ed.), *Revolution: Critical Concepts in Political Science*, Volume Ⅱ, London and New York: Routledge, 2000, Introduction to sections and parts, Volume Ⅱ.

② Silver, Morris, "Political Revolution and Repression: An Economic Approach", *Public Choice*, Vol. 17, Spring 1974, p. 63.

克·A. 古德斯通（Jack A. Goldstone）等学者对于革命问题的专题研究则主要研究了非民主政治中子民的政治行为、独裁者的竞争者在“体制外”进行的政治行为。

革命中存在着集体行动的难题或者搭便车的问题，因此，对于公共选择分析者来说，革命的困惑就在于为什么有人参加革命，为什么会发生革命。革命的经济理论所集中探讨的，是理性的经济人不会参加革命（提供公共物品），然而革命为什么实际上又发生了。

公共选择理论家们关于革命的研究在丹尼斯·C. 缪勒的著作中得到了很好的介绍，[①] 因为国内已经出版其译本，感兴趣的读者可以去阅读该书中的相关部分，本书就不在这里重复介绍，这里要介绍的主要是该书所未介绍的内容。介绍的顺序大致比照时间先后，以便体现出理论发展的一波三折、否定之否定的有趣过程。

1. 革命的私人利益模型

1971 年，塔洛克发表了《革命的悖论》[②] 一文，他从理性选择理论中演绎出这样的假说：个人在决定参加革命反对政府还是不参加革命置身事外时，所依据的标准是他对于报酬和惩罚的计算；个人参加革命与否，几乎唯一地依赖于从参加革命运动中获得的纯个人满足权衡掉没有花时间去参加市场活动而放弃的收入。西尔弗运用塔洛克关于参加革命的私人利益模型（private interest model），根据个人参加革命或者保持中立的成本收益的显著变化情况，把历史上的革命分为四类：由政治改革导致的革命；由对外战争失败导致的革命；对强有力的个人的攻击导致的革命；由对现政权的广泛的敌意导致的革命。[③]

2. 斯科克波尔（Theda Skocpol）否定关于革命的理性选择方法

然而，特达·斯科克波尔在 1979 年出版了她的名著《国家和社

① ［美］丹尼斯·C. 缪勒：《公共选择理论》，杨春学等译，中国社会科学出版社 1999 年版，第 214—218 页。

② Tullock, Gordon, “The Paradox of Revolution”, *Public Choice*, Vol. 11, 1971, pp. 89-99. Or in O'Kane, Rosemary H. T. (ed.), *Revolution: Critical Concepts in Political Science*, Volume Ⅱ, London and New York: Routledge, 2000.

③ Silver, Morris, “Political Revolution and Repression: An Economic Approach”, *Public Choice*, Vol. 17, Spring 1974, pp. 63-71.

会革命：法国、俄国和中国的比较分析》，她提出，革命不是个人理性行为的结果，而是结构和环境条件的产物。法国、俄国和中国的革命原因存在于这些国家同其他国家的关系中，存在于它们同自己国内的社会阶级的关系中，存在于它们的“农业社会政治结构”中。[①] 她认为，理性选择理论和方法不能解释革命。

3. 关于革命的理性选择理论的精致化

1988 年，米歇尔·泰勒表达了和斯科克波尔的结构主义观点有所不同的意见。他努力展示理性选择理论能够帮助我们理解革命这样的大规模历史变迁。[②] 首先，他指出，农民在革命和反叛中的集体行动是以社区（community）为基础的，这就是大部分参与者能够克服搭便车问题的原因；在一个“社区”中，其成员拥有共同的信仰和价值观，成员之间的关系是直接的和多边的，他们相互影响。泰勒同意，对于宏观现象的解释必须具有微观基础，同时，他又指出，仅仅有微观基础还不够，在方法论上，泰勒主张把结构主义方法和个人主义方法结合起来。而杰弗里·贝利基坎则重新发现了意识形态对于解释革命的重要性，这是结构主义方法和个人主义方法所忽视的。

4. 革命的公共物品模型

1986 年，爱德华·N. 缪勒和卡尔—迪耶特·奥普开始挑战塔洛克关于革命的私人利益模型，他们提出一种公共物品模型；而在塔洛克的理论中，公共物品是一种附带产生的结果。他们论证道，个人确实会考虑其行动对于其集体的影响，这就降低了搭便车问题的重要性；一个更好的体制作为一种公共物品确实是激励人们参加革命的因素。[③] 他们还发现，惩罚的威胁所起到的作用是一种微弱地激励革命行动的作用，而不是个人理性计算中的“成本”。

---

① Theda Skocpol, *States and Social Revolutions: A Comparative Analysis of France, Russia, and China*, Cambridge: Cambridge University Press, 1979, p. 154.

② Taylor, Morris, "Rationality and Revolutionary Collective Action", in Taylor, Morris, (ed.), *Rationality and revolution*, Cambridge: Cambridge University Press, 1988, p. 63.

③ Muller, Edward N. and Opp, Karl-Dieter, "Rational Choice and Rebellious Collective Action", *American Political Science Review*, Vol. 80, No. 2, June 1986, pp. 471-487.

5. 再次强调理性选择方法

理性选择方法对于革命理论的重要性受到了马克·I. 李巴卡的再次强调，李巴卡研究了集体行动理论和农民抵抗问题的联系，特别考察了解决曼瑟尔·奥尔森的集体行动困境的“选择性激励”办法。农民确实需要从行动中得到私人利益，而竞争中的集团会为他们提供。在解释农民的抵抗斗争时，一方面，选择性激励还占着中心地位；另一方面，选择性激励只能补充——绝不可能代替——集体利益的目标，因为，仅靠对个体动机的追求是支持不了农民的反叛的。[①]

6. 进一步精致化

杰克·A. 古德斯通放弃个体主义方法和结构主义方法，同时保留理性选择方法。如果假设革命的关键行动者是个体，我们就免不了要集中精力于搭便车问题上，结论是在没有选择性激励的情况下就不会发生革命这样的集体行动；但是，实际情况是这样的行动确实发生了，例如东欧人 1989 年的抗议活动，在那里，个人风险很大，又没有选择性激励。他认为，理论与现实相矛盾的原因在于个体主义假设，于是他把集体（groups）作为参加革命的关键行动者。[②] 个体是已经存在的各个集体的成员，成为集体的一部分、跟随集体行动具有较高的价值。所要研究的问题就转变为在什么情况下对于一个集体来说，进行革命是理性的。

7. 评论

对于以上关于革命的理性选择理论（这里等同于经济学理论），本书赞同和借鉴的有：（1）关于革命的中性定义，即既不赋予它褒义，也不赋予它贬义，到底是好是坏，要具体情况具体分析；（2）理性选择方法在革命理论中的运用；（3）塔洛克最初奠定的私人利益模型以及该模型随后的发展。

笔者认为，上述研究也存在着一个问题，就是其理论视野显得

---

① Lichbach, Mark I., “What Makes Rational Peasants Revolutionary? Dilemma, Paradox and Irony in Peasant Collective Action”, *World Politics*, No. 46, April 1994, pp. 383-418.

② Goldstone, Jack A., “Is Revolution Individually Rational? Groups and Individuals in Revolutionary Collective Action”, *Rationality and Society*, Vol. 6, No. 1, January 1994, pp. 139-166.

比较狭隘。研究者被一个悖论锁住了手脚，这个悖论就是，理性的子民应该不会参加革命，然而革命实际上又常常发生了。

二　新制度经济学家诺斯的制度变迁理论

道格拉斯·C. 诺斯所提供的制度变迁理论是一个一般制度变迁理论，他还缺乏一个关于政体演变方式的更加复杂的分析。[①] 但是，由于“制度”包含政治制度，[②] 其理论因此蕴含着发展出一个政治制度变迁理论的可能性。我们只需要将诺斯的一般制度变迁模型与政治相结合，就能够得到一个政治制度变迁模型，在此一般政治制度变迁模型的基础上，我们可以进一步挖掘出从民主走向独裁或者从独裁走向民主的变迁模型。而政治制度的变迁理论当然可能蕴含着对本书问题二的回答：非民主政治的产生和转型的原因或条件是什么？

让我们从诺斯的一般制度变迁理论出发。制度的功能在于降低不确定性，促进某些组织之间的政治交换或者经济交换。推动制度变迁的主体是组织及其企业家，他们的目的被假设为：使由社会制度结构赋予的机会所确定的财富、收入或其他目标最大化。[③] 但是，和新古典经济学家对经济人的完全理性假定不同，诺斯指出这些主体的最大化选择是受其不可能完全正确的主观认识模型的影响的，简单地说，主体只拥有不完全理性，假使所有主体都真的拥有完全理性，那么无效的制度将不会继续存在。

分析变迁的模型可以从制度均衡——行为者的谈判力量及构成交换总体的一系列合约谈判给定时，没有一个行为者会发现将资源用于再建立协约是有利可图的——开始。变迁源于相对价格的变

---

① ［美］道格拉斯·C. 诺斯：《对政治和经济的历史发展的交易成本分析》，载埃瑞克·G. 菲吕博顿、鲁道夫·瑞切特编《新制度经济学》，孙经纬译，上海财经大学出版社 1998 年版，第 306 页。

② ［美］道格拉斯·C. 诺斯：《制度、制度变迁与经济绩效》，刘守英译，上海三联书店 1994 年版，第 64 页。

③ 同上书，第 100 页。

化、偏好或嗜好的变化或者制度的实施的变化，这三种变化导致一方或双方认为改变协议或合约会更有利，于是他们重新谈判，进行一项“交易”，建立新的规则。

相对价格变化的例子有：要素价格比率的变化（如土地与劳动、劳动与资本的比率的变化）、信息成本的变化、技术的变化等等。某些相对价格的变化是外生的，但是大多数是内生的，是由企业家的努力导致的。企业家的学习过程（主观认识模型的改变过程）就是通过改变衡量与实施成本、改变谈判与合约的成本与收益来改变相对价格。

相对价格的变化是变迁的主要根源，偏好或嗜好变化是另一个变迁之源。偏好或嗜好的范围也包括思想、观念，如对奴隶制度的憎恶。偏好或嗜好为什么发生变化呢？诺斯说他还不很清楚，已经知道的是其中至少有这么一个原因，即相对价格的变化。例如，在19世纪美国的大选中，单个选民能够以相对低的成本表达他们对奴隶制的憎恶，而奴隶所有者又可得到一个非常高的补偿价格，这就导致了奴隶制被废除的制度变迁。制度通过降低我们向信念支付的价格，使得观念、教义以及意识形态成为制度变迁的重要来源。实施的变迁也会为有组织的企业家提供新的获利机会，这又会改变制度变迁的方向。美国19世纪的土地法历史就是有关这一点的一个特别的例子。将诺斯的一般制度变迁模型表示为图2—8：

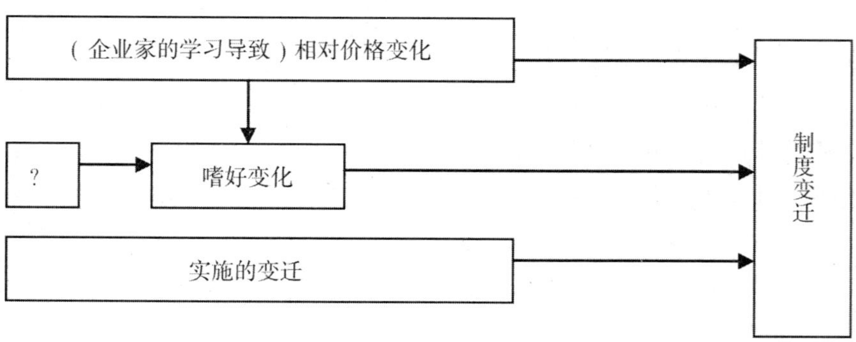

图2—8　诺斯的一般制度变迁模型

第三章

研究方法

本书希望对学术发展做出两类贡献。第一类是有意识或者说自觉地提炼和表达新政治经济学[①]在方法论上对于政治科学的意义，吸收科学哲学的研究成果，“革”现行的政治科学研究方法的“命”。据笔者所知，在新政治经济学家中，无论是公共选择理论家，还是新制度经济学家，都没有自觉地将其方法论对政治科学的意义明确地提炼和表达出来，尽管他们的具体研究工作所遵循的方法论确实比政治科学家的方法论优越，他们对于具体问题的研究成果也胜过政治科学家，例如公共选择理论家对于民主政治的规律的研究就胜过政治科学家的相关研究。而且，他们没有认真探讨和解决如何将其研究方法运用于非民主政治研究的问题。本书希望做出的第二类贡献是：运用新的政治科学研究方法，从事一项具体的研究，即创建一个关于非民主政治的经济学理论框架，用这种理论框架回答第一章针对复杂的政治历史事实提出来的问题。

如果本书最终确实成功地做出了第二类贡献，笔者希望这项贡献能够反过来支持或确证本书所提倡的政治科学方法，从而帮助本书做出第一类贡献。笔者之所以强烈希望本书能做出第一类贡献，是因为目前的政治科学在方法论上还处于很落后的状态，迫切需要一次方法论的革命，这并不是危言耸听。笔者认为，第一类贡献——

---

① 如果要给“新政治经济学”下一个高度简化的定义，可以这样下：新政治经济学就是用经济学方法直接研究政治现象的规律的一门新科学，它包括：公共选择理论、新制度经济学、法和经济学等等。这是广义的用法，比较狭义的说法是：公共选择理论就是新政治经济学，参见方福前《公共选择理论——政治的经济学》，中国人民大学出版社 2000 年版，第 1 页。

如果本书最终确实做出了的话——对于政治科学乃至政治发展的深远意义大于第二类贡献。毫无疑问，这将意味着本书需要在方法论问题上使用较多的篇幅，以便尽可能深入地探讨方法论问题。

一　政治学落后的原因在于其方法论落后

同样是社会科学中的学科门类之一，为什么政治科学严重地落后于经济科学呢？作为一门学科，政治学落后或“贫困”到什么程度呢？它成为一门“科学”了吗？如果还没有，那么，如何使它从前科学阶段走上科学阶段呢？这就是本节打算探讨的问题。

（一）政治学的落后或“贫困”

1. 与西方经济学比较，看政治学的贫困

尽管对西方经济学的主流理论的批评一直存在，有的书甚至冠以《经济学为什么还不是一门科学?》[①] 这样耸人听闻的名字，我们还是不得不承认，和政治科学、社会学等学科相比，西方经济学代表了社会科学领域中的最高成就。看一看西方经济学的理论成就和应用价值，和政治学比较一下，我们就能够很容易地发现政治科学（作为一门学科）的不发达或者贫困落后。

西方经济学创造和发展了一套逻辑极其严密的演绎性理论体系，其逻辑严密到符合数学的要求。所谓“理论”，它是以一种系统化的方式将经验世界中某些被挑选的方面概念化并组织起来的一组内在相关的命题。[②] 西方经济学理论的体系化程度极高，全部公理、定理、推论都连成一体，如果改变其中一个结论，往往就要引起经济学体系的系列变革，如果抽掉该体系中为数极少的基本公

① ［美］阿尔弗雷德·S. 艾克纳主编：《经济学为什么还不是一门科学》，苏通等译，北京大学出版社1990年版。笔者认为，该书的作者们批评经济学家“没有接受系统地寻找事实”的原则（参见该书第2页），这一批评有一定事实依据，但是，如果把经济学和政治学、社会学做一个比较的话，经济学更加“科学”。

② 风笑天：《社会学研究方法》，中国人民大学出版社2001年版，第23页。

理，那么整个体系就会坍塌。政治学没有这样的理论体系，它忽视“理论”的建构和发展，所谓的“实证”研究者所重视的往往是描述（堆积）具体的、个别的事实材料，缺乏理论性。我们看看国外的政治科学教材，例如美国学者罗斯金（Michael G. Roskin）等的政治科学教材《政治科学》[①]，再看看国内的“政治学概论”教材，将它们和西方经济学教材比较一下，就能够清楚这一点。正如美国的政治学教授史密斯（R. Smith）所说，政治学缺乏新古典经济学那样的演绎性总体理论，它不过是一个描述大量有趣事物的集合性名词，不像其他社会科学家声称拥有他们特定的领域，缺乏一种它自己的内在中心结构。[②] 无论哪一种政治学教材，几乎都缺乏严密的体系：“……政治学教科书大多为板块结构，有的是松散的篇章结构，各种理论概念、原理之间缺乏紧密的逻辑联系。”[③] 而整个政治学界也没有就某些基本理论达成高度共识，各种教材在章节、内容方面存在着很大差异，国内文献和国外文献存在着更大的差异。

西方经济学理论的发展体现出进步性和积累性，[④] 该学科的科学共同体一般不会做重复劳动，优秀的经济科学家一般都清楚该学科发展到了哪一步，下一步需要解决的难题是什么等等。大家合建一座大厦，你添一块砖，我加一片瓦。大厦越来越宏伟，越来越金碧辉煌。一般来说，一个学科如果具有进步性和积累性，那么，该学科今天的知识会比其近代和古代的知识更加逼近真理，解释和预测能力更强。该学科的今天的一个初学者，例如大学生，在知识方面往往会超过该学科的卓越的古代先辈。这一点在自然科学中以物理学最为典型，在社会科学中以经济学最为典型。今天的一个经济

---

① ［美］迈克尔·罗斯金等：《政治科学》，林震等译，华夏出版社 2001 年版。

② ［美］史密斯：《美国试图探索一种全新的政治学》，载上海社会科学院信息研究所、上海市社会科学规划办公室编《国外社会科学前沿：1997》，上海社会科学院出版社 1998 年版，第 393 页。

③ 陈振明主编：《政治学》，中国社会科学出版社 1999 年版，第 32 页。

④ 在科学哲学的历史主义学派中，有部分学者，例如库恩（Thomas S. Kuhn），认为科学的发展没有进步性和积累性，一种范式替代另一种范式的革命就像一次格式塔转换。照这种观点来看，今天的物理科学、经济科学也不比 600 年前的物理学、200 年前的经济学进步，笔者认为这是不符合事实的。

学专业的大学毕业生的经济学专业知识一般要比 200 多年前的亚当·斯密的多。然而，政治学知识的进步性和积累性不强，政治学文献在不断地增加，然而政治学知识的增加和进步却比较有限。政治学研究者可能不是在合建一座大厦，而是在建各自的小茅棚。今天的政治学专业的大学毕业生的政治学知识甚至不一定超过 2000 多年前的亚里士多德。

尤其重要的是，经济学的研究规范强调科学理论需要接受经验事实的证伪性检验。[①] 它强调任何陈述都最终要接受我们可以感知的经验世界的检验，不能被经验事实检验的东西，例如看不见摸不着的“本质”，不是“科学”研究的对象。科学哲学认为探索“本质”的活动属于形而上学。马克思主义经济学认为西方经济学是“庸俗”的经济学，原因之一也就是西方经济学放弃了对“本质”的追求。西方经济学的这一方法论特征是符合科学哲学的要求的，对于它的发达具有极其重要的意义。政治学的“理论”要么还没有“庸俗”化，还处于探求本质的形而上学阶段，无法接受经验检验；要么醉心于堆积个别的、具体的事实材料，由于这样的东西并不提出全称判断，因此它也不存在接受检验的问题。

经济学注重对方法论的研究，自 19 世纪以来，围绕着方法论问题，在经济学发展史上发生过多次激烈的、重大的争论，其中突出的论争就有四次。[②] 经济学方法论是该学科的一个重要组成部分，有大量学者专门研究它，相关专著很多。政治学比较忽视方法论研究，专门研究政治学方法论的学者极少，围绕方法论的争论少，专著少。

西方经济学明确地区分实证研究和规范研究、理论研究和应用研究。实证研究或理论研究受到高度重视，张五常指出，经济学的

---

① ［英］马克·布劳格：《经济学方法论》，石士钧译，商务印书馆 1992 年版，第 257 页。

② 石士钧：《译者前言》，载［英］马克·布劳格《经济学方法论》，石士钧译，商务印书馆 1992 年版。

潮流是重视“解释”。[①] 在经济学的成就中，实证研究或理论研究的成就比规范研究或应用研究的成就要突出得多。而且，经济学的规范研究或应用研究是以实证研究或理论研究为基础的，其成果之所以具有较大的应用价值，原因之一是它们有发达的科学理论作为基础。政治学的情况呢？往往是混淆“应然”问题和“实然”问题，[②] 并且重视前者，忽视后者。实证研究或理论研究不发达，政治科学基础理论研究萧条，而对策性研究或应用性研究，如公共政策研究和公共行政学研究，却显现出一派“繁荣”景象。

政治科学在全球都落后于经济科学，将美国学者罗斯金等的政治科学教材《政治科学》和随便哪一本西方经济学教材比较一下就能够看出来。而我国的政治科学尤其落后，论文与专著的学术水平很低，以至于在某些人看来，如果资料条件足够好，一个语文水平较高的高中毕业生也就可以写作政治学论文了。然而，对于政治科学来说，最为尖锐的讽刺还在后头：主要由经济科学家完成的针对政治现象的研究成果——以公共选择理论为代表——胜过了几乎全部政治科学家的成果。对于公共选择理论的成就，我们只需要翻阅一下丹尼斯·C. 缪勒的《公共选择理论》[③] 一书就知道了。

2. 根据库恩的科学哲学来看政治学的落后

托马斯·库恩提出了创造性“范式”（Paradigm，又译规范或范型）概念。他把“范式”作为普遍承认的科学成就，在一段时期中它为科学工作者团体提出典型的问题和解答。库恩的追随者对范式的内涵做了更周详的揭示。他们指出，范式就是世界观，一般性的观点，以及分析复杂的现实世界的一套方式。[④] 范式是一个学科范围内最广的共识单位。范式具有两个根本特点：第一，它的突出成就足以空前地把一批坚定的拥护者吸引过来；第二，这种成就又足

① 张五常：《经济解释：让我们做弄潮儿》，载《经济解释——张五常经济论文选》，商务印书馆 2000 年版。

② 李景鹏：《论权力分析在政治学研究中的地位》，《天津社会科学》1996 年第 3 期。

③ ［美］丹尼斯·C. 缪勒：《公共选择理论》，杨春学等译，中国社会科学出版社 1999 年版。

④ 宁骚：《行政改革与行政范式》，《新视野》1998 年第 3 期。

以毫无限制地为一批重新组合起来的科学工作者留下各种有待解决的问题。

在还未形成范式之前，科学处于前范式时期。在这一时期，存在各种相互竞争的学派，出现许多思辨的、模糊的理论，试图对科学发现进行指导。在前范式阶段，科学发展的任务是要尽力使争论中的某一理论取得绝对优势，形成范式。范式一旦形成，科学就进入了常规时期，不愿依附这一范式的人被排除了。科学研究——包括事实搜集和理论表述——都成了高度有目的的活动。科学中出现了专门化，专业科学家与其他领域的同行间的鸿沟越来越大，研究报告只有那些具有共同范式的同行才能看懂。这也使得科研活动的效率越来越高。范式的存在是任何一个科学部门达到成熟的标志。[①]

西方经济学达到了成熟阶段。“新古典理论是多数经济学家都接受的，它为他们提供了一种共同的语言、一种在理想的境界里交流的工具。”[②] 新古典理论就是经济科学的“范式”。对于经济学的外行来说，它们构成进入该学科的“门槛”，没有掌握它们的“门外汉”一般不可能撰写出经济学论文。相比之下，政治科学的“门槛”就低得多，“门外汉”常常也撰写大量的政治科学“论文”。“……作为一个专业的政治学家几乎不能掌握其他学科没有提供的学问。”[③] 作为一门学科，政治科学也没有明确的研究问题和发展方向，研究活动类似于盲人摸象。不难看出，政治学还处于前范式阶段。

（二）政治学贫困的原因不在于其研究对象，政治学能够成为科学

对于政治学落后的原因的可能的回答是，从研究对象的角度来

---

① ［美］T. S. 库恩：《科学革命的结构》，李宝恒、纪树立译，上海科学技术出版社 1980 年版，第 9 页。

② ［美］阿尔弗雷德·S. 艾克纳主编：《经济学为什么还不是一门科学》，苏通等译，北京大学出版社 1990 年版，第 14 页。

③ ［美］史密斯：《美国试图探索一种全新的政治学》，载上海社会科学院信息研究所、上海市社会科学规划办公室编《国外社会科学前沿：1997》，上海社会科学院出版社 1998 年版，第 393 页。

看，政治学比经济学更加难以被“科学”地研究。更加极端的看法是，因为政治人是有着自由意志的人，所以政治活动根本就不能被科学地研究，也就是说，政治学不可能成为科学。笔者承认，科学地研究政治现象确实比科学地研究经济现象难，例如，经济现象能够用货币量化，政治现象如何加以量化研究呢？但是，政治行为和政治现象能够成为“科学”研究的对象，政治学能够成为科学。

1.“科学”的含义

我们先看看一些关于科学的定义：1977年《美国百科全书》第24卷认为，科学是“系统化的实证知识，或者看作是在不同时期不同地点所系统化的这样一种知识”。1974年《苏联大百科全书》第17卷认为，科学“是人类活动的一个范畴，它的职能是总结关于客观世界的知识，并使之系统化”。1987年《中国大百科全书》认为，科学是“以范畴、定理、定律形式反映现实世界多种现象的本质和运动规律的知识体系”。

本书认为，再给“科学”增加一个定义也无助于我们获得更精确的认识，倒不如把重点放在界定“科学”知识的特性上。科学知识具有如下特性：“它是经验的而且要接受经验的检验、非规范的（non-normative）、能传导的（transmissible）、一般性的、解释性的、暂时性的（provisionary）。”① 第一，科学知识可以被确证或证伪，因为它是基于观察和经验的。第二，科学知识是非规范的，或者说是价值中立的，因为它不对所观察的事物做好坏评价，它也不就有关“how”（怎样改善世界）的问题发表意见。第三，科学知识是能传导的，科学是一种社会行为，许多科学家互相分析和批评，以生产更加可靠的知识。第四，科学知识是一般性的知识，其陈述是全称陈述，即对一类事物的全体做出断言的陈述，而不是单称陈述。第五，科学知识是解释性的（explanatory），为行为、态度或事件提供原因，它回答“为什么”（why）的问题。第六，科学知识是暂时性的，它警告我们，未来的观察可能和我们当前所接受的知

① Johnson, J. Buttolph and Joslyn, Richard A., *Political Science Research Methods*, New Delhi: Prentice Hall, 1987, p. 13.

识相冲突。

科学研究的目的是："建立一种能够概括在科学探讨中涉及的有关经常性事件或事物的行为的一般性法则；从而使我们能够把已知的关于事物的一些分散的知识集合起来；并作出对未知事物的可信赖的预测。"[①]

2."科学"与非科学的分界

正式提出科学与非科学的分界问题的是哲学中的实证主义学派。孔德认为只有经验知识才是"实证的"科学知识，其他都是形而上学或者神学。[②] 那么，科学与形而上学的分界标准是什么呢？逻辑实证主义从语言的意义入手，提出可证实性标准，即如果一个陈述是可能为经验证实的，它才是有意义的、科学的；反之，它即是无意义的、形而上学的。可证实性标准在一个全称陈述如何可能被经验证实的问题上存在着困难，受到了波普尔的挑战。波普尔认为，科学定律和理论都是全称陈述，不是单称陈述的叠加，它们不可能从观察陈述中推演出来，因而也不可能被观察陈述证实。同可证实性标准相反，波普尔提出可证伪性标准及其理论。他认为，理论的科学性在于它的可证伪性，或可反驳性，或可检验性。一个陈述只要是可证伪的，就是科学的；反之，就属于非科学、形而上学。同可证实性相仿，可证伪性是指逻辑被经验证伪的可能性，不要求已经被证伪。波普尔认为，包含逻辑上全部可能性的陈述和重言式命题由于不可证伪，因而是非科学的；同理，数学、形而上学、占星术之类的伪科学和宗教神话等也是非科学的。

科学与有意义、真理是不同的概念。科学是有意义的，但非科学不等于没有意义。逻辑、数学都是非（经验）科学，都有非常重要的意义。本节的讨论也不属于科学研究。本书强调加强政治科学研究，不等于否定政治哲学的重要意义。

---

① Braithwaite, Richard, *Scientific Explanation*, Cambridge: Cambridge University Press, 1955, p. 1.

② ［法］奥古斯特·孔德：《论实证精神》，黄建华译，商务印书馆 2001 年版，第 9—12 页。

3. 政治学为什么能够成为科学：对悲观论点的反驳

有些人怀疑政治学能够成为上述意义的科学，理由大致有四种。在介绍这些悲观观点的同时，笔者将介绍一些信仰政治科学的学者对它们的反驳。

第一种悲观理由是人具有自由的意志和信仰，用经济学的术语来说，就是政治人的偏好不稳定，因而不可能发现普遍性的规律。这种观点不是认为在政治现象之间难以分离因果因素，而是认为根本就没有因果因素。如同许多哲学家已经指出的，这是一个假的观点。建构人类行为法则的能力与意志自由不是水火不相容的。“自由……是强制而不是因果关系的对立物。”① 笔者认为，人们基本上具有稳定的偏好。借用张五常教授爱用的例子：如果你将一张壹佰圆的钞票故意“掉”在大街上，你可以肯定，不出10分钟它就会被人拾起来装进口袋里。而英国历史学家阿克顿勋爵也说得好：权力使人腐败，绝对权力绝对使人腐败。这说明，人们的政治行为中还是有规律可循的。

单个社会行动者的意图并不能决定事件的结果，事件的结果在某种程度上并非是所有参与者预期的或向往的；社会或政治制度的“全部”特征极少符合任何人——即使是革命者或试图创造政治制度的“建国者”也不例外——的意图或如意算盘，从而使政治事件具有不以个人自由意志为转移的特征，这就保证了政治科学研究对象的客观性。恩格斯关于社会发展的“合力论”为我们提供了支持，恩格斯认为，各个人的意志“融合为一个总的平均数，一个总的合力”：

> 历史是这样创造的：最终的结果总是从许多单个的意志的相互冲突中产生出来的，而其中每一个意志，又是由于许多特殊的生活条件，才成为它所成为的那样。这样就有无数互相交错的力量，有无数个力的平行四边形，而由此就产生出一个总

① ［美］艾伦·C. 艾萨克：《政治学：范围与方法》，郑永年、胡谆、唐亮译，浙江人民出版社1987年版，第64页。

> 的结果，即历史事变，这个结果又可以看作一个作为整体的、不自觉地和不自主地起着作用的力量的产物。因为任何一个人的愿望都会受到任何另一个人的妨碍，而最后出现的结果就是谁都没有希望过的事物。所以以往的历史总是像一种自然过程一样地进行，而且实质上也是服从于同一运动规律的。[①]

其实，经济科学同样需要论证：尽管个人行为具有不可预言性，经济科学仍然能够成立。艾克纳认为，只要人们能够为经济学确定更恰当的目标，这个问题就解决了。他说："经济学研究的目标应当是对社会群体，而不是个人行为进行预测和解释。经济学作为一门学科所要描述的不是个人反应，而是个人作为一个大的社会体系中的一员的反应，也就是社会群体的经济行为。"[②] 这个解决方案同样适用于政治科学。

第二种悲观理由是政治现象的复杂性。政治生活中存在的变量以及它们之间的或然关系太多，以至于难以发现规律。为了反驳这一观点，有人指出，政治现象的复杂程度是一个经验上的问题，而非逻辑上的问题。[③] 从很难对政治因素进行分类并衡量它们之间的关系这一事实中，人们并不能合乎逻辑地得出结论，即认为发现规律是不可能的。要在政治科学领域中发现规律确实比较难，但是，只要努力，还是可以发现规律的。台湾学者吕亚力认为，变化存在于一切科学（包括自然科学）中，政治学有能力处理类似的难题，预测上的困难也不构成政治科学基本的弱点。[④]

第三种悲观理由是反应的问题：政治科学的许多研究是以那些正在被研究的反应为基础的，只要人们知道他们正在被研究，那么他们就有可能调整他们的行为。既然被研究者知道自己正在被别人

---

① 《马克思恩格斯选集》第 4 卷，人民出版社 1972 年版，第 478 页。

② ［美］阿尔弗雷德·S. 艾克纳主编：《经济学为什么还不是一门科学》，苏通等译，北京大学出版社 1990 年版，第 16 页。

③ ［美］艾伦·C. 艾萨克：《政治学：范围与方法》，郑永年、胡谆、唐亮译，浙江人民出版社 1987 年版，第 61 页。

④ 吕亚力：《政治学方法论》，（台湾）三民书局 1985 年版，第 1—13 页。

研究，那么他们的反应不能够作为考察他们的观点的有效依据。“霍桑实验”就是一个典型的例子。对这一悲观观点的反驳者主张，人们应该经常设法搜集多方面的数据材料来检验他们的假设。例如，把几个内容相差不大的问题分散在整张问卷中，彼此进行反复核对，再如，检验文献和其他历史记录。

第四种悲观理由是价值的影响使得政治学不可能成为科学。政治学家是持有价值的人，他不能摆脱他自己的价值观对他的专业研究的影响。价值判断影响他对研究主题的选择，甚至当政治学家决定使用科学方法时，他便在做一种价值判断——他也可以选择不使用科学方法的。科学主义者认为，价值影响研究是不可否认的事实；但是这种影响不是不可减少的。科学论断具有可检验性的特点，只要运用了科学的方法，我们就可以区别什么是事实，什么是价值。吕亚力认为，政治学除研究价值外，也研究事实，况且政治研究是分层次的，在科学层次需要（也能够）控制价值判断，而在哲学层次则不必隐瞒价值判断。①

4. *作为科学的政治学不会导致暴政*

布坎南担心，如果把政治学当成科学，政治家就有可能声称自己掌握了绝对的科学真理，从而排斥、压制其他不同观点，对公民施加暴政。② 在布坎南看来，科学领域中的争论不同于公民之间的利益之争。在意见分歧的专家之间，要取得一致意见只有用“不是这个就是那个”的方式才能解决，这就像一场歼灭战；而公民之间的利益之争却可以而且应该通过相互妥协的方式解决。

按照布坎南所理解的科学的性质，把政治学当成科学确实会导致暴政。但是，本书给“科学”所赋予的性质不会导致暴政。第一，根据本书前面所论述的有关方法论，本书的科学观是：没有绝对正确的真理，即使有，任何一个科学家都不能声称最终真理已被他发现和证实，因为不存在一种逻辑途径完全证实一个科学命题。第二，真正懂得当代科学哲学的科学家一定是高度谦虚、谨慎的，

① 吕亚力：《政治学方法论》，（台湾）三民书局 1985 年版，第 1—13 页。

② ［美］詹姆斯·M. 布坎南：《自由　市场和国家》，吴良健、桑伍、曾获译，北京经济学院出版社 1988 年版，第 40—56 页。

他们是“自知自己无知”的人。因此，第三，本书的“科学”是永远开放、永远充满竞争的，永远不允许压制其他理论。

不仅是科学不会导致暴政，而且，笔者还要说，政治科学的落后是导致暴政的主要原因之一（这一点将在后文予以论证）。美国一位政治学教授说：“……如果政治学成为批判性政治调查的‘更令人讨厌’的专业，那么它更会成为一门科学、更好地为民主服务吗？……我想给予肯定的回答。”①

（三）政治学贫困的基本原因以及脱贫思路

政治学落后的原因不在其研究对象，那么，我们最好在方法论上寻找原因。

1. 政治科学没有完全走出“前科学阶段”

笔者认为，作为一门学科，政治学长期处于落后地位的基本原因在于它没有找到先进的方法论，它的方法论还停留在前科学阶段，没有随着科学哲学的前进步伐一道前进。

自从1847年休厄尔发表《归纳科学的哲学》以来，科学哲学已经经历了逻辑经验主义（也称逻辑实证主义）、波普尔的批判理性主义的证伪主义（也称否证主义）、以库恩为代表的历史主义、拉卡托斯的精致否证主义、以夏皮尔（D. Shapere）为代表的新的历史主义学派，而政治学的方法论还处于实证主义之前的阶段，处于孔德所说的形而上学阶段，甚至有部分政治学研究还处于孔德所说的“神学阶段”。在神学阶段，人们把事物看作是超自然物的表现。在形而上学阶段，神被抽象的力量或实体取而代之，这种力量或实体是各种事物所固有的，是在事物中所观察到的现象的必然的原因，人类一旦认识到这种原因，就可以推知其结果。神学和形而上学都相信，取得绝对的知识和解释事物内在本质是可能的，这一点遭到了科学哲学家的坚决反对，孔德认为，发现事物内在本质的企图是徒劳无益的，应代之以努力发现存在于现象之间的一致关

① ［美］史密斯：《美国试图探索一种全新的政治学》，载上海社会科学院信息研究所、上海市社会科学规划办公室编《国外社会科学前沿：1997》，上海社会科学院出版社1998年版，第395页。

系。经济学“庸俗”化的过程其实就是摆脱神学和形而上学的过程，其结果是经济学的迅猛发展。政治学迫切需要这样一次“庸俗”化运动。

2．政治学还没有完全走出休谟生前的时代

另外，在处理事实与价值或者实证研究与规范研究的问题上，政治学的方法论还处于哲学家休谟生前的时代，也就是混淆“事实”与“价值”或者“是”与“应该”的时代。

重温一下休谟关于事实与价值关系问题（价值论中的“休谟问题”[①]）的论述[②]，对于政治科学的发展会有帮助。该问题是休谟在论述道德并非理性的对象时提出来的。休谟以前或同时代的不少哲学家认为，道德可以如几何学或代数学那样论证其确实性。从彻底经验论的立场出发，休谟认为道德感情就像声音、颜色、热与冷这些知觉属性一样，并不依赖于观察对象的某些事实，而取决于观察者的天性结构。“以公认为罪恶的故意杀人为例。你可以在一切观点下考虑它，看看你能否发现出你所谓恶的任何事实或实际存在。不论你在哪个观点下观察它，你只发现一些情感、动机、意志和思想。这里再没有其他事实。你如果只是继续考究对象，你就完全看不到恶。除非等到你反省自己内心，感到自己心中对那种行为发生一种谴责的情绪，你永远也不能发现恶。这是一个事实，不过这个事实是感情的对象，不是理性的对象。它就在你心中，而不在对象之内。……因此，恶和德可以比作声音、颜色、冷与热，依照近代哲学来说，这些都不是对象的性质，而是心中的知觉。”[③] 也就是说，休谟把善和恶（价值）不是看作对象所具有的性质，而是视为主体内心由于其天性结构而产生的“知觉”，即人们在观察一定行为或认识与思考一定对象时，在心中所产生的感觉与情感。这就

① “休谟问题”有两个，其一是认识论或逻辑学意义上的“归纳问题”或“因果问题”，其二是伦理学或价值论意义上的“是—应该”问题或“事实—价值问题”。参见孙伟平《事实与价值》，中国社会科学出版社 2000 年版，第 1 页。这里只讨论第二个休谟问题。

② 孙伟平：《事实与价值》，中国社会科学出版社 2000 年版，第 2—4 页。

③ ［英］休谟：《人性论》（下册），关文运译，商务印书馆 1980 年版，第 500—509 页。

是说，善恶等“只在于内心的活动和外在的对象之间”①，而不是存在于对象之中的“事实”，这样，休谟便把事实与善恶（价值）区分开来了。

在休谟看来，面对善恶（价值）等道德问题，以理性为特征、以客观事实为对象的科学是无能为力的。科学所研究的关系与道德（或价值）关系不同，前者的联系词是“是”或“不是”等，而后者的联系词是“应该”或“不应该”等。根据演绎逻辑或必然性逻辑，道德（或价值）关系既然不在科学所研究的诸种关系之内，它就不可能从那些关系中被推导出来。理性、科学只能回答“是什么”的问题，而不能告诉我们“应该怎样”的问题。休谟发现，几乎所有的哲学家都忽略了这一点。他说：

> 在我所遇到的每一个道德学体系中，我一向注意到，作者在一个时期中是照平常的推理方式进行的，确定了上帝的存在，或是对人事作了一番议论；可是突然之间，我却大吃一惊地发现，我所遇到的不再是命题中通常的“是”与“不是”等连系词，而是没有一个命题不是由一个“应该”或一个“不应该”联系起来的，这个变化虽是不知不觉的，却是有极其重大的关系的。因为这个应该或不应该既然表示一种新的关系或肯定，所以就必须加以论述和说明；同时对于这种似乎完全不可思议的事情，即这个新关系如何能由完全不同的另外一些关系推出来的，也应当举出理由加以说明。不过作者们通常不是这样谨慎从事，所以我倒想向读者们建议要留神提防；而且我相信，这样一点点注意就会推翻一切通俗的道德学体系……②

上述这段话便是公认的伦理学或价值论领域的“休谟问题”的来源。休谟也为自己的这个“新发现”兴奋不已，认为简直可以和牛顿在物理学中的发现相媲美。“休谟问题”之深刻与睿智，被哲

---

① ［英］休谟：《人性论》（下册），关文运译，商务印书馆 1980 年版，第 505 页。
② 同上书，第 509—510 页。

人们视为骄傲；而“休谟问题”迄今尚待解决，又被人视为“哲学的耻辱”。①

休谟问题没有得到解决，所以，我们仍然有必要区分事实与价值，也就是要区分“实证研究”和“规范研究”。实证研究讨论“是什么”（what is）或者“为什么”（why）的问题。“为什么”的问题要求为结果B指出原因A，其解题形式是“A导致B”，这是关于事实关系的一种判断，属于“是什么”的问题。或者说“为什么”的问题可以转换成为“原因‘是什么’”的问题。② 规范研究则讨论“应该是什么”（what should be）或者“怎样改善世界”（how）的问题。有学者认为，实证研究与规范研究之间的关系类似于自然科学中的理论学科（“理科”）与工程学科（“工科”）之间的关系。③“理科”意在将一种本然的法则揭示出来，供人们去遵循；“工科”意在刻画一种意想之中的应然状态，让人们去实施。两者不可僭越。而按照安东尼·唐斯的逻辑，实证研究常常是规范研究的基础，因为他认为，规范研究者不可能给政府提出明智的建议，除非他们了解政府的特性，④ 而了解政府的特性是实证研究的任务。我们可以打一个不一定十分恰当的比方来说明实证研究的基础性：医生必须首先在其医学知识的指导下观察病情（“是什么”），诊断病因（“为什么”）；然后才可能有的放矢地开出药方（“怎样改善”）。

基于这样的认识，笔者认为，在有关一个问题的实证研究不发达的情况下，忙着做有关这一问题的规范研究，几乎等于建设空中楼阁。现在，我们就能够发现政治学落后的以下原因了，同时，也

---

① 孙伟平：《事实与价值》，中国社会科学出版社2000年版，第4页。

② 亚里士多德认为，“只有当我们知道一个事物的原因时，我们才有了该事物的知识。”参见苗力田主编《亚里士多德全集》第1卷，中国人民大学出版社1990年版，第247页。知道一个事物是什么，同知道它存在的原因是一回事，一个事物的本质就是这个事物的原因。

③ 徐长福：《论人文社会学科中理论思维和工程思维的僭越》，《天津社会科学》2001年第2期；徐长福：《思维方式：僭越与划界——人文社会学科中理论思维与工程思维之批判》，《学海》2001年第1期。

④ Downs, Anthony, *An Economic Theory of Democracy*, New York: Happer & Row Publishers, 1957, p. 290.

能够顺便提出相应的解决办法。

第一，政治科学文献常常混淆事实和价值，混淆“实然”研究和“应然”研究。政治科学的出路在于严格地区分它们。

第二，对于实证研究和规范研究，政治学研究者重视后者，轻视前者。恰当的做法是两者都要重视，但是实证研究常常是规范研究的基础，在实证研究还很落后的情况下，应该重点进行实证研究。

第三，从政治学研究者重视规范研究、轻视实证研究这一点可以看出，他们对自己的角色定位欠妥。研究者似乎认为，自己的任务是劝说执政者发慈悲，为人民福利着想，其实，这样的劝说几乎总是徒劳。研究者或者把自己定位为执政者的狗头军师，这样一来，他们其实已经不是政治科学研究人员了。笔者认为，政治学研究者的恰当角色，首先是为公民提供政治科学知识，其次是宣传价值理念。不要以为这样的角色无足轻重，恰恰相反，关于政治的科学知识和价值理念是政治发展的两大推动因素之一。[①]

第四，忽视科学理论建构工作。“实证”研究本来就少，然而所谓的“实证”研究却仅仅热衷于描述个别的事实，以为这就是关于“是什么”的问题的全部研究了，这一部分研究者不肯探索和提出普遍性或全称性的命题（定律），结果，他们的全部研究成果就是一大堆杂乱无章的事实材料。这种现象在台湾也很多，被称为“没脑筋的经验主义”（mindless empiricism）或“素朴实证主义”（naive positivism）或“素朴经验主义”（naive empiricism）。[②] 其实，对于学术研究来说，“是什么”的问题主要是其中的“原因‘是什么’”，而不仅仅是“现象‘是什么’”。如果我们要建构一套政治科学理论，那么，我们必须尝试大胆地提出一些全称陈述，也就是定律，并且立即开始检验它们是否符合事实，检查其符合事实的

---

① 本书的最终研究成果认为，在现代社会，推动政治发展的两大因素是：关于政治的科学知识和价值理念；自然科学技术，特别是信息技术。

② 黄光国：《论社会科学本土化的方法论问题——从科学哲学演变的视角》，载乔健等主编《社会科学的应用与中国现代化》，北京大学出版社 1999 年版，第 110—112 页。

程度，如果不符合事实，就大胆地提出新的猜想。①

第五，在推理的逻辑方面，政治科学的缺陷是常常采用归纳逻辑。归纳推理一般说是由个别的事物或现象推出该类事物或现象的普遍性规律的推理。休谟就指出，归纳是要把过去的经验推及于未来，从已经验到的事物推及未经验到的事物，从有限进到无限。但这种推理本身没有逻辑必然性。其一，在这种推理过程中，隐含了一个前提，即“将来一定与过去相似”。但该前提是没有得到证明的，我们无法保证它的正确性。即使过去我们看到太阳每天都从东方升起，也没有理由保证，将来太阳还会每天照样从东方升起。其二，如果我们要用经验来证明这一推理过程，就必然陷入一种循环论证。因为，当我们企图用今天的经验去证明将来事件的时候，人们就会问，今天的经验为什么有这种证明效力呢？为此，就必须诉诸昨天的经验。如果再问昨天的经验为什么有这种效力，那么又必须诉诸前天的经验。如此类推，以至无穷。这在逻辑上势必陷入无穷倒退的困境。其三，过去与未来、个别与一般、有限与无限是有本质区别的不同范畴。因此，在归纳推理的过程中，即使前提正确，我们也没有任何理由能够保证这种正确性可以在不同的范畴之间相互传递。我们无法证明，对过去有效的东西，对未来也一定有效；对个别事物有效的东西，对其他事物也一定有效；在有限时空中有效的东西，在无限时空中也一定有效。这在逻辑上分明有一个跳跃。② 归纳逻辑是由单称陈述推导出全称陈述，这种推导注定是无效的。一个涉及过去、现在和未来的某类事物的全称陈述不可能通过列举有限的事例而加以证实。波普尔指出，单称陈述无法证实一个全称陈述，但是可以证伪它。他认为，科学研究的推理逻辑只能是假说—演绎逻辑，科学研究的过程只能是发现问题（矛盾）→提出猜想（假说）→批判它，这是一种试错的过程，我们从错误中

① ［英］波普尔：《科学发现的逻辑》，查汝强、邱仁宗译，沈阳出版社 1999 年版，第 294—297 页。该书将“波普尔”译为“波珀”似乎不妥，本书全部采用通行的译法。

② 尹星凡、胡耀忠、谢石林：《知识之谜——休谟以来的西方知识论及评析》，江西人民出版社 1998 年版，引言，第 3 页。

学习和增长知识。关于假说—演绎逻辑，本书在下一节中还要做详细的论述。

3. 政治科学在当前的几个重要研究方向

（1）方法论研究

最重要、最迫切的一个研究方向是政治科学方法论。其中的迫切问题有：①政治学能否被“科学”地加以研究？虽然本书做了乐观的论证，但是笔者相信，笔者没有穷尽对该问题的研究。②如何科学地研究政治科学？新的政治科学将是什么样子？在政治科学研究中如何进行量化研究从而提高精确度？还有一个需要我国政治科学工作者严肃对待的问题：③马克思主义政治学的唯物主义辩证法[①]与科学哲学方法论之间的矛盾怎么解决？只要科学哲学家波普尔对辩证法的尖锐批判得不到解决，那么，这一矛盾就需要我们研究。笔者无力解决这一矛盾，只能把波普尔的批判介绍给政治科学家，希望引起同人的研究兴趣。

按照波普尔的理解：“辩证法（现代意义的，特别是在黑格尔使用这个术语的意义上的）是这样一种理论，它坚持某些事物、特别是人的思想发展的特征是所谓辩证三段式：正题、反题、合题。”[②] 波普尔也称赞说：“辩证三段式很好地描述了思想史的某些步骤，特别是观念和理论的某些发展，以及根据这些观念或理论所兴起的社会运动的某些发展。”但是同时，波普尔又认为，这种模式也实在是太过于粗糙了。[③] 第一，它没有充分地考虑到命题是在相关的问题状况条件下产生出来的，并且一个原因也可以产生出许多的结果。另外，一个正面肯定的命题，也并不一定必然会产生出相反的命题。第二，即使承认存在有正命题与反命题的冲突，也并不能成为主张综合命题必然会出现的理由。综合命题只能看成是人类精神性批判活动的结果。第三，综合命题不仅是由正命题和反命

① 施雪华主编：《政治科学原理》，中山大学出版社 2001 年版，第 56 页。

② ［英］卡尔·波普尔：《辩证法是什么?》，载卡尔·波普尔《猜想与反驳——科学知识的增长》，傅季重等译，上海译文出版社 1986 年版，第 448 页。

③ ［日］小河原诚：《波普——批判理性主义》，毕小辉、徐玉华译，河北教育出版社 2001 年版，第 154—159 页。

题的优点构成的，它还包含有无论是正命题和反命题都不可能还原的新的观念。

波普尔对辩证法的批判集中在辩证法允许矛盾这一点上。辩证法论者认为，因为从正命题和反命题中可以产生出综合命题来，所以矛盾不仅具有实在性，而且主张矛盾是在世界中到处可见、不可回避的。这样，他们最后就否认了矛盾律，而造成了允许矛盾存在的结局。但是，波普尔的批评恰好就在这一点上。他认为，如果在现实中确实都充满了矛盾，我们就决心不能允许矛盾存在，必须去排除矛盾。如果与此相反而允许矛盾存在，这就等于停止了一切科学活动。因为矛盾的命题就是相反的命题，所以就可以由此推导出任何种类的命题。这无异于说，对于任何事情无论我们原来怎么想，或者怎么去说都是可以允许的。并且，洞察到辩证法的这一缺点，在现代逻辑学中是属于极其初级的常识。但是，辩证法论者不能理解这种初级的事项，因此可以认为，他们是在辩证法的名义之下玩弄着语言的游戏而已。[①] 他说："如果一种理论给它所肯定的每一信息都加上其否定，那就不能给我们任何信息。因此，一种包含矛盾的理论作为一种理论是毫无用处的。"[②] 他认为，辩证法模糊而灵活，足以解释说明各种出乎理论预言的情况。"不管事情怎么发展都合乎辩证法的图式；辩证法家永远不必担心未来经验的反驳。"[③] 波普尔认为，一种理论的科学内容愈多，理论传达的东西愈多，它所冒风险也就愈大，也就愈容易受到未来经验的反驳。理论如果不冒这种风险，其科学内容为零——就是说它根本没有科学内容，它就是形而上学。根据这个标准，辩证法是非科学的，属于形而上学。波普尔明确地说："辩证法不仅在哲学发展中起了一种令人遗憾的作用，而且在政治学说的发展中也是这样。"[④] 对于波普尔

① ［日］小河原诚：《波普——批判理性主义》，毕小辉、徐玉华译，河北教育出版社 2001 年版，第 157 页。

② ［英］卡尔·波普尔：《辩证法是什么?》，载卡尔·波普尔《猜想与反驳——科学知识的增长》，傅季重等译，上海译文出版社 1986 年版，第 456 页。

③ 同上书，第 475 页。

④ 同上书，第 477 页。

的批评，笔者还没有看到政治学家做针锋相对的反击。我们如何解决两种方法论的矛盾呢？

（2）新政治经济学的一个新方向：运用经济学方法研究非民主政治

经济科学是社会科学的一个榜样，它的解释模式（理性选择模式）也是目前所能找到的最佳的科学解释模式。运用经济学方法研究政治现象已经形成了一个流派，甚至一个分支学科，叫作“公共选择理论”或“新政治经济学”，它已经取得了辉煌的成就。新制度经济学也运用经济学方法对政治制度进行了初步的分析，从而成为新政治经济学的一部分。

但是，主要由西方民主国家的学者所从事的公共选择理论主要是“民主政治的经济学”理论，主要适用于西方民主政治，这最多也只是“政治的经济学”的一半。少数公共选择理论家，例如塔洛克、温特罗布，曾经专门研究非民主政治的经济学理论，[①] 还有一些学者尝试运用理性选择方法解释只存在于非民主政治中的革命现象。在上述研究中，温特罗布的研究代表着本领域的最高水平。新制度经济学家，特别是诺斯，提供了一个制度变迁理论框架，[②] 该框架还处于高度抽象和概括的状态，但是，其中应该可以发展出（可惜还没有被发展出来）具体的政治制度变迁的理论，后者应该包含有关非民主政治的理论。没有理由认为，经济学方法只能分析民主政治，或者说交易性政治，而不能分析非民主政治，或者说掠夺性政治。东方世界拥有漫长的独裁政治历史，我国政治科学研究者有必要科学地解释它们。

（3）新政治史研究

如果政治学能够成为科学，那么，我们首先要做的工作是建立一些基本理论，它们是一些全称陈述，应该接受经验事实的检验，而最佳的检验领域是政治史，也就是说，它们要能够有力地解释政

---

① Tullock, Gordon, *Autocracy*, Dordrecht: Martinus Nijhoff, 1987; Wintrobe, Ronald, *The Political Economy of Dictatorship*, Cambridge: Cambridge University Press, 1998.

② ［美］道格拉斯·C. 诺斯：《制度、制度变迁与经济绩效》，刘守英译，上海三联书店 1994 年版。

治史。举一个例子来说，关于民主的产生原因问题，最让人迷惑的是：民主决策方式在原始社会存在，后来社会发展了，它又在绝大多数地方消失了，到了近代，它又以现代民主的形式再次产生，而20世纪末，在全世界范围内出现了大面积的民主化浪潮。你说民主与生产力水平正相关吧，你能够解释今天的民主化浪潮，但是解释不了原始民主[①]（非国家形态的民主）的产生。你说民主与生产方式的变化存在某种联系，那么，你解释不了为什么在原始共产主义、古代雅典和罗马共和国的奴隶制、资本主义等生产方式下都出现过民主。

为什么说这样的政治史研究是“新”的呢？因为过去的研究重在描述，而这里所提倡的是提出各种假说，运用它们去解释政治史，从而检验各种竞争着的假说，最后发展出严密的原理体系。

二 逻辑推理方法：“假说—演绎”法

推理方法的选择对于科学的进步具有极其重要的影响，公共选择理论成功的秘密之一就在于，其逻辑推理方法相对较好。对于公共选择理论的方法论特色，布坎南等公共选择理论家自己归纳为三个方面：方法论个人主义、经济人假设、作为交换的政治观，[②] 我国学者也都差不多这样介绍，[③] 大家已经耳熟能详。笔者要介绍的不是这三点，而是一个我国政治学、行政学研究者还比较陌生的方法——“假说—演绎”法。这一方法对于西方学者来说，人人都必须掌握而且实际上也都掌握了，根深蒂固，太基础、太小儿科了，都不值得布坎南来谈了，这更加说明了这一方法的基础性和重要

① 在原始社会里，曾出现过一种非国家形态的民主，学者们称之为“原始民主”，参见徐鸿武主编《社会主义民主概论》，吉林人民出版社1984年版，第4页。

② ［美］詹姆斯·M. 布坎南：《经济政策的宪法》，载《诺贝尔奖获奖者演说文集——经济学奖（1969—1995）》，罗汉译，上海人民出版社1999年版。

③ 例如，方福前：《公共选择理论——政治的经济学》，中国人民大学出版社2000年版，第12—24页；文建东：《公共选择学派》，武汉出版社1996年版，第17—27页；汪翔、钱南：《公共选择理论导论》，上海人民出版社1993年版，第55—60页。

性。然而，恰恰是如此基础和重要的东西，我国学者却没有给予重视。

（一）假说—演绎法的内涵

"假说—演绎"法又称"假设—演绎"法，它是关于科学理论的发现与证明，以及由此涉及的对科学认识模式的一种看法。许多科学家和科学哲学家认为，科学理论是一个具有假设—演绎特征的命题系统，即任何一个科学理论的提出与证明都是在假设和检验由假设演绎出的命题的过程中完成的。①

科学研究的目的是发现和论证复杂的表象背后的规律，然而，规律是看不见摸不着的，我们如何发现和论证它们呢？现代科学哲学的回答是，通过试探性地提出假说（或称作假设②）来揭示它们。假说就是对研究对象的存在、本质及其规律性的假定性的解释。③简单地说，就是通过猜想来发现它们。

怎么知道某个猜想接近于发现了某一规律呢？我们以这一猜想为前提，结合背景知识，引入某些先行条件以及其他的定律与原理（这些是辅助性假设，而且，一般来说，它们被公认为是正确的，或符合事实的），根据演绎推理法则，从这一猜想推导出一些关于事实的结论（单称的观察陈述）。最后，我们就来检验这些推论是否符合事实。如果推论不符合事实，那么我们可以肯定，假说是错误的。这样通过否定后件来否定被检验的假说的否证推理是演绎有效的推理。假说被否证之后，科学研究者就再提出新的假说，开始新一轮研究工作。如果推论符合事实，我们就可以说，作为演绎推

---

① 戚进勤、王淼洋、陈奎德主编：《科学哲学手册》，上海科学技术出版社 1990 年版，第 64 页。

② 假设和假说一般被看成同义词，本书也这样看，但是也要指出，这两个概念存在着细微的差别。假设是关于研究对象的假定性命题；假说是中心假设经过进一步扩充之后形成的关于研究对象的假定性的知识体系。科学创造中的中心假设构成了假说的基本或核心的部分，可以说是假说或理论的雏形，用科学哲学家伊·拉卡托斯的话来说，中心假设就是假说或理论的"硬核"。

③ 孙伟平：《关于假说的形成过程、方法及原则的探讨》，《北方工业大学学报》1999 年第 2 期。

理起点的假说得到了一次确证；但是，这样通过肯定推论来肯定被检验的假说的认证推理是形式上无效的演绎推理，因而，不能说对假说的一次确证就足以证明假说是完全正确的，无须继续检验的。如果一个假说的多个推论都得到确证，那么，这一假说就逐渐被人们广泛接受。上述步骤如下：提出假说→演绎推理→得到推论→检验推论；如果推论与观察不符→提出新假说……这样通过提出假说、运用演绎推理方式、检验推论的科学研究方法就是“假说—演绎”法（或“假设—演绎”法）。

爱因斯坦在给他的朋友 M. 索洛文的信中谈到到科学认识模式，可以被看作是对假说—演绎观点的一个最典型、最浅近的解释。[①]爱因斯坦认为，认识从直接经验开始，在直接经验的基础上，人们通过直觉等一类非理性思维方式，得到一些抽象的概念、定律乃至一个完整的公理系统，这就完成了至关重要的科学发现这一任务。这个过程本质上不是一个归纳过程，而是一个自由创造的过程。因此到此为止，这些概念、定律乃至公理不能不是一种假说，它们还需要得到检验。检验工作应当针对从假说中演绎出的具体的、个别的推论事实来进行。只有这样的检验才有可能（注意：并不一定）证明假说的正确性。

我们也不能说“假说—演绎”法是一种单纯的推理方法，因为它所包含着的推理方法其实比较复杂。在提出假说阶段，有时会依据某种理性的推理逻辑，有时并不依据严密的逻辑，譬如由灵感而来的假说。在从假说到推论的阶段则要依照严格的演绎推理法则。

恩格斯说得好：“只要自然科学在思维着，它的发展形式就是假说。”[②] 这句话也适用于实证的社会科学。今天，所有成熟的科学学科都使用“假说—演绎”法来构建其理论体系。社会科学中的经济学在告别历史主义方法论、采用假说—演绎法之后就开始了它的经济学庞大帝国的发展进程。而且，只有当一门学科开始使用假

---

① 戚进勤、王淼洋、陈奎德主编：《科学哲学手册》，上海科学技术出版社 1990 年版，第 64 页。

② ［德］恩格斯：《自然辩证法》，人民出版社 1997 年版，第 218 页。

说—演绎法时，它才有可能使用数学这一高度发达的、纯粹的演绎体系来为之建立模型，即数学模型。对数学工具的使用是一门实证学科成熟和发达的标志。马克思认为一种科学只有在成功地运用数学时，才算达到完善的地步。美国政治科学家们已经运用假说—演绎法建立了大量的形式化模型（formal models），政治科学的一次重要的转型已经发生了：从集中于建立非形式化的、主要是归纳的理论，转到了运用数学建立形式化的、演绎的模型上。①

（二）“假说—演绎”法和“教条—演绎”法的区别

我国部分学者有可能对于演绎推理存在一个误会。他们正确地看到，有一些教条主义者常常从某个教条主义原理、某个领袖的语录出发，运用演绎推理做一些推论。由于其前提被教条主义者看成真理，所以其推论也一定是真理，科学的工作到此就结束了，教条主义者绝不进一步检验这些推论，即使大量事实与推论甚至教条主义原理本身不符，教条主义者也决不放弃教条及其推论。

这样的“教条—演绎”方法理所当然地遭到了批评，但是一些批评者走过了头，他们错误地把洗澡水和婴儿一起倒掉。他们讨厌起演绎推理这一推理方法来。在他们看来，演绎推理是一种不讲究实际，只爱空谈的研究逻辑，它不利于科学的进步。他们鼓吹要做更多的深入实际的调查、归纳和总结，因为他们认为这样的研究才是“实然”的或实证的研究。他们很可能认为，所谓实证研究，就是深入到大量的事实中去进行调查，然后运用归纳推理得出结论；所以，实证研究的推理方法应该是归纳法，而不是演绎法。

这是对“实证”研究的一种误解，因为观察不是纯粹的客观过程，观察渗透理论。汉森在其著作《发现的模式》中论述道，假定有两位微生物学家在显微镜下观察一张已制备的玻璃片，如果问他们看到了什么，他们也许会做出不同的回答。这种回答的不同，既不是因为技术问题，也不是因为实验问题，而是因为两人所接受的

---

① Morton, Rebecca B., *Methods and Models: A Guide to the Empirical Analysis of Formal Models in Political Science*, Cambridge: Cambridge University Press, 1999, p. 9.

知识的不同。“看是一件‘渗透着理论’的事情。（观察者头脑中有关）X的先前知识形成对X的观察。表达我们知道什么所使用的语言或符号也影响着观察，没有这些语言和符号也就没有我们能认作知识的东西。”[①] 在汉森看来，一个物理学家在实验中的观察或看到的东西，比之门外汉所看到的，其内容要丰富得多。“一个范式的观察者，不是那种只能看普通人之所看，只能报告普通人之所报告的人，而是那种能在熟悉的对象中看见别人前所未见的东西的人。”[②] 总之，哪怕是“摹写”“直观”也仍是一种认识的自组织、自我调整性的表现。[③]

所以，实证研究者在深入事实之前，应该先把他头脑深处的某种理论或假说及其推论用严密的演绎逻辑梳理清楚，否则，他就可能被这些他自己还没有理顺的假说所“欺骗”或愚弄。深入事实的目的不是要去归纳出理论或假说，而是要检验某种由严密的演绎逻辑组织起来的理论或假说；如果发现事实与已有的假说不符，那么就通过创造性的思维提出新的假说。

本书所谈的“假说—演绎”推理与上述“教条—演绎”推理存在着如下差别。第一，所秉持的科学哲学不同。本书认为，任何一个理论都不会百分之百地正确，它不过是一个“假说”而已，只不过有些假说比另一些假说得到了更多的确证，从而可以得到我们的暂时相信。而教条主义者相信一些原理是绝对真理，不容否定。第二，研究的目的不同。我们的目的是通过“猜想—检验—猜想”的努力越来越接近真理。教条主义者认为真理已经被发现，演绎出推论的目的是指导实践。第三，也是最重要的，本书强调对于假说及其推论的检验，而教条主义者不重视事实的检验，因此，“假说—演绎”法是科学研究的方法，“教条—演绎”法不是。第四，本书把“假说—演绎”逻辑当作实证研究的重要推理逻辑，而教条主义者常常运用“教条—演绎”推理得出规范性的结论。

---

① ［美］汉森：《发现的模式》，邢新力译，中国国际广播出版社1988年版，第22页。

② 同上书，第33页。

③ 郑祥福、洪伟：《科学的精神》，上海三联书店2001年版，第62页。

三　对于恰当的政治学解释模式的探讨

寻找到一种恰当的解释模式对于发展政治科学、使它摆脱贫困落后局面来说具有重要的意义。

（一）两种传统的政治学解释模式：科学模式和释义模式

传统的政治学研究主要有两种对立的解释模式："科学"的模式（或"自然主义"的模式、"实证模式"）和释义模式。[①] 科学模式旨在根据自然科学的方法论原则来构筑政治学，否认自然科学与社会科学在方法论上具有本质的区别。对科学解释的标准说明，是众所周知的"涵盖定律"模式。其推论步骤是：

（1）所有 Y 的都是 Z 的；

（2）X 即 Y；

（3）［将（1）、（2）联合起来就可推出］X 即 Z。

第一个陈述必须是一个毫无限制的全称陈述，它就是"定律"。定律必须是放之四海而皆准的，并不是仅仅反映偶然出现的事件。但是，休谟等哲学家认为，定律只不过表明存在着一些碰巧存在的统一性，这一存在绝无"必然性"可言。充分的解释最终依赖于理论，这是现代政治学的第一要义。范・戴克提出了一个大家都同意的看法：

> 涉及一个定律的解释通常是不完整的。说它不完整，在于我们想知道……定律如何放之四海而皆准。正是出于这一目的，我们才寻求理论。在通过运用定律解释事件之后，我们寻

① ［美］J. 唐纳德・穆恩：《政治研究的逻辑：对立观点的综合观》，载［美］格林斯坦、波尔斯比编《政治学手册精选》（上册），竺乾威、周琪、胡君芳译，商务印书馆 1996 年版。该文综述了大量相关文献，本书中有关科学模式、释义模式和理性选择模式的介绍主要来自该文。

求通过运用理论来解释定律。[1]

主张释义模式的人（不妨称之为“人文主义者”）坚持人文社会科学在方法论上的独特性。他们认为，定律或“因果律”对于理解人类行为与制度并不是必需的，因为社会行动者是有动机的。必须依据行动者的意图及其所处社会的习俗来理解行动，这一理解指出某些行动的含义和意义，它所需要的不是因果律，而是释义过程。在这过程中，人们依据行动者的具体情况、其所处的社会习俗、规则来分析并发现行动的含义。这一释义过程就像我们按照语言习俗、按照一人所说所做对他人他事的关系来明确其所说的含义，进而理解他说的内容一样。

对于一个行动的解释包括两个前提和一个结论。一个前提表明所要达到的目标，另一个前提表明为了达到目标所要采用的手段，结论则表示行动者试图去干所要干的，并实际上也这样干了，除非遭受阻挠或未能成功。冯·莱特等将这种解释形式称为“实际三段论法”，以便与科学模式的“涵盖定律”所采用的（理论上的）三段论法相对：

A 现在打算使 P 在 t 时发生。

现在 A 认为，他无法使 P 在 t′时发生，除非在 t′时之前做了 a。

因此，在 A 认为的 t′时之前，他会竭力做 a，除非他忘了时间或受到阻碍。[2]

冯·莱特等担保这种实际三段论法足以解释人的行动。如果这一形式可以接受，那么在社会科学中就有一种不靠一般定律的解释类型。这意味着自然科学与社会科学在方法论上具有根本的区别。

---

① Van Dyke, Vernon, *Political Science: A Philosophical Analysis*, Stanford: Stanford University Press, 1960, p. 41.

② Von Wright, Georg Henrik, *Explanation and Understanding*, Ithaca, N. Y.: Cornell University Press, 1971, p. 107.

科学模式的理论上的三段论法产生一个命题，它的真实性由其前提保证，而释义模式的实际的三段论法产生一种行动，它的适当性或理由也由前提保证；前者的前提是一个定律或者公理性假说，它是全称陈述，后者的前提是一个对于某个特定的人或团体的行为意图的描述，不是全称陈述；前者走到极端就是最强的因果关系，是机械决定论，后者走到极端就是为每一个具体的现象都给出一个独特的释义性解释，没有普遍的因果定律。

科学模式的优点在于它满足了科学研究对普遍性理论的要求。理论最显著的特点就是具有普遍性，即具有普遍的指导意义。[①] 科学模式的缺点在于它具有某种程度的机械决定论倾向，并由此遭到了人文主义者的批评。

释义模式的坚持者正确地看到，社会科学的现象包括人类的行动，它们同自然科学的现象根本不同，因为这些现象包含着社会行动者本身的观念和自我理解。但是，释义模式的一个主要缺点，在于它局限于对一些特定状况的解释，无法满足社会科学对理论的要求。

（二）一种有前途的政治学解释模式：理性选择模式

能够吸收两种解释模式的优点、避免其缺点的新模式是人类行为的理性选择模式。[②] 它预先假设了一个具体的“人的模式”，一套有关人类行动的基本假设，即所有人都是理性经济人，其目的都是使其效用最大化。释义模式也对人的动机做出假设，但是，它给每个不同的人以独特的动机假设，而理性选择模式的抽象的人性假设是适用于全部所指对象的，在很大程度上是一个全称陈述；这有利于保持理性选择政治学的科学性。在理性选择模式中，人们的动机和理性程度一般是十分接近的，行为的不同源于其约束条件的不

① 李景鹏：《中国政治发展的理论研究纲要》，黑龙江人民出版社 2000 年版，第 50 页。

② ［美］J. 唐纳德·穆恩：《政治研究的逻辑：对立观点的综合观》，载［美］格林斯坦、波尔斯比编《政治学手册精选》（上册），竺乾威、周琪、胡君芳译，商务印书馆 1996 年版，第 221—240 页。

同。理性经济人假设加上背景约束条件假设，借鉴释义模式的实际的三段论法，就可以推理出一些具有“准因果关系”的规律，它们介于科学模式的强因果关系与释义模式的无普遍因果关系之间。

当代西方微观经济学的基本解释模式就是这种理性选择模式，既属于经济科学又属于政治科学的公共选择理论也主要使用这种解释模式，它们都获得了极大的成功。人们一般不怀疑使用这一解释模式的经济科学、公共选择理论的科学性质。

四 经济学分析方法

（一）“经济学分析”之分析

经济学分析方法的适用对象如何从单纯的“经济”现象扩大为全部人类行为的呢？这一学科性的方法如何与其具体的研究对象分离开来的呢？现在，人们常常使用的“经济学分析”这一概念的内涵是什么呢？

莱昂内尔·罗宾斯（Lionel Robbins）把经济学定义为：“经济学是把人类行为当作目的与具有各种不同用途的稀缺的手段之间的关系的科学。”[①] 他拒绝认为经济学研究的是物质福利的原因，他把这种定义称为“分类性定义”；该定义把某些种类的人类行为，即旨在获取物质福利的行为划分出来，称其为经济学研究的内容；其他各种行为便都处于经济研究的范围之外。罗宾斯所采用的定义则可称为“分析性定义”。它并不试图挑选出某些种类的行为，而把注意力集中于人类行为的某一特定方面，即稀缺性迫使人类采取的行为方式。所以，无论何种人类行为，只要涉及这个方面，就属于经济学的研究范围。我们不说生产马铃薯是经济活动，生产哲学不是经济活动，而说任何一种活动只要涉及放弃其他想要的东西，便有其经济的一面。除了这一点，经济科学的研究内容是不受限制的。

① ［英］莱昂内尔·罗宾斯：《经济科学的性质和意义》，朱泱译，商务印书馆2000年版，第20页。

凯恩斯、琼·罗宾逊等也开始把经济学看成一种方法，一种智慧工具，一种思维方式，一个工具箱，经济学作为一种分析工具，开始与它的特定内容——市场现象——相分离。[①] 此后，新古典经济学家使用这一工具，对市场以外的其他人类行为和社会经济现象进行了广泛的“帝国主义式”入侵。现在，把经济理论看作是完整的思想体系已没有什么用了，最好把现代经济学看作一套工具。经济学之所以有别于其他社会科学而成为一门科学，关键所在不是它的研究对象，而是它的分析方法。诺贝尔经济学奖获得者加里·S.贝克尔（Gary S. Becker）相信：“经济分析是一种统一的方法，适用于解释全部人类行为……”[②] 笔者也相信这一点。

经济学分析最根本的工具始终是其基本假定和核心概念，贝克尔把它们归结为“最大化行为、市场均衡和偏好稳定的综合假定及其不折不扣地运用”[③]。其中，最大化和均衡是经济学分析的两个基本概念，经济学家的任何一种思维习惯都没有这种渴望——即把每一种社会现象都描述为个人或机构在追求最大化目标的相互作用中达到的均衡——这样根深蒂固。至于成本—收益分析、替代分析、边际分析、供求分析、弹性分析等，不过是对具体问题的分析方法，它们都从属于经济学的三件根本工具。

（二）本书的两个主要假设

本书的主要假设有两个。第一，笔者假设所有政治人，包括政治家、官僚和人民群众，都是理性经济人，“人是自利的、理性的效用最大化者”[④]。“理性指的是一种行为方式，是指在给定条件和约束的限度内适于达到给定目标的行为方式。”[⑤] 所谓理性，是指合

① 李政军：《“经济学分析”之分析》，《江苏社会科学》1997年第1期。

② ［美］加里·S. 贝克尔：《人类行为的经济分析》，王业宇、陈琪译，上海三联书店、上海人民出版社1995年版，第11页。

③ 同上书，第8页。

④ ［美］丹尼斯·C. 缪勒：《公共选择理论》，杨春学等译，中国社会科学出版社1999年版，第4页。

⑤ ［美］赫伯特·西蒙：《现代决策理论的基石：有限理性说》，杨砾、徐立译，北京经济学院出版社1989年版，第45页。

乎逻辑地从前提推出结论的能力。在决策方面，就是行为体为实现预期目标或获得最大价值而选择最有效和最合适的政策的能力，也就是当行为体在一个决策环境中面对两个或两个以上方案的时候，能够根据现有的信息，判断几种方案的优劣和可能产生的后果，选择可以导致比较有利的结果的一个方案。[①]“经济人”假设则是强调政治人的自利性。所有个人都是自私的（selfish），[②] 其理性行为主要导向其自私的目标：每个人关心自己的安全和快乐胜过关心他人的安全和快乐；如果自己的幸福和他人的幸福发生冲突，他总是准备牺牲他人的幸福满足自己的幸福。[③] 在多种经济人假设中，本书的经济人假设是最为“冷酷”的假设之一，它比较单纯，具有理想类型色彩，而实质上是简单化的结果；比较摩登、精致的经济人假设则将自我利益放松为包括利己主义和利他主义两种行为的范畴。[④] 笔者也想使本书的假设更为精致些，但是，由于时间、精力、理性水平的限制，任何理论在初创期都会是粗糙的；经过发展期，到了成熟期之后，粗糙才会变得精致；而非民主政治的经济学理论正处于初创期。

如前文所述，在主流公共选择理论中，理性是个人利益最大化的完全理性。本书不同于主流公共选择理论的地方是，放弃完全理性假设，采用有限理性假设。笔者写作本书时，也遵循满意理性。

本书的第二个假设是，所有这些政治人的最基本的偏好（或者说需要）都是生存，[⑤] 对财富、由此又派生出对权力的偏好和追求。某些人追求权力，是因为他们认为更多的权力使他们更加富有和安全，因而生存得更好。

---

① 秦亚青：《霸权体系与国际冲突——美国在国际武装冲突中的支持行为（1945—1988）》，上海人民出版社 1999 年版，第 92 页。

② Downs, Anthony, *An Economic Theory of Democracy*, New York: Happer & Row Publishers, 1957, p. 27.

③ Calhoun, John C., "Disquisition on Government", *Public Opinion and Propaganda*, ed. By Katz, Cartwright, Eldersveld, and Lee, New York: The Dryden Press, 1954, p. 15.

④ 袁瑞军：《理性、交易与政治——论公共选择理论的理性经济人假设》，博士学位论文，北京大学，1998 年，“摘要”。

⑤ Morgenthau, Hans J., *Politics Among Nations: The Struggle for Power and Peace*, 5th Ed. New York: Knopf, 1973, p. 4.

经济学分析不能允许本书假定一类人是自私的，而另一类人不自私，因此上述两个假定是针对所有人的。假设是否全面符合现实不是最重要的；理论建构需要抽象，而任何抽象都会把次要的东西去掉，突出最重要的内容。密尔顿·弗里德曼（M. Friedman）反对理论可以用调查假设的“真实性”来检验的观点。他认为，所有的理论模型都是建立在“非真实”的假设之上的，理论化的特点要求我们做一定的抽象。他得出的结论是：检验理论有效性的唯一正确方法是看它是否能够解释和预测现实世界的事件。[①] 不过，本书认为，在解释力和预测力相等的情况下，如果一个理论的假设比另一个理论的假设更加符合现实，那么，前一个理论优于另一个理论。

（三）为理性经济人假设申辩

理性经济人假设得到了广泛的使用，受到了同样广泛的批评。在这里，本书的任务主要是回击批评者。

1. 如何才能否定理性经济人假设?

理性经济人假设被否定了吗？没有！要否定它，需要做好两项工作。一是指出它不符合一部分甚至全部事实，从它演绎出来的整个公共选择理论也基本不符合事实，这是否定性工作；二是肯定性工作，即从正面提出一个更加符合事实的替代性的人性假设，并且，从替代假设演绎出一个更加符合事实的理论体系来。

检验理性经济人假设的真实性几乎不可能，如同检验某种非理性经济人假设的真实性也几乎不可能一样。这样，第一项工作就没有多大前途，关键在于第二项，即提出替代假设的替代理论，使它比从理性经济人假设中推导出来的理论更有解释力和预测力。理性经济人假设的批评者至今没有做到这一点。[②]

2. 对理性经济人假设进行直接检验?

对于人性假设进行直接的检验只具有理论上的可能性，不具有

---

① ［美］密尔顿·弗里德曼：《实证经济学方法论》，载《弗里德曼文萃》，高榕、范恒山译，北京经济学院出版社 1991 年版。

② ［美］格林、沙皮罗：《理性选择理论的病变：政治学应用批判》，徐湘林、袁瑞军译，（香港）牛津大学出版社 2000 年版。该书批判了理性选择理论或公共选择理论，但是提不出替代理论。

现实可能性。一个人是否是理性经济人，这往往只有他（她）自己才知道；而且有些人自己也不知道。我们是无法知道别人的内心世界的，只好观察其行为，推断其动机；从行为推断动机是不可能百分之百可靠的。发现一个人在某一刻的一个行为不符合理性经济人假设，这不足以说理性经济人假设不适用于他一生中其他数量以若干亿倍计的行为。即使世界上有某一个人在其一生中的全部行为都是非理性经济人的行为，也不足以反驳理性经济人假设；因为，除了这个人之外，世界上还存在其他数量以若干亿倍计的人。即使今天世界上的全部人都不符合理性经济人假设，仍然不足以完全反驳理性经济人假设，因为，在今天之前的若干万年历史上还有人，在今天之后也还有人，你还要发现他们的动机。所以，我们无法直接检验理性经济人假设。同样的道理，别的人性假设也无法被直接检验。这样一来，那不是"怎么假设都行"了吗？我们无法检验和比较人性假设了吗？确实可以这样说。

经济学家曾经对利润最大化假设做过直接检验，但是其结果是不确定的。[①] 经济学家采用寄调查表给企业高级管理人员的方式来检验：厂商真的是寻求利润最大化吗？大多数经理们承认对利润有很大的"兴趣"，并认为利润最大化是一个恰当的目标；另一方面，他们也经常提到利润之外的目标，或者说他们只能在有限的信息下"尽其所能"。其实，即使经济学家在这次检验中得到一个确定的结果，仍然不能说明全部问题，因为还有无穷多的人没有被调查到。

3. 间接检验、证实和证伪

对人性假设做直接检验是不行了，我们只好进行间接的检验，即通过检验其推论（解释或预测）的真假来检验它；密尔顿·弗里德曼认为这是检验假设的唯一可行的方法。[②]

然而，间接检验法也不是百分之百可靠的方法，因为一个推论符合某一事实，这只能增加该推论的假设前提的正确度，却不能证

---

① ［美］瓦在特·尼科尔森：《微观经济理论》，朱宝宪、宁向东等译，中国经济出版社 1999 年版，第 4 页。

② ［美］密尔顿·弗里德曼：《实证经济学方法论》，载《弗里德曼文萃》，高榕、范恒山译，北京经济学院出版社 1991 年版。

明其假设绝对正确。要检验一个假设的全部推论是否符合全部相关事实也是不可能的。因此，间接检验法只不过比直接检验法稍微可行一点而已。

证实一个假设及其推论是不可能的，波普尔提出一种相反的思路，即证伪它们。① 证实需要全部事实数据，而证伪只需要一件事实。

4. 不能提出更好的替代假设及替代理论就无法否定一个假设及其理论

如果严格地坚持波普尔的证伪主义方法，那么，社会科学中将不会存在任何可依靠的科学理论，因为社会科学的几乎任何结论总是会遭遇到与之相反的事实（反例）或者解释不了的事实。不仅社会科学如此，自然科学的多数理论也都遇到反例。但是，人们并不立即将遭遇到反例的科学理论抛弃。只有在出现了解释和预测能力更强的新理论后，人们（特别是未受旧理论“污染”的新一代人）才接受新理论。对一个理论体系的证伪还不足以打倒它，除非批评者提出更好的理论体系来。这是伊·拉卡托斯的“研究纲领”方法论对波普尔证伪主义方法论的发展。

批评公共选择理论的理性经济人假设的学者至今还没有发展出一个更有解释和预测能力的理论体系来，因此，尽管我们发现了不少非理性、非自利政治行为的例子，我们目前还是把公共选择理论当作最不坏的理论之一，它的“硬核”——理性经济人假设——还是没有被取代。

5. 来自“自私的基因”理论的支持

英国新达尔文主义生物学家里查德·道金斯（Richard Dawkins）关于“冷酷自私”的基因的理论为理性经济人假设提供了支持。

我们可以这样简单地介绍他这一至今仍然风靡全世界的理论。第一，进化的单元是什么？是群体，还是个体？都不是。有资格作为选择单元的实体必须能够精确地复制自己，基因和无性生殖的个

① ［英］波普尔：《科学发现的逻辑》，查汝强、邱仁宗译，沈阳出版社 1999 年版，第 19—20 页。

体具有这种性质，而有性生殖的个体和群体则不具备这种性质。这就使基因成为比个体更基本的东西，而个体则与群体一样成为稍纵即逝甚至无关的东西；基因是选择的单元，是进化的单元。[①] 道金斯1976年提出的“自私基因理论”就是对这一理论的进一步发展。第二，基因是什么东西呢？在大约40亿到30亿年前，地球上的海洋（“原始营养汤”）里漂浮着大量有机分子，突然有一天，一个非凡的分子偶然地形成了，其特殊性质在于它能够复制自己的拷贝，它被道金斯称为“复制基因”（replicator），它就是“基因”。第三，任何复制过程都具有一个重要特性：它不可能是完美无缺的，它肯定会发生差错。随着复制错误的产生和扩散，原始营养汤里充满了由好几个品种的复制分子组成的种群，虽然它们是同一祖先的后裔，但是，它们在寿命、复制速度、复制的精确性等方面存在差别。第四，原始营养汤是不能维持无限量的复制基因分子的，当复制基因越来越多时，不同品种或品系的复制基因必然为了争夺它们而互相搏斗。第五，复制基因为自己制造容器，即赖以生存的运转工具。能够生存下来的复制基因都是那些为自己构造了生存机器以安居其中者。最原始的生存机器也许仅仅是一层保护衣，后来，生存机器的体积越来越大，其结构也渐臻复杂。第六，40亿年过去了，基因早已告别了海洋，今天，它们群集相处，安稳地寄居在庞大笨重、步履蹒跚的“生存机器”——即人——的体内。它们与外界分隔开来，通过迂回曲折的间接途径与外部世界联系，并通过遥控来操纵外部世界。它们存在于你和我的躯体内，它们创造了我们的肉体与心灵，保存它们或许正是我们存在的终极理由。人类是它们的“生存机器”之一，[②] 它们的唯一兴趣是复制它们自己。

基因的严格定义是：染色体物质的任何一部分，它能够作为一个自然选择的单位连续若干代发挥其作用；或者说基因就是能够进行高度精确复制的东西。它是一个遗传单位，不会衰老，即使是活

---

① G. C. Williams, *Adaption and Natural Selection: Critique of Some Current Evolutionary Thought*, Princeton: Princeton University Press, 1966.

② ［英］里查德·道金斯：《自私的基因》，卢允中、张岱云、王兵译，吉林人民出版社1999年版，第22页。

了100万年的基因，也不会比它仅仅活了100多年的同伴更有可能死去。它一代一代地从一个生物个体转到另一个生物个体，用它自己的生活方式和为了它自己生存的目的，操纵着它们；又在一代接一代的生物个体进入衰老死亡之前，就抛弃它们。

基因是自私的，它的自私与人的自私有什么关系呢？人的行为都是在基因的控制之下，这种控制尽管是间接的，但仍然是十分强有力的。基因通过支配生存机器和它的神经系统的建造方式而对其行为施加最终的影响。以后怎么办，一切则由生物的神经系统随时作出决定。基因是主要的策略制定者，大脑则是执行者。“基因给予生存机器的一个全面的策略性指示是：请采取任何你认为是最适当的行动以保证我们基因的存在。”① 与象棋棋局的程序编制员一样，基因对生存机器的“指令”不可能是具体而细微的，它只能是提出一般性的战略以及适用于生存的各种技巧。

五　理想类型方法

理想类型实际上是一些纯粹类型。“理想”乃是指事物在逻辑上的一种可能性，不是指人们所希望的或最好的那种社会理想。理想类型并不是对现实的描述，而是把某种特定的社会现象的重要属性而非一般属性加以集中的理性的构造。理想类型有两个特征：（1）它是“理想的”，是思维构造的一种完美理想境界，因此，（2）它是一种思维图像，一种观念世界，它既不是对真实的任何实在层面的一种描述，也不是一种假想，而是对真实世界的一种抽象、组合因而比真实世界更具明晰性。② 因为理想类型具有这两个特征，所以，人们可以利用它来检验真实世界对理想概念的接近或背离长度以更好地理解现实。理想类型的概念举例如下。韦伯把社

① ［英］里查德·道金斯：《自私的基因》，卢允中、张岱云、王兵译，吉林人民出版社1999年版，第75页。

② 黄小勇：《现代化进程中的官僚制》，博士学位论文，北京大学，1999年，第13页。

会行动分为四个理想类型：传统行动、情感行动、价值理性行动与目的合理性行动；把合法统治的形式分为三种理想类型：克里斯玛型、传统型、法理型。韦伯的科层制概念也是理想类型概念。

为什么要使用理想类型的概念呢？韦伯认为，社会学概念的形成在很多方面要从历史中吸收材料，然而，社会的复杂性使得对大量历史现象进行描述和个别解释的历史方法难以真正理解社会，因而社会学概念的形成也无法从经验事实中导引出来，除非有价值的预设介入，“片面强调一个或几个观点和由许多散在的、无联系的、多少存在的以及偶然又不出现的具体个别现象的组合即可获得一个分析概念”。[①] 这一抽象性的概念比起具体的历史现实来说显得内容空洞些，但提高了概念的明晰性，它虽抽象而超离于现实，却有助于理解现实。

韦伯认为，概念建构的理想类型方法不仅适用于社会学，而且对于属于社会科学的学科都具有指导性的意义。[②] 而且，韦伯认为，“从本质上讲，所有的社会科学的概念都具有理想类型的性质”。[③] 笔者也将使用这一方法建构本书的一些重要概念，例如，非民主政治、非交易性政治、原始政治、理性经济人，等等。需要指出的是，这些理想类型的概念不可避免地对现实进行了高度的简化，其好处韦伯已经指出了，我们有必要同时也了解一下其弊端——那就是使得本书的理论的精确性会稍微差一些。例如，将政体分为民主政体和非民主政体两类，将政治分为交易性政治和非交易性政治两类，这种分类的精确度就比较低。[④] 那么，可不可以进行这样粗略的分类呢？当然可以，马基雅维里、马克思和恩格斯对于政体的分

---

① ［德］马克斯·韦伯：《社会科学方法论》，振华、张与健译，（台湾）时报文化出版企业有限公司 1991 年版，第 103 页。

② 王威海编著：《韦伯：摆脱现代社会两难困境》，辽海出版社 1999 年版，第 272 页。

③ 同上书，第 277 页。

④ 在任何两种典型类别之间，其实都存在着大量的中间类别。例如，非交易性政治中有的是极端暴虐的政府对子民进行纯粹的掠夺，有的是温和一些的政府运用高税率剥夺子民，同时也为子民提供一些公共物品，从而具有一些交易性政治的因素。

类也与此类似。马基雅维里说：“一切政权，不是共和国就是君主国。”[①] 马克思和恩格斯也认为，一切政体不是君主制就是民主制（也可称为共和制）。[②]

在借鉴韦伯的理想类型方法论的同时，本书也保持了一些区别。本书更加强调研究结论的可证伪性。这样一来，概念建构本身就不是目的，一个概念是否抓住了事物的“本质”就只能通过其推论或者检验蕴含来加以检验。本书认为，社会科学家不能声称只有他的概念才抓住了“本质”，除非由其概念组成的理论体系具有相对最强的解释力和预测力。仅仅是建构概念，仅仅是分类，还只不过是为科学研究开了个头而已。科学工作的特征是解释和预测事实，并且接受经验的检验。概念建构从属于理论体系的建构，从属于解释和预测工作，其功能、地位和意义没有韦伯所设想的那么重要。

---

① ［意］尼科洛·马基雅维里：《君主论》，潘汉典译，商务印书馆1997年版，第3页。

② 李延明等：《马克思恩格斯政治学说研究》，人民出版社2002年版，第102页。

第四章

非民主政治的本质与经济学方法的适用性

因为本书是对非民主政治中各类政治人的政治行为进行经济学解释，所以，本书必须明确提出一套关于政治、民主政治、非民主政治的各类政治行为的经济学意义的“看法”。这些行为的本质是什么？这样的问题一般不属于“科学”问题。由于难以证实或证伪，科学家一般并不讨论关于一事物的根本性质是什么的问题，他们往往把这些问题留给哲学家。科学家则着力于解释事实与事实之间的因果关系，预测事物的未来发展，后面的这些研究结论都具有证伪的可能性。不过，对于哲学性质或规范性质的问题，任何政治科学工作者或实证研究者都有一套自己的“看法”。很难直接判断这些看法正确与否，因为这些看法本来就不存在对错的问题；尽管如此，尽可能明确地将自己的一套相应哲学看法或规范性看法告诉读者，却是有利于读者更深刻地理解作者的科学研究的。

一　政治行为的经济本质

（一）政治的定义

美国学者戴维·伊斯顿认为，政治即为一个社会进行权威性的价值分配，[①] 这一定义所谈的是政治的功能。在原著中，“价值”指涉过“贵重物品”“精神利益和物质利益”“被认为宝贵的东西”

① ［美］戴维·伊斯顿：《政治体系——政治学状况研究》，马清槐译，商务印书馆1993年版，第122—123页。

“所追求的目的”或“所想望的东西”等，[①] 这些词语侧重于人们的主观评价。伊斯顿定义中的“分配”则意味着“不让一部分人享有某些东西而允许另一部分人占有它们”[②]，意味着：

> 调解有关贵重物品的争论……显然，如果不规定某种办法在对数量有限的价值争执不下的当事人之间作出裁决，社会就会在经常的争吵声中处于四分五裂的状态……每个社会都提供一些机构，不管它们可能是多么不够完备，以便权威性地解决人们关于他们所追求的目的产生的分歧，那就是说，以便决定谁该获得所想望的东西中哪一部分的份额。[③]

由此可知：（1）分配的对象在消费上具有竞争性或排他性，属于私人物品（注意，从原文来看，伊斯顿的“价值”概念只是指涉了私人物品，但这个概念本来并不一定只能指私人物品的，按照前面对该概念的分析，它还可指另外一种物品，即下文将予以讨论的公共物品）；（2）分配行动既不增加也不减少社会价值总量，只是把价值全部或部分地从甲转给乙。这符合经济学者对分配的认识：分配（distribution）一般指社会产品分给社会（或国家）、社会集团以及社会成员的过程和形式，其中包括社会总产品的分配、国民收入的分配、个人消费品的分配等。[④]

现在本书要对伊斯顿的定义追问的问题是：政治行动除了在“分配”“价值”（在消费上具有竞争性和排他性的私人物品）之外，是否还在为社会创造、增加新的价值或者减少社会的总价值？或者说，政治对社会的功能除了价值“分配”之外，是否还有价值的增加或减少？似乎从来没有人对伊斯顿的定义追问过这样的

---

① ［美］戴维·伊斯顿：《政治体系——政治学状况研究》，马清槐译，商务印书馆1993年版，第129—131页。

② 同上书，第123页。

③ 同上书，第130—131页。

④ 中国大百科全书总编辑委员会《经济学》编辑委员会编：《中国大百科全书·经济学》，中国大百科全书出版社1988年版，第164—165页。

问题。

戴维·伊斯顿的功能性定义的不足，在于它只概括了政治的三种功能中的一种，具有以偏概全的毛病。政治的功能有三种：（1）“分配”私人物品；（2）供给公共物品；（3）而当政治决策失误时，政治行动还会减少社会的价值总量，例如，20世纪50年代大炼钢铁时期的中国政治就不但没有创造多少财富，反而还浪费了大量的人力、物力资源，减少了社会的价值总量，再如纳粹德国的侵略战争和屠杀也减少了社会价值总量。因此本书将政治的功能性定义增补为：政治是为一个社会权威性地分配私人物品、供给公共物品或者浪费价值的行动。[①] 公共物品是这样的物品，在增加一个人对它的分享时，并不导致成本的增长（它们的消费是非竞争性的），而排除任何个人对它的分享却要花费巨大成本（它们是非排他性的）。[②] 实际上，伊斯顿在写作《政治体系》时，没有考虑到政治还有这一功能：为全社会提供公共物品的功能。这也怪不得伊斯顿，《政治体系》初版于1953年，而“公共物品”这个概念最早是在1954年由萨缪尔森（Samuelson）提出来的。[③]

（二）政治行为的经济本质

西方语言中的“经济”（economy）一词源于希腊字oikos（家庭）和nemein（管理），原意是管理家庭。它所要处理的问题是在资源稀缺的情况下，如何审慎管理它们，予以有效地利用。现代经济学大师莱昂内尔·罗宾斯把经济学定义为：“经济学是把人类行为当作目的与具有各种不同用途的稀缺的手段之间的关系的科学。”[④] 虽然这是经济学的定义，不是经济的定义，但是，这对我们

---

① 有人认为“行动”（action）和“行为”（behavior）有区别。行为是指一种本能的反应，行动则指主体的有意义的活动。参见萧俊明《文化与社会行动》，《国外社会科学》2000年第1期。

② ［美］斯蒂格利茨：《经济学》，中国人民大学出版社1997年版，第147页。

③ 平新乔：《财政原理与比较财政制度》，上海三联书店、上海人民出版社1995年版，第29—30页。

④ ［英］莱昂内尔·罗宾斯：《经济科学的性质和意义》，朱泱译，商务印书馆2000年版，第20页。

理解经济、经济行为有帮助。罗宾斯认为，只要“当时间和达到目的的手段有限并能选择使用，而且目的能按重要程度加以区别时，行为就必然表现为选择的形式”，这种行为就是经济学的研究对象。[①] 笔者认为，这种行为可以被看成是广义的经济行为。广义的经济行为是这样的行为：（1）其目的是为行为者自身谋求利益；（2）在从事这些行为时，行为者必须在多项方案中进行取舍，因此总会有机会成本，理性的广义经济人总是选择机会成本最小的方案。

罗宾斯的观点为经济学开辟了一个宽广的研究领域，政治也被看成经济的，能用经济学方法加以分析的，因为政治事实的特征也是选择与稀缺性。[②] 政治行为属于广义的经济行为。政治行为是为一个社会权威性地分配私人物品、供给公共物品或者浪费价值的行为，这里的“分配”“供给”或“浪费”等行为的最终目的不是为他人服务，而是为行为主体自己谋利益。[③] 政治的深刻根源是利益，是以经济利益为核心的各种利益的集中反映，这是马克思主义政治观的精髓。[④] 在从事谋利行为时，政治行为主体也必然进行各种选择取舍，需要放弃其他想要的东西。我们不能说，政治行为者为公众提供了某些有用的东西，因此其行为一定是无私的，不是经济行为。其实，一个商人又何尝不是努力为别人提供有价值的东西？我们不会因为商人为别人提供了价廉物美的商品而断定他是无私的，当然，我们可以称赞他是一个遵守职业道德的商人。同样道理，我们不必因为一个政治家为公民提供了公共物品而断定他是无私的，我们可以称赞他是一个遵守职业道德的政治家。

到今天为止，绝大多数政治科学和经济科学工作者都不会反对

---

① ［英］莱昂内尔·罗宾斯：《经济科学的性质和意义》，朱泱译，商务印书馆2000年版，第18页。罗宾斯批评了关于经济学的“唯物主义”定义——经济学研究的是物质福利的原因，笔者同意他的观点。

② Caporaso, James A. and Levine, David P., *Theories of Political Economy*, Cambridge: Cambridge University Press, 1992, pp. 126-127.

③ 李景鹏教授说，政治现象的最深厚的基础即利益问题，政治现象所涉及的一切问题都是与各种主体的利益密切相关的……正是这些利益形成了政治现象运行的基本动力。参见李景鹏《权力政治学》，黑龙江教育出版社1995年版，第13页。

④ 谢庆奎：《政治释义——关于政治涵义的再讨论》，《新视野》2001年第4期。

把政治行为看成是广义的经济行为。于是，经济学家就开始了对政治行为进行经济学分析的工作，其突出成就就是公共选择理论。公共选择理论家直接把政治人看成是理性经济人，甚至都懒得说是理性政治人。我们可以看出，在公共选择理论家那里，政治人就是经济人，政治行为就是广义的经济行为。虽然政治市场上的公共选择和经济市场上的私人选择存在着一些差异，① 但是，在公共选择学派看来，所有选择都是经济活动中的选择，只是因选择方式与对象不同，这些经济选择分为在市场中的选择与在政治中的选择，公共选择学派分别称为私人选择与公共选择，并认为两者的共性在于它们都是一种个人选择。传统经济理论只研究私人选择，公共选择学派明确将公共选择引入经济学中。②

二　许多经济学家把各种政治行为都看成交易行为

（一）把政治看成交换

公共选择理论家和新制度经济学家，尤其是前者，在决定使用经济学方法分析政治行为时，认真思考过为什么能够运用经济学方法研究政治现象，以及如何做这种研究。他们的一个关键决定是指出经济行为的本质是交易或交换，而政治行为，他们认为也是交易行为。

瑞典经济学家威克塞尔首先提出了政治的自愿交易学说。在其1896年的论文《公平赋税的新原理》中，他认为，传统的公共财政理论在经济学和政治学这两个学科之间竖起了一道隔墙。传统理论认为，在一般经济领域（经济市场）和公共经济领域（政治市场），同一个人会按两种完全不同的行为方式进行活动。在经济市场上，个人受利己心支配追求自身利益的最大化；而在政治市场上

---

① 这不是本书的重点，所以这里不详细列出公共选择与私人选择的差异。参见汪翔、钱南《公共选择理论导论》，上海人民出版社1993年版，第52—55页；文建东《公共选择学派》，武汉出版社1996年版，第12—13页。

② 文建东：《公共选择学派》，武汉出版社1996年版，第13页。

活动的个人则是超利益的，奉行利他主义的人。威克塞尔认为，政治是一种个人之间进行复杂交易的结构，在这种结构里，个人追求集体地得到他们私自限定的、不能通过简单的市场交易而有效率地获得的目标。在市场上，个人用一种物品交易另一种物品；在政治上，个人交易他们同意的公共需要的成本份额。“如果一个人为某项活动的成本进行支付，而这项活动并不促进他的利益，或者甚至会损害他的利益，这似乎是一种露骨的不公正。”① 布坎南完全借用了威克塞尔的这一观点。他认为，把政治看成交换是公共选择理论的三大结构要素之一。②

公共选择理论家认为，主要的交易发生在政治家和选民之间、政治家之间、政治家与官僚之间。以政治家与选民之间的交换为例，政治家供给的是公共政策，选民提供的是选票和税收。至于具体的公共物品的种类、数量等等，则是通过选举过程“讨价还价”完成的。新制度经济学所研究的制度包含政治制度，因此这些经济学家也碰到一个如何运用经济学方法研究政治行为的问题。他们的看法也同样是把政治行为看成是交易行为。一旦这样来看政治了，经济学家就可以理直气壮地使用经济学方法来分析政治行为了，因为，据布坎南说，经济学本来就应该是研究交易的。③ 其实，布坎南将研究交换和研究稀缺资源的有效配置对立起来也许是不必要的：按改变商品形态的过程与转让商品控制的过程来区分，资源配置包括了生产与交换；④ 经济学所公认的研究领域，即稀缺资源的配置，其实包含了交换，或者说，交换属于资源配置，两者不是对立关系。

---

① Musgrave, R. A. and Peacock, A. T., eds., *Classics in the Theory of Public Finance*, London: The Macmillan Press Ltd., 1958, p. 89.

② ［美］詹姆斯·M. 布坎南：《经济政策的宪法》，载《诺贝尔奖获奖者演说文集——经济学奖（1969—1995）》，上海人民出版社 1999 年版。

③ ［美］詹姆斯·M. 布坎南：《自由 市场和国家》，吴良健、桑伍、曾获译，北京经济学院出版社 1988 年版，第 18—19 页。

④ ［英］约翰·伊特韦尔等：《新帕尔格雷夫经济学辞典》，经济科学出版社 1992 年版，第 219 页“交换”辞条。

（二）非民主政治中的政治行为也能被看成交换吗？

一般来说，公共选择理论对交易性政治的分析局限于民主政治范围之内。例如，布坎南就说过："我们对专制政府并不感兴趣，不管它是如何组织的；我们主要是关心民主地组织起来的政府……"[①] 这样一来，他们把政治看成交换就似乎没有碰到多大困难。然而，新制度经济学家，如诺斯，并不这样界定他所分析的政治行为的范围；[②] 换句话说，新制度经济学家将经济学分析工具既运用于分析民主政治，又运用于分析非民主政治。两种政治制度框架下的政治行为也都被看成交易行为。交易概念被高度泛化，不仅狭义的经济行为是交易行为，而且政治行为也是交易行为；不仅民主政治中的政治行为是交易行为，而且非民主政治中的政治行为也是交易行为；交易行为不仅可以在民主政治中和平地进行，而且也可以在非民主政治中借助于暴力、威胁进行。泛化交易概念的荒谬结论必然是：盗窃乃至抢劫行为也是交易行为。

三　非民主政治的经济本质

（一）两种政治：交易性政治和非交易性政治

1．一种简单化的两分法

民主政治和非民主政治中的政治行为都属于广义的经济行为：都以谋利为目的，都是在有机会成本的情况下做出决策；这没有什么不同。但是，两类政治中的政治行为在谋利方式上截然不同。

所有政治行为都是行为主体从他人那里为自己谋求利益的行为，区别在于采用什么方式从他人那里谋利，在于对待其谋利对象的态度：是尊重谋利对象，与他做双方自愿的交易呢，还是相

① ［美］詹姆斯·M. 布坎南：《公共财政》，赵锡军等译，中国财政经济出版社1991年版，第5页。

② 沈友军：《"诺思悖论"的存在条件》，《云南行政学院学报》2001年第2期，《复印报刊资料——政治学》2002年第1期。

反——掠夺他呢？依据政治行为主体从他人那里为自己谋求利益的方式，我们可以（从政治行为的角度）把政治分为两种：交易性政治和非交易性政治。[①] 与交易性政治大致对应的是民主政治，与非交易性政治大致对应的是非民主政治。交易性政治指的是行为主体采用与他人做交易的方式来谋利的政治，其中各主体之间的关系是交易关系；非交易性政治指的是行为主体采用掠夺他人的方式来谋利的政治，其中各主体之间的关系（从本质上看）是掠夺与被掠夺的关系。我们在阅读历史书籍时，经常会看到的一个词是“征服”，某个部落征服了另一个部落，某个国家征服了另一个国家，一部人类史充斥着这样的征服。征服的本质也就是以武力为后盾进行掠夺。

把非民主政治看成是非交易性政治并不新鲜。马克思和恩格斯肯定会赞成，因为即使在资本家和工人之间的“平等”交换中，他们也能发现“剥削”的秘密。在他们看来，不仅独裁国家，而且“民主”国家也都是统治阶级用以“掠夺”被统治阶级的机器。韦伯也曾经指出，在家产制（patrimonialism）的中国，“财富积累的源泉并不是交换所产生的收益”，而是依靠权力所进行的掠夺。“具有典型意义的，主要并不是理性的经济活动，而是……内政掠夺性资本主义，它不仅控制着财富积累，而且特别控制着土地的积累。”[②]

对于政治的这种简单化的两分法也能够得到马克思和恩格斯、马基雅维里等的支持。马克思和恩格斯认为，一切政体不是君主制就是民主制（或共和制）。[③] 马基雅维里也说：“一切政权，不是共和国就是君主国。”[④] 我们可以大致地说，与共和国对应的政治是交易性政治，与君主国对应的政治是非交易性政治。

布坎南则处于自相矛盾的困境中。他有时认为，所有政治行为都是交换行为；有时又注意到，在交易性政治之外，还存在着非交易性政治。

---

① 沈友军：《两种政治：掠夺性政治与交易性政治》，《学术探索》2002 年第 1 期。

② ［德］韦伯：《儒教与道教》，洪天富译，江苏人民出版社 1995 年版，第104 页。

③ 李延明等：《马克思恩格斯政治学说研究》，人民出版社 2002 年版，第 102 页。

④ ［意］尼科洛・马基雅维里：《君主论》，潘汉典译，商务印书馆 1997 年版，第 3 页。

布坎南批评关于政治即权力的观点，该观点（权力最大化分析法）把集体抉择解释为一种零和博弈，一个人有所得，另一个人就必定有所失，相互都获得收益是不可能的。于是，政治过程就成了与经济关系截然不同的东西。① 布坎南反问道：（权力）强制的目的何在？个人为什么必须服从集体行动的内在强制条件？布坎南的答案是：只有当最终的法定"交换"增加他们的利益时，个人才会默许国家和政治的强制力。② 其实，布坎南这时所谈的政治仍然是民主政治。在很多著作中，他所考察的都是作为交换过程的政治，而不是非交易性政治。

尽管如此，他谈到了非交易性政治和看作交换的政治，这是一个很有价值的见解，值得政治学者重视。布坎南把理想中的政治看成是复杂的"交换"或"交易"；把非理想的政治看成是一种"掠夺"，这样的政治是一种"掠夺性的政治"（predatory politics）。③ 在"理想化的政治"中而非看得见的制度现实运行的政治中，"政治是复杂的交换过程，完全类似于市场"。满足下列条件的政治就是理想化的政治：

> ……有可能想象出一个契约过程，过程中有许多分散的人们，每个人拥有得到这个团体里所有其他人承认的一套有价值的所有权（对人和财产的所有权），他们一致同意建立一个政治社会，社会的代理机构将授权实施契约条款以及其他契约规定的职能。……从完全近似理想市场出现的那种交易中互相都有收益。当然，这样的一些政治契约是，建立限制性法律和制度的必要先决条件，没有这些法律和制度光是市场过程本身不

① ［美］詹姆斯·M. 布坎南、戈登·塔洛克：《同意的计算》，陈光金译，中国社会科学出版社2000年版，第26页。

② ［美］詹姆斯·M. 布坎南：《经济政策的宪法》，载《诺贝尔奖获奖者演说文集——经济学奖（1969—1995）》，上海人民出版社1999年版。

③ ［美］詹姆斯·M. 布坎南：《自由　市场和国家》，吴良健、桑伍、曾获译，北京经济学院出版社1988年版，第87—92页。

能起作用。[①]

至于“看得见的制度现实运行的政治”，情况则是：

> ……所有权不受尊重……在某些政治概念中，政治实体、国家似乎有权利要求名义上由它的公民所拥有的全部价值，特别是假使全体公民不知怎么被允许在最后决定国事中有平等发言权的话，人们便认为这个被公认的要求是“合理的”。
>
> 在霍布斯学派的无政府状态中，没有什么“我的和你的”；既没有道德又没有法律来制裁我有实力从你那里取得的价值。……在这样的概念中，政治不是复杂的交换过程，即使在它的最理想化的理解中也是如此。[②]

如果把理想中的政治看成是复杂的“交换”或“交易”，那么非理想的政治应该如何理解呢？布坎南认为那是一种“掠夺”，这样的政治是一种“掠夺性的政治”（predatory politics）。[③] 我们可以推论：理想中的政治可以被称为“交易性的政治”（politics-as-exchange）。我们可以大致认为，理想中的政治就是比较完善的民主政治，非理想的政治就是非民主政治，即非交易性政治。[④]

2. 理解这种简单化的两分法时不能绝对化

必须指出，几乎没有哪一个独裁者只搞掠夺，完全不搞交易；“非交易性政治”这一概念只是一个突出事物的主要方面、忽略次要方面的理想类型概念；如果批评这一概念具有片面性，那一定是

---

① ［美］詹姆斯·M. 布坎南：《自由　市场和国家》，吴良健、桑伍、曾获译，北京经济学院出版社1988年版，第91页。

② 同上书，第90页。

③ James M. Buchanan, *Liberty, Market and State*, Brihghton: Harvester Press, 1986, p. 90.

④ 在古罗马共和国末期以前，当国家出现紧急情况时，公民或元老院常常会民主地推选出独裁官（dictator），这时的独裁官不像共和末期的企图废除民主政治建立掠夺性政治的独裁官，如第一章所述，这时的独裁还没有贬义，不属于本书所称的掠夺性政治，本书不予研究。

正确的。就像在任何交易性政治中都存在或多或少的非交易因素一样，在任何非交易性政治中也都有或多或少的交易因素。

首先，独裁者得和由他统率的统治集团成员做交易。无论是哪个独裁者，都不可能单凭他或她一个人的力量来维持统治，他或她不得不建立一支武装队伍、一个官僚系统等等，对于帮助他或她维持统治的这一部分人，需要给予利益，也就是和他们交易。这一类交易行为很值得研究，但不是本书的研究重点。

其次，统治者也不得不和子民做一些交易，也就是说，从子民那里得到税收，又利用税收为子民提供一些公共物品。独裁者与子民之间的这种“交易”不同于民主政治中的“交易”的因素是：后者经过了程序化的“讨价还价”过程，而前者没有。在本书的政治定义中，笔者提到所有政治的三项功能之一就是供给公共物品，就注意避免了伊斯顿理解政治功能时的片面性。即使最为独裁的统治者也会采取一些“怀柔”政策，例如减轻子民的赋税负担，“与民休息”，修建和维护灌溉系统，维护公共治安等等。马克思说：“亚洲的一切政府都不能不执行一种经济职能，即举办公共工程的职能。”[①] 恩格斯说：“政治统治到处都是以执行某种社会职能为基础，而且政治统治只有在它执行了它的这种社会职能时才能持续下去。不管在波斯和印度兴起或衰落的专制政府有多少，它们中间每一个都十分清楚地知道自己首先是河谷灌溉的总的经营者，在那里，如果没有灌溉，农业是不可能进行的。”[②] 特别是在一个新的非民主政权通过一次改朝换代的内战而建立起来的时候，新的统治者为了继续打击旧统治者的残余势力，提高自身的统治合法性，不得不较多地采用交易的方式来谋利。当统治者具有长远眼光时，他们偶尔也能够认真考虑其长远利益，认识到“水能载舟，亦能覆舟”的道理，从而为子民提供一些公共物品，以便维持长治久安。而且，在某些边际上，统治者投入一些成本在公共物品提供上，能够带来大于成本的税收。在上述情况下，独裁统治者在掠夺子民的同时，也

① 《马克思恩格斯选集》第 1 卷，人民出版社 1995 年版，第 762 页。

② ［德］恩格斯：《反杜林论》，人民出版社 1970 年版，第 177 页。

为子民提供了一些公共物品，也就是说，这时统治者和子民之间的关系也有一些交易的因素。一般来说，掠夺的因素越少（让子民“休养生息”），交易的因素越多，就越有可能出现国泰民安的局面。中国历史上的几个“盛世”（例如“贞观之治”）大致就是这样产生的。不过，由于篇幅的限制，也由于诺斯的制度变迁理论已经涉及了非民主政治中的统治者与被统治者之间一些交易行为，本书不对非交易性政治中的这些交易行为进行重点研究。本书的目的是建立高度简化的理论模型，只能突出重点，难以面面俱到。

（二）“掠夺”和“交易”的概念

所谓“交易”就是以物品和劳务为载体关于未来收益流权利的自愿转让。① 亚当·斯密认为，这种让渡是人类的本质特征；只有人类才存在交易的活动，在动物之间不存在任何交易，例如，我们就从未看见过两只狗公平地交易骨头；② 不过，有的动物学家发现，某些动物之间也存在交易。③ 交易的基本原则是自愿转让，交易的实质是权利的让渡，交易的目的是交易当事人未来收益流的获得，权利让渡的实现方式是物品与劳务的交换。在英语中，exchange 和 transaction 都有“交易”的意思。一般来说，前者称为交换，后者称为交易。交换是指不存在货币作为交换媒介和价值尺度的让渡。交易是指以货币为媒介的、个人或组织之间的物品和劳务或权利的让渡。本书讨论的交易包括了上述交换和交易意思的两个方面。只要是出于当事人自愿的交换行为也都是交易。一方对另一方施加压力，或以暴力胁迫对方而进行的“交换”行为，不能称为交易。一种成功的交易，不仅在完成交易后会使双方的效用都获得改善，而且在交易之前，双方也都预期自己的效用在完成交易后会得到改善。否则，交易就不能进行。一般来说，交易之后，双方都是得大

① 易宪容：《交易行为与合约选择》，经济科学出版社 1998 年版，第 18 页。

② ［英］斯密：《国民财富的性质和原因的研究》（上），郭大力、王亚南译，商务印书馆 1981 年版中译本，第 13 页。

③ ［德］维托斯·德吕舍尔：《动物王国的权力游戏》，刘海宁等译，21 世纪出版社 1999 年版，第 197—203 页。

于失，社会财富总量增加了。

掠夺刚好与交易相反。中文“掠”的出处见《左传·昭公二十年》：“斩刈民力，输掠其聚。”杜预注：“掠，夺取也。”[①] 掠夺行为的特点是不经过被掠夺者的同意而从他（们）那里获得有价值的东西；掠夺者获得的正是被掠夺者失去的，社会财富总量没有增加。在本书中，掠夺行为包括了抢劫、偷窃、剥削等行为；而且掠夺的对象是他人——即掠夺者的同类。由于自然界不能与人类交流，人类自视为自然界的主人，人类是把自然界看成自己的所有物的。人类从自然界获得猎物（动物）、果品（植物）之类，也没有经过自然界的“同意”，似乎也是“掠夺”：狩猎是对动物的“掠夺”，采集是对植物的“掠夺”。不过，本书认为，这时我们不是在“掠夺”的本义上使用它，而是在其比喻意义上使用它了。本书的重点将放在人类从其同类那里获取生活资源的方式上。

（三）区分非交易性政治和交易性政治的意义

把政治分为非交易性政治和交易性政治两类，揭示了现实中政治的十分深刻的区别，特别是体现在政治对经济生活的影响中的区别。

对于人类的政治，人们可以按照不同的标准进行不同的分类，只要不出逻辑错误，就谈不上什么对或错；不过，我们同时也要明白，不同的分类是有优劣之分的。什么样的分类是好的分类呢？抓住了不同类别的政治的最深刻最重要的差别的分类才是最好的分类。不同类别的政治行为的动机是一致的，我们难以指出其区别。但是，它们所采取的方式却有天壤之别：一个主要是掠夺，一个是交易。交易者把他人当成平等的人来看待，尊重他人的产权；掠夺者把被掠夺者当成工具，不尊重他人的产权，对他人的财物巧取豪夺。

混淆两种政治的一个结果就是没有指出“诺斯悖论”的存在条件。诺斯认为，国家的目的是双重的：第一个目的是通过界定形成

① 《辞海》，上海辞书出版社 1985 年版，第 699 页。

产权结构的竞争与合作的基本规则——在要素和产品市场上界定所有权结构——而使统治者的“租金”最大化，第二个目的是在第一个目的的框架中降低交易费用以使社会产出最大，从而使国家税收增加。这两个目的并不完全一致，第二个目的包含一套能使社会产出最大化而完全有效率的产权，而第一个目的是企图确立一套基本规则以保证统治者自己收入的最大化，或者，如果我们愿意放宽单一统治者的假设，那么就是使统治者所代表的集团或阶级的垄断租金最大化；使统治者（和他的集团）的租金最大化的所有权结构与降低交易费用和促进经济增长的有效率体制之间，存在着持久的冲突。这就是“诺斯悖论”。本书认为“诺斯悖论”主要存在于非交易性政治国中，在理想型的交易性政治国中是不存在的。①

四　经济学方法还适用于研究非民主政治吗

前面谈到，公共选择理论家和新制度经济学家之所以能够安心地运用经济学方法分析政治行为，是因为他们把政治行为看成是交易行为，而他们又认为，经济学是研究交易行为的科学。现在的问题是，如果非民主政治中的政治关系大多不是交易关系，那么，经济学方法还能够适用于对非民主政治的研究吗？

（一）为什么适用？

首先，非民主政治中的政治行为也仍然存在一部分交易性政治。第一，本书将要分析到的被统治者与革命家之间的关系就是一种交易关系，它们是本书研究的重点。第二，如前文所述，在统治者与被统治者之间，虽然占主导地位的关系是掠夺与被掠夺的关系，但是，也不可否认存在着某种程度的交易关系。

---

① 沈友军：《“诺思悖论”的存在条件》，《云南行政学院学报》2001 年第 2 期，《复印报刊资料——政治学》2002 年第 1 期。

其次，经济学方法的适用范围并不局限于研究交易行为。经济学家对经济学的研究对象还有另一看法，那就是布坎南批评过的看法：经济学是把人类行为当作目的与具有各种不同用途的稀缺手段之间的一种关系来研究的科学。[①] 这一看法其实是当代经济学的主流看法，“它的内容至今在每一本论述价格理论的教科书的第一章里都有反映”[②]。作为广义经济行为的一部分的政治行为，不论处于民主政治中，还是处于非民主政治中，都是这样的科学的研究对象。前面笔者说过，经济学方法已经成为一个工具箱，其核心工具就是一套假定：经济人假设、最大化假定和均衡分析。

（二）非民主政治的经济学和民主政治的经济学将有何不同?

公共选择理论家塔洛克和温特罗布都运用经济学方法研究过非民主政治，他们都没有注意到非交易性政治和交易性政治的重大差别，因此，他们的研究离真实的、典型的特别是古代东方世界的非民主政治的距离还很远。第二章已经介绍了他们的相关成果。在温特罗布的模型中，独裁者所能使用的手段是购买忠诚（是一种交易行为）和压迫。该模型很难反映非民主政治的东方与西方的差别，因为非交易性政治还有一个重要手段，即意识形态控制，说穿了，就是掠夺者对被掠夺者进行欺骗。西方独裁者确实不能很方便地使用这一工具，但是，古代东方独裁者却在长期使用，得心应手（其中原因后文将说明）。然而，塔洛克甚至明确地说，意识形态不重要。[③]

简单地说，非民主政治的经济学理论和民主政治的经济学理论在内容上会表现出如下差别。第一，只要有可能，掠夺者将对被掠夺者进行意识形态控制，因为这样做可以大大地减少掠夺成本，增加掠夺收益。第二，在实施严密的意识形态控制的非民主政治中，

---

① ［英］莱昂内尔·罗宾斯：《经济科学的性质和意义》，朱泱译，商务印书馆2000年版，第20页。

② ［英］马克·布劳格：《经济学方法论》，石士钧译，商务印书馆1992年版，第91页。

③ Tullock，Gordon，*Autocracy*，Dordrecht：Martinus Nijhoff，1987，p. 21.

被掠夺者的理性更加有限，特别表现为社会科学知识——尤其是政治知识——不发达。第三，由于以上原因，非民主政治中不确定性更严重。第四，对于非民主政治中的掠夺和反掠夺行为的分析，不能使用交易费用分析框架，只能用成本—收益分析框架；在非民主政治中，能够适用交易费用分析框架的行为只有子民与革命家之间、独裁者与其追随者之间的交易行为。

第五章

非民主政治的经济学分析

非民主政治的经济学理论所要回答的核心问题是：非民主政治的本质是少数人掠夺多数人，然而，从表面上看，少数人的力量之和比多数人的力量之和小，① 为什么（或者说在什么条件下）少数人能够掠夺理性的多数人？为什么（或者说在什么条件下）多数人会容忍掠夺？对于这一问题的回答应该包含下列内容：独裁者的行为规律、子民的行为规律、觊觎政权的政治企业家（或称为革命家）的行为规律等等。以上内容构成有关非民主政治的基本理论。

由于本书保留理性经济人假设，本章所分析的内容就是各个理性的经济人对于成本—收益的计算。一定会有人打算批评笔者，说本章的内容“似乎不太符合事实”。他们会质疑道：难道现实中的政治人真的时时刻刻都在“计算”着成本与收益吗？他们预期会看到笔者的难堪。然而，早在1957年，唐斯就在其名著《民主的经济理论》中为笔者提供了回答上述诘难的办法，该书是二战以来最有影响、引用率最高的著作之一。② 本书和《民主的经济理论》在方法和思路上相似，都是研究理性的政治人的“计算”的；不同之处在于所研究的政治人的背景条件，唐斯研究民主政治背景条件下

---

① 少数人的力量之和“应该”小于多数人的力量之和，这在冷兵器时代是没有多大疑问的；但是，在兵器技术高度发达的当代，可能有人对此表示怀疑了。不过，如果所有人之间的政治交易费用为零，那么多数人的集团也可以拥有先进武器，从而我们仍然可以说：少数人的力量之和“应该”小于多数人的力量之和。

② Grofman, Bernard, “Political Economy: Downsian Perspectives”, in Goodin, Robert E. and Klingemann, Hans-Dieter (Ed.) *A New Handbook of Political Science*, Oxford University Press, 1996. 在同一本书（第32页）中另外一篇文章（“Political Science: The Discipline”）的关于引用率最高的书籍的附录中，唐斯的 *An Economic Theory of Democracy* 名列第一。

的计算，本书研究非民主政治背景条件下的计算。因此，唐斯的说明也能够被借用来回答本书的诘难者。

唐斯说，《民主的经济理论》的实证研究同描述性科学（descriptive science）既有联系又有区别。联系有两点：[①] 第一，该书为解释一般的政府决策和政党行为提供了一个单一的假说，该假说可以接受经验检验，如果被确证，它可以使我们得出有关政党行为和发展的不太明确的结论，从而增加我们关于现实的知识。第二，该书的模型告诉我们，政治领域中的理性的人会做出什么行为。因此，它能够帮助我们发现：（1）在现实政治中的什么阶段人们是理性的；（2）在什么阶段是不理性的；（3）他们如何偏离理性。通过上述联系，模型有助于把经验研究引导向重大问题而不是琐碎的问题。然而，模型不是试图精确地描述现实。“模型不过是对现实世界中某些方面的复制，通常是为了易于理解而进行了简化”[②]，就像所有的理论建构工作一样，模型把少数几个变量当作关键，而忽略其他变量，后者实际上是有一些影响的。该书模型不考虑所有非理性的、下意识的行为，即使它们在真实的政治世界中起着关键的作用。该书的研究是实证研究而不是描述性研究，该书分析中的陈述在模型中是真实的，并不表明在现实中是真实的，除非它们明确地指称现实。这一点务必牢记在心，否则读者将会在发现该书的某些陈述与现实不符时诅咒它们，而它们实际上并不是关于真实世界的陈述。只要它们符合逻辑，这些假定就是正确的；如果不符合逻辑，该书的分析就需要改进。

一　独裁成本和独裁收益

本书首先从某个理想类型的独裁者的计算开始。即使人群中只

① Downs, Anthony, *An Economic Theory of Democracy*, New York: Happer & Row Publishers, 1957, pp. 33-34.

② ［美］贝蒂·H. 齐斯克：《政治学研究方法举隅》，沈明明等译，中国社会科学出版社 1987 年版，第 323 页。

有一个人是理性经济人，只要他预期，如果他努力建立独裁统治，他有正收益，而且收益大于成本（含机会成本），他就会努力建立独裁统治。至于这个人此前处于什么地位，他在掌权还是一介平民，这都无关紧要。这里所谈的收益即是独裁收益，而成本即是独裁成本。什么时候会产生和存在非民主政治？那就是在社会中至少有一个人预期独裁成本小于独裁收益的时候。作为“不再浪漫的政治学”（布坎南语），本书不假定会有某个独裁者是真正的慈善者，心中只有人民，或者人民的利益高于其自身的利益。

（一）独裁收益

独裁收益主要是由实施独裁所能带来的狭义的经济利益，由物质财富和劳务构成；其次还有权力带来的享受等精神上的利益。影响独裁收益的重要因素如下：（1）独裁者和被掠夺者之间的血缘关系。一个群体的各个成员之间的血缘关系越近，实施独裁统治为独裁者所能带来的收益就越小。因为，被掠夺者身上有较多的掠夺者自身的基因。母子之间的血缘关系最近了，由母亲掠夺其孩子，对于这个母亲来说，一般不能带来多少利益；在极大的程度上，孩子的利益就是母亲的利益。① 所以，在其他条件相同的情况下，血缘关系越近，存在非民主政治的可能性越小。（2）被掠夺者的人数多少。被掠夺者的人越多，独裁收益就会越大。在其他条件相同的情况下，人数多的群体中更有可能产生非民主政治。（3）权力管辖范围（“领土”）的大小。权力管辖范围越大，独裁收益就越大。在其他条件相同的情况下，领土越大的地方越有可能产生非民主政治。（4）社会的生产力水平。生产力水平越高，独裁收益越大。

（二）独裁成本

在有文字可考的人类历史中，理性经济人在决定是否建立和实

① 也有经济学家运用经济学方法分析家庭关系，包括母子关系，认为这也是一种经济关系：孩子是双亲拥有的“耐用消费品”。在这样的经济学家那里，母亲的利益和孩子的利益还是具有明显区别的。参见［美］加里·斯坦利·贝克尔《家庭论》，王献生等译，商务印书馆 1998 年版。

施独裁统治时，主要考虑的是独裁成本问题，或者，更准确地说，主要考虑的是能否建立和维持独裁统治的问题，而不是独裁收益多少的问题。因为在绝大多数情况下，只要能够建立和维持独裁统治，从独裁统治中获得的收益就是具有足够的吸引力的，一定会有人愿意建立和维持非民主政治的。

独裁成本指建立和实施独裁时独裁者所要付出的各种劳动、物质财富，有时甚至可能还有独裁者个人或其全家（族）的生命等等。影响独裁成本的重要因素如下：（1）群体所面临的外部环境（包括自然环境和人文环境）。如果外部环境与整个群体为敌，对群体成员不加区别地施加危害，那么，群体中的某个或某些成员对群体同类实施掠夺就存在较大的机会成本：团结起来一致对外所能带来的收益和所能减少的损失就是独裁的机会成本。（2）被掠夺者（即子民）的反抗独裁统治的能力。反抗能力越强，独裁成本就越大。这是影响独裁成本的最主要因素。所以，能否建立和维持独裁统治，关键在于子民的反抗能力的强弱。下面我们就来考察子民的行动逻辑。

二　子民的行动（革命）的逻辑

在现实生活中，子民的“行动”绝大部分并不是反抗非民主统治，这些行动不是本书的研究重点。本书所关心的主要是子民对独裁统治与掠夺的反抗行动，即“革命”。罗斯金等把革命定义为“一种快速的、剧烈的系统变革”。[①] 本书借鉴公共选择理论家们的做法（请参见前文），把子民的反抗一律称为“革命”。如前文所述，一个革命行动（revolutionary act）是旨在改变政府人事、结构或者政策的人士设计的超出法律之外的行动，它可以是暴力的，也可以是非暴力的；而革命（revolution）的定义是革命行动的发生频

① ［美］迈克尔·罗斯金等：《政治科学》，林震等译，华夏出版社2001年版，第395页。

率格外高的一个时期。①

（一）简单逻辑

本书假定，每个子民在决定是否参加革命时，其依据也是对其个人成本与收益的计算。较易于预测的是成本。一个人参加革命，其成本可能为：（1）如果革命失败，自己被独裁政府处死，丧失生命，这一成本是个人所能付出的各类成本中的最大值，最需要避免。（2）即使革命能够成功，然而在革命还未结束时，自己却在战斗中丧失生命，结果自己享受不到革命的果实，“打天下”的人却不能“坐天下”。（3）参加革命总要花时间、精力甚至已有的物质财富，而把时间、精力和财富投入到其他经济活动中去，本来是可以获得财富的。参加革命前自己所拥有的福利状况、获利机会之总和构成革命的机会成本，福利状况越好，获利机会越好，革命的机会成本越大。经济学在考虑成本时，一般都是非常重视机会成本的。

对于单个的子民来说，参加革命的收益却并不是很大。其收益可能为：（1）如果革命胜利，他又没有丧失生命，他有可能在新政权中获得一定的政治地位和权力，权力会为他带来物质财富。（2）革命家许诺将要分配给革命参加者的物质利益。

看来，革命的成本一般会大于收益。影响成本—收益之比的主要因素是：（1）革命的机会成本。如果不革命，其可预见的结果也是死或者接近于死，那么为何不赌它一把呢？说不定革命胜利、掌握权力哩。中国历史上，陈胜、吴广在大泽乡的起义最为典型：他们的队伍肯定要迟于规定期限到达官方指定地点了，而依秦律的规定，仅仅因为迟到，大家就都将被处死；此时的情形就成了，革命可能死，而不革命则一定会死。或者说，他们的革命的机会成本已经等于零了，革命成了一件净赚不亏的事情。（2）对革命的成功率的估计。如果成功率很高，那么革命的成本就会比较低，而兑现收

① Silver, Morris, “Political Revolution and Repression: An Economic Approach”, *Public Choice*, Vol. 17, Spring 1974, p. 63.

益的可能性又大，这时，革命是划算的。马克思主义革命家关于革命的成熟时机的论断就涵盖了以上两个方面：统治者不能继续统治下去了（即革命的成功率提高），同时被统治者无法照旧生活下去了（即革命的机会成本降低），革命的机会就成熟了。[①]

子民如何估计革命的成功率呢？他（她）主要凭着对于其周围的其他子民的心理和行为的了解来进行判断，每个子民都有某种这样的了解，这些众多了解中共同的部分就构成“共识”。如果一个子民发现其他子民都有革命的动机或心理，都打算参加革命，而且实际上，某些更加具有眼光、更加嗜好风险的子民已经行动了，那么，这个子民会认为，革命的成功率会比较高。这时大家会“咸与革命”的，也就是说，大家都会成为革命派。对于这一点，鲁迅在其涉及辛亥革命前后子民反应的小说《阿Q正传》中做了生动的表现。

影响着子民对革命的成功率的估计的因素是：对于当前政府性质、行为的某种程度的共同认识，对于要不要进行革命的共识等等。这就需要子民之间进行必要的交流。然而，任何交流都会有成本，这里的交流成本是本书所说的政治交易费用的一部分。

（二）使问题复杂化的集体行动的困境问题

由于革命不仅仅是某一个子民的事情，问题就大大地复杂化了。个体的行为是其他人行为的函数，因此集体的行为并不是个人的行为的简单相加，而是具有相对独立于个人行为的范式，这就是非加性。[②] 对于非加性的理解，最基本的莫过于囚徒困境。在囚徒困境中，囚徒都承认自己是罪犯，而如果是个体行为，谁会违背成本效益计算而自首？这就是集体理性问题。

曼瑟尔·奥尔森关于集体行动的理论告诉我们，集体中的个体如果是理性经济人，他会努力搭便车，即让别人行动，自己不动，

① 参见王浦劬主编《政治学基础》，北京大学出版社1996年版，第383—384页。

② 刘怀德：《不确定性经济学研究》，上海财经大学出版社2001年版，第132页。

但是别人行动成功后的好处却是公共物品，他也不会少得一份。[①] 用中国的话来说，三个和尚中的每一个都想着由另外两个和尚去打水，自己白白喝水，结果是“三个和尚没水吃”。奥尔森认为，集团的规模越大，集体行动的困难就越大。小集团，特别是有选择性激励性措施的小集团，比较容易克服困境。[②] 我们由此可知，其他条件相同时，子民集体的规模越大，革命行动就越难发生，独裁统治越巩固；相反，子民集体的人数越少，革命行动越容易发生和成功，非民主政治就难以维持。

集体行动的困境无法完全解决，但能够在一定程度上予以解决。解决此问题的人是比一般子民更加嗜好风险的政治企业家——“革命家”。他承担更大风险，指望着收获更大的革命收益。他还为其他革命队伍中的各级“干部”分别安排革命收益，从而起到了提供选择性激励的功能，在一定程度上克服子民集体行动的困境问题。

三　革命家

本书的革命家的定义很简单化：一切企图发动革命、夺取政权的政治企业家都是革命家。革命家既可能来自统治集团内部，或者说来自“体制内”，也可能来自体制外。在本书中，就像“革命”是一个中性词一样，“革命家”一词也既无褒义，又无贬义。他所要做的事情就是和独裁者的子民（包含独裁者的部分士兵）做政治交易，发动他们追随他夺取现任独裁者的政权。只要他能够发动足够多的子民（尤其是官方军队中的子民）积极追随他革命，或者促使子民不要积极追随、帮助现任统治者镇压革命，他就一定能够成功。因为本书早就说过，独裁者的子民的力量总和总是肯定大于独裁者的力量的，独裁者之所以能够实施独裁，靠的就是大部分子民

① ［美］曼瑟尔·奥尔森：《集体行动的逻辑》，陈郁等译，上海三联书店、上海人民出版社 1995 年版，第 2 页。

② 同上书，第 64 页。

难以顺利地与革命家进行政治交易，因而他们的巨大力量发挥不出来。革命家的功能就是努力降低与子民进行政治交易的费用，促进交易的顺利进行。

如何促进政治交易的进行呢？总的来说就是要降低政治交易费用，其重要办法就是建立组织，或者说政治企业。就像诺贝尔经济学奖得主科斯所发现的那样（在经济领域中，企业的存在原因是它能节省市场交易费用[①]），政治组织——政治企业——的出现原因也在于节省政治交易费用。

谁来提供组织？注意力应该指向知识分子，罗斯金等对此有精辟的分析。[②] 罗斯金等学者认为，对于事物的现存状态，知识分子几乎是哪里都有不满，因为他们接受过高层次的教育，了解各种各样的想法，他们中的一些人是理想主义者。牧师、教师、律师、记者以及其他一些和思想打交道的人与批评现行体制有一种职业性的"利害关系"：如果每件事都很完美，那就不会有太多可说可写的东西了。这一分析简直已经具有一些理性选择理论的味道了，可惜，罗斯金等忽视了：热爱批评的知识分子主要是民主政治中的知识分子，而不是非民主政治中的"知识分子"；后者为了从独裁者那里获利，大多热爱赞扬（独裁者）。罗斯金等认为，知识分子通常还憎恶那些比他们富有，但没他们聪明的人，比如商人和政府官员。上述因素使一些知识分子——但绝不是全部或是大多数——产生一种詹姆斯·比林顿（James Billington）所说的"革命的信念"，即相信目前的体制能够被某种更好的东西所取代。根据比林顿的观点，革命开始于这种"人们思想中的火花"，这是最初的也是最重要的。平民、普通的工人和农民很少对知识分子的抽象的意识形态感兴趣；[③] 他们想要的是更好的物质条件。但是，正是知识分子的意识

① ［美］罗纳德·哈里·科斯：《企业的性质》，载《企业·市场与法律》，盛洪、陈郁等译校，上海三联书店1988年版。

② ［美］迈克尔·罗斯金等：《政治科学》，林震等译，华夏出版社2001年版，第395—396页。

③ Billington, James H., *Fire in the Minds of Men*: *Origins of the Revolution Faith*, New York: Basic Books, 1980, Chapter 6.

形态上的坚定信念为革命运动提供了：使他们团结在一起的黏合剂、他们为之奋斗的目标和一个领导阶层。20 世纪的大部分革命运动都是由受过教育的人发起并领导的。本书赞同罗斯金等学者的上述分析，本书对此的解释是，知识分子所提供的信念或意识形态等起到了降低政治交易费用的作用，从而促进了革命。

四　政治交易费用

（一）政治交易费用的含义

1. 经济学中的交易费用

几乎所有的新制度经济学家都各自对交易费用（transaction cost）进行了定义，其中最有代表性的定义方式有：[①]

一是早期局限于市场定价机制的定义，其代表人物有科斯、德姆塞茨等。科斯早在 1937 年的经典论文中就指出，利用价格机制是有成本的，最明显的成本就是所有发现相对价格的工作，还有每笔交易的谈判和签约的费用。[②]

二是推广到微观比较经济制度分析的定义，其代表人物有阿罗、威廉姆森等人，其主要特点就是把交易费用抽象地定义为“经济体系运行的成本”，“交易费用是物理学中的摩擦力在经济学中的等价物”。威廉姆森认为，交易费用包括事前交易费用和事后交易费用。后来他又提出更为含糊的定义，认为对交易费用的认识应该包括以下几方面：（1）机会主义是交易费用研究的核心概念；（2）机会主义对于设计交易专用性的人力资本和物资资本投资的经济活动尤为重要；（3）信息的有效处理是一个重要和相关的概念；（4）交易费用的评价属于比较制度范畴。[③]

---

① 刘元春：《交易费用分析框架的政治经济学批判》，经济科学出版社 2001 年版，第 73—77 页。

② ［美］罗纳德·哈里·科斯：《企业的性质》，载《企业·市场与法律》，盛洪、陈郁等译校，上海三联书店 1988 年版，第 5—6 页。

③ Williamson, O. E., *Transaction Cost Economics*, New York: Free Press, 1995, p. 25.

三是将制度比较分析推广到制度最优化分析的定义，其代表人物比较多，包括委托代理学派的詹森和麦克林、不完全契约理论学派的哈特和阿洪、新兴古典经济学学派的杨小凯。其最大的特点就是，通过将有各种外部约束的均衡状态与最优资源配置状态相比较，将其中的资源配置损失部分视为交易费用的核心部分。“人们经常指出，可以重复交易成本的基本定义：无论产生什么样的对帕累托最优性的偏离，都隐含地解释为一种交易成本。”①

四是扩展到整个人类制度分析的定义，其代表人物张五常，其主要特点是，他们主张任何人类制度都能够用交易费用来进行分析，交易费用应从人类制度的角度来加以认识。张五常认为，必须把“交易成本”，即交易费用，定义为所有在鲁宾逊·克鲁索经济中不存在的成本。② 在他看来，在最广泛的意义上，交易成本包括所有那些不可能存在于没有产权，没有交易，没有任何一种经济组织的鲁宾逊·克鲁索经济人中的成本……简言之，包括一切不直接发生在物质生产过程的成本。后来，他进一步认为，严格而言，交易成本的称呼并不恰当，更合适的命名应该是“制度费用”，它可视为“看不见的手”的运行成本。③

本书倾向于吸收后两种定义的特点；不过，我们的重点不在于探讨经济学中的交易费用定义，而在于下文要确定的政治交易费用定义。

2. 政治交易费用

交易费用的使用范围还从经济领域来到政治领域，后一范围中的交易费用被称为政治交易费用。譬如，维拉将社会活动分为经济活动和政治社会活动，将交易费用分为经济交易费用和政治交易费用，其中政治交易费用是在进行政治交易推行制度变迁中所耗费的

---

① ［英］约翰·伊特韦尔等：《新帕尔格雷夫经济学辞典》，经济科学出版社 1992 年版，第 732 页“交易成本”辞条。

② 张五常：《交易成本范式》，载《经济解释——张五常经济论文选》，商务印书馆 2000 年版，第 517 页。

③ 参见刘元春《交易费用分析框架的政治经济学批判》，经济科学出版社 2001 年版，第 75 页。

资源成本。[①] 诺斯的交易费用概念的外延也包括政治交易费用,[②] 他明确地、自觉地“把交易成本分析推广到政治交换中”[③]。在诺斯这里，政治交易费用跟经济领域的交易费用一样，也是由衡量所交换物品的价值属性的成本、保护权利的成本以及监察与实施协约的成本组成的。政治交易关系存在于非民主政治中的统治者和被统治者之间、民主政治中的立法者之间（他们互投选票）、政治家与其官僚之间（他们的关系是代理关系）、政治家与选民之间。

为了保持概念明确，本书这样定义政治交易费用：所谓政治交易费用，是指政治市场中进行政治权利（或利益）交换所耗费的各种资源，它包括搜寻、谈判、政治契约的书写以及实施等方面的成本。在本书中，独裁者和被统治者之间的主要关系没有被看成交易关系，而是被看成掠夺与被掠夺的关系。[④] 政治交易主要发生在如下行为者之间：（1）觊觎政权的“革命家”与子民之间；（2）独裁者与其官僚（统治集团内部）之间。限于篇幅，本书不探讨后一种政治交易及其费用。这样，本书所探讨的政治交易费用就是觊觎政权的“革命家”与子民之间的交易费用，为了行文简便，除非特别声明，这一交易费用就简称为政治交易费用。

（二）政治科斯定理

1. 已有的研究成果

（1）科斯定理

经济学中，科斯定理有许多版本，本书没有必要都加以阐述。本书采用政治自由主义学派的“科斯自由交换定理”（Free Trade

---

① Vira, B., “The Political Coase Theorem: Identifying Differences between Neoclassical and Critical Institutionalism”, *Journal of Economic Issues*, Vol. 16, 1997.

② ［美］道格拉斯·C. 诺斯：《制度、制度变迁与经济绩效》，刘守英译，上海三联书店 1994 年版，第 37、67、69、71 页。

③ ［美］道格拉斯·C. 诺斯：《对政治和经济的历史发展的交易成本分析》，载埃瑞克·G. 菲吕博顿等编《新制度经济学》，孙经纬译，上海财经大学出版社 1998 年版，第 301 页。

④ 不过，当一个独裁者面临着子民与革命家的一定强度的反抗或抵制时，他可能考虑和他们做交易，放弃某些或全部独裁权力。

Theorem)，即“在一个零交易成本的世界里，不论如何选择法规，只要交易自由，资源配置总会达到最优状态”。[①] 仅仅是为了和下文中的政治科斯定理相区别，本书不妨把这一定理称为经济科斯定理。

（2）政治科斯定理

政治科斯定理有三种表述方式：[②] 一是维拉的表述，即“在给定的政治禀赋初始分配和既定的宪政框架中，如果政治交易费用为零，那么最终的产权制度产出必定达到最优，并且该最优产权制度产出与政治权利的初始配置无关”[③]；二是德姆塞茨的表述，即“如果权利交换费用为零，且如果有关资源开发的机会的知识完全，那么在有投票权时，私有产权的实践是有效率的，同时在此背景下，政策总是以一种令投票人满意的方式来制定。所以，如果政治民主是完全的，政党就几乎没有存在的理由”；三是诺斯的表述：“怎样才能使政治市场接近于适合有效市场交换的零交易费用模型呢？它所需的条件是容易陈述的，即所制定的法律应使总收入增加，以及受益者应以一个十分低的交易费用向受损者提供补偿，以使双方认为联合是值得的。达成这一交换所必需的信息和制度条件有四个：一是有关双方必须拥有关于这些条款的信息和正确模型，并了解他们所获得的收益和所遭受的损失；二是其结果可以传递给他们投票一致同意的可信的代理人；三是投票是根据总的净收益或损失来权衡的，因而可以确定净结果，受损者也能得到适当的补偿；四是这一交换可以在一个十分低的交易成本下实现，以使双方认为进行这一交换是值得的。”

刘元春指出，政治科斯定理与科斯定理一样，一方面将政治制度纳入“理性—最大化”分析框架之中，另一方面也给予了政治制

---

① 刘元春：《交易费用分析框架的政治经济学批判》，经济科学出版社2001年版，第34页。

② 本段内容部分参照了刘元春《交易费用分析框架的政治经济学批判》，经济科学出版社2001年版，第108—109页。

③ Vira，B.，“The Political Coase Theorem：Identifying Differences between Neoclassical and Critical Institutionalism”，*Journal of Economic Issues*，Vol. 16，1997.

度分析以效率的标准。[①] 这里的“效率”指的是（经济领域中）资源配置的效率。

2. 本书的政治科斯定理

本书将这样定义政治科斯定理：如果子民与革命家之间的政治交易费用为零，那么，独裁政体一定不能存在，这与政治权利的初始状况无关。政治交易费用为零时，政治领域中的权利配置一定是平等的。本书没有把（经济领域中）资源配置的效率标准赋予政治科斯定理，相反，本书赋予它的标准是政治权利配置的平等标准。

由这一定理也可推论：如果一个政体是独裁的，那么，其存在原因一定是该政体下子民与革命家的政治交易费用高过了某一程度。这差不多是一个同义反复，然而，正如经济学家们指出过的，经济学分析常常是同义反复，可是这些反复能够给我们带来发现。例如，张五常说：“经济科学的问题就从这种同义反复开始，然后得出可以证明是错误的命题，检验看来是愚蠢选择的解释。在这一过程中，我们应该记住，同义反复、主张和恒等式总是出现在科学分析的起点。”[②] 研究独裁政体存在原因、向民主化转型原因的政治科学学者就可以在政治科斯定理的推论的指引下，去研究那些影响政治交易费用的因素。如果经验事实与这个推论相反，那么就修改推论，甚至抛弃它，发展新的研究纲领。

（三）影响政治交易费用的因素

1. 人口数量

被掠夺者集团的人口数量越大，集体行动的困境越大，或者说搭便车的难题越难解决，政治交易费用越高。不考虑其他条件，人口大国的政治交易费用肯定比人口小国的政治交易费用高。

---

① 刘元春：《交易费用分析框架的政治经济学批判》，经济科学出版社 2001 年版，第 109 页。

② 张五常：《交易成本范式》，载《经济解释——张五常经济论文选》，商务印书馆 2000 年版，第 528 页。

2. 空间距离

人们居住得越分散，空间距离越远，政治交易费用越高。这个道理是非常容易懂的，人人都知道，在没有电话或互联网的时代，当其他条件相同时，和10米远的邻居进行交流所需付出的时间、精力和劳动肯定少于和10公里远的某人进行交流的付出。一个国家的领土越广阔，政治交易费用就越高。

3. 不确定性程度

人们的不确定性（uncertainty）程度越高，政治交易费用也就越高。“不确定性”是什么含义？它如何影响政治交易费用？“不确定性”在本书理论中具有高度的重要性，需要在下节中进行详细论述。

五 不确定性

（一）不确定性的含义

有人认为，不确定性是指可能出现的情况不止一种，但人们不知道会是哪一种情况的状态。[①] 这种定义可供参考，但本书采用安东尼·唐斯对不确定性所下的定义。在唐斯的名著《民主的经济理论》中，不确定性是一个最基本、最重要的自变量。唐斯说，不确定性是缺乏有关过去、现在、未来或假设的事件的过程的确切知识的一种状态。[②]

由于不确定性状况对于理性人的选择行为具有重大的影响，经济学家十分关注不确定性。赫伯特·西蒙认为，人的理性受到三种限制：一是风险和不确定性；二是不完全信息；三是各种函数关系或环境约束极其复杂，致使活动者无力计算最佳行动方案（这一点可以称为计算的复杂性）。[③] 本书将这三种限制都看成是导致不确定

---

① 刘怀德：《不确定性经济学研究》，上海财经大学出版社2001年版，第118页。

② Downs, Anthony, *An Economic Theory of Democracy*, New York: Happer & Row Publishers, 1957, p. 77.

③ ［美］赫伯特·西蒙：《现代决策理论的基石：有限理性说》，杨砾、徐立译，北京经济学院出版社1989年版，第47—48页。

性的因素。奈特（Frank H. Knight）讨论了风险和不确定性的划分，“风险”是指个人根据对事实的客观分类有能力计算出概率的情形，“不确定性”是指不可能客观分类的情形。[①] 赫什莱佛（Jack Hirshleifer）认为，能否进行客观分类不是关键之所在，风险和不确定性指的是同一件事。[②] 本书采用赫什莱佛的用法，把风险和不确定性都囊括在不确定性概念中。

政治学也开始关注不确定性。克劳迪奥·希奥弗·雷维拉（Claudio Cioffi-Revilla）指出，在政治生活中，不确定性是无处不在的、具有重大影响的、不能根除的；政治的不确定性（political uncertainty）指的是：在政治生活中缺乏确定性，不存在严格的决定与被决定的关系（strict determination）。[③] 因此，本书的背景假设是，所有政治人都面临着程度各不相同的不确定性。一切人的努力都受制于我们有限和不确定的知识——关于过去、现在和将来的外生事件；关于自然、上帝和人类的法则；关于其他人乃至我们自己可能如何行动的知识。

政治中的不确定性到底指的是什么呢？拿非民主政治统治下的子民来说，他们所面临的不确定性就有：（1）他们缺乏必要的社会科学知识——关于社会事实之间的因果知识，弄不清楚特定的政策对于他们的利益的真正影响。对于同一国际或国内政策、政治事件，有的子民觉得符合自己的利益，有的子民则认为不符合。[④] 例如，同一个国家的人民对于同一个“9·11”恐怖袭击事件，有的人认为对他们有利，有的人认为不利。[⑤]（2）他们不清楚统治者的

---

① Frank H. Knight, *Risk, Uncertainty and Profit*, New York: Houghton Mifflin, 1921, pp. 20-26.

② ［美］杰克·赫什莱佛、约翰·G. 赖利：《不确定性与信息分析》，刘广灵、李绍荣主译，中国社会科学出版社2000年版，第10页。

③ Claudio Cioffi - Revilla, *Politics and Uncertainty: Theory, Models and Applications*, Cambridge: Cambridge University Press, 1998, p. 3.

④ 参见李景鹏《当代中国青年政治意识和政治行为的总体分析》，载李景鹏、宋定国主编《当代中国青年政治意识和政治行为》，中国人民公安大学出版社1992年版，第3页。

⑤ “9·11”恐怖袭击事件发生之后，多数国家的政府和人民都表示了对美国死难者的同情和对美国政府的声援，但是，也有少数国家的人民群众上街游行公开表示高兴和对袭击者的支持。即使是同一个国家的人民，也是有的高兴，有的谴责恐怖分子。

真实意图。(3) 他们之间思想和信息交流不够，难以了解各自的意图。(4) 如果他们想达成政治上的某种合作，他们难以预先知道自己的成本和收益将是多少。(5) 如果达成同盟，他们也难以判断何种行动方案是最佳方案。(6) 他们也不能确定，别人是否会违背同盟协议，中途背叛。(7) 如果有人违背协议，惩罚是否能够进行也是个问题。如此等等。

(二) 影响不确定性程度的因素

对于影响子民的不确定性程度的因素，本书的模型简单地将它们归为两大类：第一类是政治知识，第二类是信息。这一分类来自唐斯关于民主政治的经济理论研究。唐斯认为，讨论不确定性时，我们要区分知识的种类。一类是反映事物因果联系的因果知识 (contextual knowledge)；一类是提供有关某一领域的重要变量的当前资料的信息 (information)。[①] 本书把所有反映政治领域因果联系的因果知识称为政治知识。政治知识向子民明示或暗示其利益之所在，它可能是正确的，更可能是错误的。当它正确的时候，它会降低不确定性；当它错误的时候，它的功能是增加不确定性。它的内涵很广，包括了所有与政治利益有关的人文社会科学知识，其中也包括虚假的、人为的人文社会科学知识，即意识形态。

本书所讨论的不确定性既与因果知识有关，也与信息有关。和唐斯有所区别的是，因果知识的重要性在本书中得到了强调，而唐斯所强调的是信息。唐斯指出，获得更多的信息，可以消除许多不确定性。但是，有些不确定性是特定情况所固有的、内在的，例如，选举的结果就是这样，在选举揭晓之前，它都是不确定的，因为选民的意愿在最后一刻都是可以变化的。他还认为，不确定性所导致的多数问题都与信息费用有关。当存在不确定性，信息的获得都需要花费成本时，理性的决策者在决策之前只获得有限的信息，它们只是能够获得的全部信息中的一部分。决策者一直寻求信息，

① Downs, Anthony, *An Economic Theory of Democracy*, New York: Happer & Row Publishers, 1957, p. 79.

直到所获得的一“比特”（bit，信息单位）新信息的边际收益等于其边际成本时为止。笔者认为，之所以唐斯强调信息，是因为在唐斯所研究的民主政治中，存在着一个政治知识的“自由市场”，与选民决策有关的政治知识的供给相对而言比较充足，而且，蓄意的欺骗（即提供歪曲的“知识”）也相对而言比较少，所以，在民主政治中，政治知识的问题不是主要问题，信息的作用因而受到唐斯的强调。而在非民主政治中，尤其是典型的非民主政治中，政治知识的市场受到垄断，存在着蓄意的欺骗，所以，政治知识的缺乏就显得突出起来。

影响不确定性程度的因素和方式列举如下：第一，自然科学技术——特别是信息技术——对不确定性的影响。（1）自然科学技术的水平越高，信息成本越低。（2）如果独裁统治者利用这些技术传播其意识形态（主要由人文社会知识和规范构成），从而增强不确定性，那么自然科学技术又助长了不确定性。（3）自然科学越发达，人们对于自然的法则、上帝的有无会有更加确定的知识，这又缩小了掠夺者编造意识形态的自由空间，增加了子民的确定性。第二，实证的社会科学越发达，关于社会事实之间的因果知识越多、越正确，子民就更加清楚不同政治主张对自身利益的影响，子民的不确定性因此减弱。

可见，自然科学技术（特别是信息技术）的进步对于不确定性的影响是复杂的。它的直接影响是降低信息成本，增加信息量，这具有降低不确定性、从而降低政治交易费用的作用。但是，它同时也降低了独裁统治者培植和传播其意识形态的成本，方便了意识形态的广泛传播，从而又增加了子民的不确定性。意识形态的内容是人文知识、社会科学知识和政策计划，如果统治者能够维持其思想独裁，它们并不必然以同样的步伐随着自然科学技术的进步而进步。意识形态或许要相应地发生一些变化，例如，原先说皇帝是上帝派来管理百姓的，随着自然科学的发达，现在还相信上帝的存在和委派使者的人就可能减少了，那么意识形态就要调整，以论证统治的合法性。更加精致有力的意识形态总是可以找到的，一旦找到就利用先进的自然科学技术大力推广。

总的来说，自然科学技术主要影响着信息成本，科学哲学意义上的社会科学影响子民关于自身福利的因果知识，两者共同影响着不确定性。对于独裁统治者来说，自然科学技术的进步的影响有好有坏。好处是它促进了生产力，使国民生产总值增加，从而提高了独裁者的收益；坏处是它可能降低不确定性。不过，好处是立即兑现的，坏处是延迟兑现的，而且，如果利用自然科学技术来进行意识形态灌输，那么，坏处还可能在一定程度上得到避免。真正的社会科学的进步带来的坏处常常大于好处，所以是不受独裁者欢迎的，因而社会科学最难进步。其中，经济科学能够促进经济增长，有利于统治者税收的增加，但是，它也会间接或直接地削弱意识形态，所以统治者可能让它有控制地发展。政治科学会直接削弱意识形态，因此最不受欢迎，容易被当作伪科学取消。真正的社会科学知识越是稀缺，其价值也就越大。而对于统治者来说，重要的是要选择性地阻碍其进步，否则，其统治成本就将不断增加，最终将导致非民主政治让位于民主政治。

影响着不确定性的因素还有：相互交往的人数越多，不确定性越强；在现代技术出现以前，这些人的地理距离越远，居住越分散，不确定性越强。这些因素往往是自然地、客观地形成的，不是由人操纵的结果，而影响不确定性的自然科学和社会科学是可以由人有意识地施加影响（操纵）的事物，尤其是社会科学知识。下面本书就来讨论一下由统治者操纵的“社会科学知识”——意识形态。

六　意识形态

（一）内涵

意识形态这一术语是18世纪法国哲学家德拉西（Antoine Destutt de Tracy）创造的，他用以描述他所称的新兴的“观念学”（science of ideas)。[①] 在马克思和恩格斯看来，意识形态本质上是编造幻想、掩蔽现实关系的精神力量，是对社会现实的颠倒的、神秘的反映，因而仅仅是一个否定性的概念。它是代表统治者根本利益的情感、表象和观念的总和，其根本特征是自觉地或不自觉地用幻想的联系来取代并掩蔽现实的联系。[②] 本书采用马克思主义的意识形态定义。

本书要特别说明的一点是，本书所说的意识形态这一事物从古到今、从东方到西方都存在着，只要有人为了其利益，有目的地传播有关政治的知识、思想，就有意识形态。非民主政治中有，民主政治中也有。[③] 不过，一定不能忽视非民主政治中意识形态与民主政治中的意识形态的极大差别，不能笼统地说，它们都在一样地骗老百姓。在非民主政治中，特别是在实施思想独裁的社会中，独裁者能够把“黑”说成“白”；而在民主政治中，自由竞争中的政党最多只能将“黑”隐而不说，只宣传“白”；唐斯曾经指出在民主政治中，某些人会提供正确的、然而带有偏见的信息。[④] 民主政治中的政党难以故意颠倒是非的主要原因是存在着一个竞争比较充分的知识、思想的“市场”，消费者是“上帝”；而非民主政治中，该市场缺乏竞争性，消费者接近于奴隶地位。

何怀远认为，意识形态由三大基本要素构成其内在结构，即认知—解释层面、价值—信仰层面和目标—策略层面。[⑤] 作为只考虑冷冰冰的利益的经济学理论模型，本书忽略掉“价值—信仰层面”。这不表明本书完全否认理性经济人也有激情；马克思就曾经说过，人“是一个有激情的存在物。激情、热情是人强烈追求自己的对象的本质力量”[⑥]。

---

① ［美］迈克尔·罗斯金等：《政治科学》，林震等译，华夏出版社 2001 年版，第 104 页。

② 俞吾金：《意识形态论》，上海人民出版社 1993 年版，第 129 页。

③ 这一点可参见 Downs, Anthony, *An Economic Theory of Democracy*, New York: Happer & Row Publishers, 1957.

④ Downs, Anthony, *An Economic Theory of Democracy*, New York: Happer & Row Publishers, 1957, p. 82.

⑤ 何怀远：《意识形态的内在结构浅论》，《江苏行政学院学报》2001 年第 2 期。

⑥ 《马克思恩格斯全集》第 42 卷，人民出版社 1979 年版，第 169 页。

根据思维形式上的特性，笔者把意识形态的内容划分为以下两大方面。第一方面的内容是形式上的因果知识，也就是“认知—解释层面”的东西，它们告诉人们是什么因素决定着他们的福利和不幸，为什么独裁者有权统治他们。这些知识常常是超越经验检验的，例如神权政治意识形态说独裁者的统治权来自神的旨意和授权。越是在科学水平低下、子民们的不确定性强的时期，这些知识与实证科学知识的差距就越大；随着不确定性程度的降低，意识形态中的因果知识部分越来越像实证科学知识；当不确定性降低到一定程度，民主政治就会建立起来，和平竞争中的政党的意识形态就会包含越来越多的正确事实，但是并不包含全部事实真相。在独裁国家，这些知识却偏偏被说成完全真实的，不容置疑的，也就是拒绝接受批评或证伪的。

意识形态第二方面的内容是改造社会的计划，也就是“目标—策略层面”的东西。安东尼·唐斯把意识形态定义为：“一种有关美好社会的文字幻象，一种建构此种社会的主要手段”，同时也把它看成是某些人获得权力的手段。[①] 唐斯所讨论的意识形态主要是民主政治中相互竞争的政党的政策纲领，其内容被假定为包含正确的事实、但是并不包含全部事实真相。[②] 迈克尔·罗斯金等的定义是：“一种意识形态源自这样一种信念，即事物能够比现在的状态更好；它实质上是一个改造社会的计划。”[③]

（二）意识形态如何影响政治

意识形态努力提高子民的不确定性程度，从而提高政治交易费用，使革命难以发生和成功。诺斯说得好：“意识形态在一定程度上是纯粹知识的发展。知识发展的方式会影响人们关于他们周围世界的观念，因而会影响他们对世界进行的理论化、解释和评价，这

---

① Downs, Anthony, *An Economic Theory of Democracy*, New York: Happer & Row Publishers, 1957, pp. 96-97.

② Ibid., p. 83.

③ ［美］迈克尔·罗斯金等：《政治科学》，林震等译，华夏出版社2001年版，第104页。

些反过来又会影响合约议定的成本。”①

首先，统治者编造的意识形态一般都具有知识的外貌，它所反映的东西看起来好像都是事实，或者揭示了事实与事实之间的真实关系。它会使子民把不符合自己利益的政治主张看成是有利于自己的主张，而把本来有利的主张看成不好的主张。由于子民缺乏社会科学知识，不清楚现行政策和自身福利之间的因果关系，统治者就可以告诉他们一套歪曲的知识，大意是现行政策是最符合他们的利益的。子民也不是很清楚如何才能得到幸福，统治者的意识形态就告诉他们，忠心服从统治者就能够得到幸福，绝不可反叛。也就是说，意识形态提高了子民的不确定性。通过提高子民的不确定性，意识形态起到了提高政治交易费用的作用。其次，意识形态被子民吸收之后，还会改造子民的某些偏好、信念，使他们产生对于统治者的忠诚感情（非理性因素），这样，觊觎政权的革命家和子民进行政治交易的费用也就提高了。

理性的子民为什么会或多或少地相信统治者灌输的意识形态，并且从而变得（看似）反理性了呢？第一，探索新知、获得对事实之间关系的解释是成本高昂的活动，直接将统治者“免费”送来的“知识”接收下来可以节省成本，它们好歹也是一种解释或者计划，有一种解释或计划似乎总比没有要好。第二，由于意识形态许诺一种美好未来，也能够给苦难中的子民带来一种安慰，或者说效用。第三，子民确实是无知的，他们无法判断意识形态与他们的利益的联系。第四，由于统治者的思想独裁，子民难以接触到其他知识。

（三）意识形态生产、发展和传播的经济学

在非民主政治中，意识形态的培养和传播者是独裁者、企图夺取政权的潜在竞争者。作为理性的经济人，他们选择意识形态的标准是看是否有助于他们利益的最大化，而不是看意识形态中的因果知识是否正确，计划是否真的符合它所声称要促进的大众的利益。

---

① ［美］道格拉斯·C. 诺斯：《制度、制度变迁与经济绩效》，刘守英译，上海三联书店 1994 年版，第 103 页。

理性的统治者会将一切有利于其利益的思想观念融合为一个体系，努力培植和发展它。能够提供这种思想观念的人将得到统治者的恩惠，也就是分享一部分政治租金，即使在有生之年没有得到多少恩惠，死后也将得到追封，因此他们的生产积极性是比较高的。同时，统治者还会压制其他意识形态、知识和观念，因为如果意识形态市场的垄断被打破，形成充分竞争的局面的话，子民的不确定性程度就会降低，独裁统治的成本就增大了。只要独裁统治者能够压制其他思想学说，生产那些思想学说就不仅无利可图，而且有害于生产者自身，生产的积极性就会比较低，那些思想学说也就不会有多大的产量和多高的质量，即使多少有些产品，统治者也可能阻止它传播，甚至将它销毁。我们可以做一个推论：非民主政治制度是一个对人文社会科学进行劣胜优汰的机制，其中的主流文化必定不是真的好东西。

独裁者在意识形态方面的支出将得到丰厚的回报：第一，接受了意识形态的子民更加顺从，统治成本降低，而收益却增加。第二，虽然高级官僚的不确定性程度比子民低，不会把意识形态当作真理，但是，由于无知的子民顺从独裁者，高级官僚反叛夺权所能得到的支持就会比较少，而将要遇到的反对却比较强大。所以，意识形态对子民的影响越大，高级官僚发动政变的可能性就越低。这一层是塔洛克没有认识到的。

（四）意识形态是一个因变量：和诺斯的意识形态概念相比

“在经济学中，传统上将爱好看作外生变量，其他社会科学对于意识形态的形成以及为何转变也了解甚少。”① 诺斯将意识形态变量纳入其理论模型，他指出，没有意识形态理论，新制度经济学将是不全面的。这是他对经济学的一个重大贡献。

诺斯将意识形态看成是减少提供其他制度安排的服务费用的最重要的制度安排，他把意识形态定义为关于世界的一套信念，它们

① ［冰］思拉尔·埃格特森：《新制度经济学》，吴经邦等译，商务印书馆1996年版，第68页。

倾向于从道德上判定劳动分工、收入分配和社会现行制度结构。意识形态具有三个特征：（1）意识形态是个人与其环境达成协议的一种节约费用的工具，它以“世界观”的形式出现，从而使决策过程简化。（2）意识形态是与个人对其所领会的关于世界公平的道德和伦理判定纠缠在一起的。（3）当个人的经验与他的意识形态不一致时，他会改变意识形态上的看法，试图发展一套新的、能更好“适应”其经验的合理解释。①

诺斯承认道，知识社会学的理论不可能轻而易举地形成，“我们距这种理论还很远”②。在诺斯的制度变迁理论模型中，意识形态是一个社会中所有人都大致同等地拥有的东西，并且正因为如此它才有助于克服搭便车问题。而且，它的变迁不是明显地受到某些特定的人的特别影响，而是似乎由社会的全体成员大致同等地影响着。本书不同意诺斯的这种看法。

诺斯对意识形态的重视给了本书很大的启发，但是，本书的意识形态概念和诺斯的概念存在着三个方面的巨大差别。第一，诺斯的意识形态是外生于其理论模型的，而本书的意识形态变量是重要的内生变量，本书假定它受着独裁者的操纵。本书明确地主张，意识形态是一个因变量，是一个受统治者操纵的东西，而且，我们可以分析它的产生、发展的原因或过程。政治宗教信念的形成是一个权力操作的政治化过程，③“是政治决定文化，而不是相反”④。

第二，诺斯的意识形态的功能是节约（经济）交易费用，意识形态在其理论中的意义在于社会整体经济效率方面；而本书的意识形态在理论中的重要意义在于政治方面，其功能是增加子民与革命家之间的政治交易费用，本书没有花费笔墨探讨它的经济领域中的功能。

---

① ［美］道格拉斯·C. 诺斯：《经济史中的结构与变迁》，陈郁等译，上海三联书店、上海人民出版社 1995 年版，第 53—54 页。

② 同上书，第 52 页。

③ 张荣明：《权力的谎言——中国传统的政治宗教》，浙江人民出版社 2000 年版，第 3 页。

④ 彭渤：《国家与乡村社会关系——古代传统的中西比较》，《新东方》1999 年第 5 期。

第三，诺斯的意识形态的功能对于社会全体来说是积极有效的，而本书的意识形态的功能只对独裁者积极有效，对子民利益来说是消极有害的。

七 不确定性与非民主政治的产生、维持与转型

假定不存在不确定性，或者不确定性的程度较低，所有人之间的政治交易费用为零或者足够低，那么，多数人当然能够联合起来打败少数人，或者少数人预先知道这一结果（因为信息充分，计算准确），因而不用多数人发动武力反抗，就主动放弃对政权的垄断。这也就是前文中的政治科斯定理的结论。然而，事实上，各个政治人面临的不确定性的程度是很高的；当被掠夺的多数人所面临的不确定性程度足够高时，政治交易费用就比较高，使得子民与革命家无法达成足够程度的联合来推翻独裁统治。这就是非民主政治的存在基础。从另一角度来说，只要不确定性没有降低到一定程度，民主政治就不可能产生或者巩固；因此，不确定性程度影响着民主化能否发生、何时发生以及民主化的速度。

下面，笔者试图把独裁制度从无到有地推导出来。“一切人类生存的第一个前提也就是一切历史的第一个前提，这个前提就是：人们为了能够‘创造历史’，必须能够生活。但是为了生活，首先就需要衣、食、住以及其他东西。”① 如何获得这些生活资源呢？道格拉斯·C. 诺斯说：“自从游牧生活让位于农业定居以来，人们已找到两种方法来获取产品和劳务。一种是生产它们，另一种是从别人那里把它们偷来。在后一种情况下，强制是财富和收入再分配的一种手段。”② 这里的“偷”还需要“强制”手段，可见跟抢劫相似。诺斯在这里漏掉了交易的方法。对“获取产品和劳务”的方式的完整的分类应该是这样：一种是直接生产；一种是从他人那里获

① 《马克思恩格斯选集》第 1 卷，人民出版社 1972 年版，第 32 页。

② ［美］道格拉斯·诺思、罗伯斯·托马斯：《西方世界的兴起》，华夏出版社 1999 年版，第 11 页。

取。而后一种又包括两种方式：一是交易；一是掠夺。[1]

在以上获取产品和劳务的方式中进行抉择的依据是什么呢？在一个假想的自然状态中，每个谋求最佳生存条件的理性经济人的选择依据是看哪种方式的边际效益最大。假定：（1）产品和劳务并不是极大丰富，而是稀缺的；（2）直接生产产品和劳务的生产率比较低，因而选择自己直接生产要付出较大的成本，而与他人交易的前提是自己生产了产品或劳务，也是要付出较大成本的；（3）不同的人的力量（智力或体力）大小不同，如果搏斗，强者获胜的概率比较高；（4）这些人之间没有血亲关系，或者血缘关系足够疏远和淡化，如果强者掠夺弱者，弱者的损失不被强者计入强者自身的成本。在这种情况下，力量强大的个人会选择掠夺方式来谋利，这种方式的边际效益是最大的。

弱者有哪些选择呢？一共有三种方案：第一，和强者搏斗；第二，寻找同盟者，团结起来和强者斗争；第三，忍受掠夺。第一种选择风险太大（被杀死的可能性比较大），由此导致的成本也太大，理性的弱者一般不会选择它。第二种选择的成本主要是政治交易费用。政治交易费用受到不确定性的极大影响，如果一切都是确定的，政治交易成本就会降低到零。因此，弱者是否选择第二种方案，取决于不确定性的大小。如果不确定性小到一定程度，理性的弱者会选择这一方案。如果不确定性比较大，他只好选择第三种方案，那就是忍受掠夺，这样，非民主政治的局面就开始形成了。

八　总结：理想类型的非民主政治的静态模型

本章其实回答了第一章提出的问题二、三，即非民主政治产生、维持和转型的原因或条件是什么？民主政治产生、维持和转型的原因或条件是什么？

在一般的情况下，只要有一个人认为，如果他能够建立和维持

① 沈友军：《两种政治：掠夺性政治与交易性政治》，《学术探索》2002年第1期。

非民主政治，独裁成本小于独裁收益，该社会就不会有稳固的民主。[①] 关键在于他能否建立起非民主政体，这取决于子民与革命家能否达成足够程度的联合。后者又取决于政治交易费用水平。子民的不确定性程度决定着政治交易费用水平。不确定性取决于自然科学技术（特别是信息技术）和社会科学知识状况（特别是有关政治的知识[②]），只要有可能，独裁者就会操纵后者。如果自然科学技术被用来传播有利于非民主政治的政治知识（意识形态），那么它就有利于提高不确定性，从而有利于独裁者。如果真正科学的政治知识得以利用先进的自然科学技术而广泛传播，那么就能够降低不确定性程度，降低政治交易费用，提高独裁成本，导致民主化。

在特殊的时代和地域，其他因素对于不确定性、政治交易费用、独裁成本、独裁收益等也有突出的影响。例如：血缘关系、人口数量、人们居住地的空间距离、“国土”或“领土”范围、领土内地理环境、外部自然和人文环境的恶劣程度、生产力水平等。

独裁者的手段可以分为三类：镇压、收买忠诚和意识形态。收买忠诚使得那些得到好处的被收买者在理性的计算之下追随独裁者，拥护独裁制度。镇压提高子民参加革命的危险性，从而提高了子民与革命家之间的政治交易费用。意识形态增加不确定性，从而增加政治交易费用。

---

① 举例来说，袁世凯总统可能曾经认为自己能够稳当地做皇帝，他就真的称帝了。结果表明他的判断错了，时代已经具备这样的特点：大多数人已经在思想观念上不再接受帝制了，谁称帝，反对他的人就会而且能够联合起来推翻他。以后中国人就逐渐不再打称帝的如意算盘了。

② 有关政治的知识不一定就只是政治学知识。

第六章

解释非民主政治的
东西之别

本书第一章提出的问题四是：为什么古代东方的非民主政治和西方的非民主政治有巨大差别（东西之别）？或者说，为什么古代东方独裁和西方独裁在程度上有巨大差别？这一问题受到了中外学者的高度关注，本书更不能例外，原因有二：第一，非民主政治的理论模型应该接受这一问题的检验。第二，这一问题关系到对于我国古代专制政治历史及其遗产的理解。

在回答上述问题的时候，本书的解释顺便还要回答问题六、七：生产力水平低下的原始社会为什么有民主？而生产力水平比原始社会高的大多数奴隶社会、封建社会为什么没有民主？然而，为什么古代雅典城邦、罗马共和国又有民主？

一　对于“东西之别”的相关传统解释

运用传统方法研究非民主政治的重要成果有：关于“东方专制主义”的研究，以及马克斯·韦伯关于中国“家产制”的论述等。

（一）关于“东方专制主义”产生原因的解释

1. 东方专制主义概念的含义

综合从古代到近代欧洲学者和思想家的论述，这一概念的内容

要点如下：①

（1）亚细亚或东方国家自古以来就实行君主制，这种君主制具有专制的性质。专制君主独揽大权，对臣民的人身和财产握有按其意志进行处置的权力，君主和臣民的关系表现为主人和奴仆的关系。

（2）在专制君主制下，人人遭受君主的政治奴役，处于奴隶般的社会不平等地位，个人在社会、经济和政治方面没有独立地位和法定权利。

（3）东方国家不存在土地私有制，专制君主是全国土地的唯一所有者。

（4）东方国家只有钦定贵族，而没有相对独立的世袭贵族，缺少牵制君权的中间力量、社会组织和团体。

（5）缺乏法制传统，专制君主的意志就是法律。

（6）保存着自给自足的农村公社组织，作为专制君主制的基础。

（7）重农轻商，手工业者主要为宫廷、官府和军队的需要而生产，城镇不过是专制君主及其臣仆的营地和消费场所。

（8）专制国家干预经济活动，垄断某些经济生活，控制和掌握水利灌溉与交通运输等公共工程的建设和维持，以促进农业生产和增加财政收入，供养君主及其臣仆。

（9）亚洲专制君主制具有稳定性，东方社会历史处于停滞和静止状态，这种状态只有通过外来因素的介入才能打破。

2. 关于东方专制主义的产生原因和存在基础

下面的考察集中于有关下列问题的研究成果：为什么会产生东方专制主义？东方专制主义的存在基础是什么？西方为什么没有产生专制主义？东方专制主义的发展前途或者命运将如何？

（1）从亚里士多德到近代的研究成果

亚里士多德没有明确提出“东方专制主义”概念，他谈到了野

① 施治生、郭方：《“东方专制主义”概念的历史考察》，载李祖德、陈启能主编《评魏特夫的〈东方专制主义〉》，中国社会科学出版社 1997 年版，第 328—329 页。

蛮民族（非希腊民族）和亚洲民族："因为野蛮民族比希腊民族为富于奴性；亚洲蛮族又比欧洲蛮族为富于奴性，所以他们常常忍受专制政治而不起来叛乱。"① 这是西方人最早为东方社会勾勒的"专制"和"奴性"的形象。

到14世纪左右，西方人开始将"东方专制主义"同东方不存在私有制或私有制发展不充分联系在一起，说东方社会的专制君主和专制国家将土地乃至它的臣民都看成自己的财产，臣民处于完全无权的地位。

马基雅维里说："有史以来的君主国都是用两种不同的方法统治的：一种是由一位君主以及一群臣仆统治——后者是承蒙君主的恩启和钦许，作为大臣辅助君主统治王国；另一种是由君主和诸侯统治——后者拥有那种地位并不是由于君主的恩宠而是由于古老的世袭得来的。这种诸侯拥有他们自己的国家和自己的臣民。"② 前者的例子就是"西方"的法国，后者的例子是"东方"的土耳其。一百年后英国学者培根也认为："一个完全没有贵族的君主国总是一个纯粹而极端的专制国，如土耳其是也。因为贵族是调剂君权的。"③ 马基雅维里和培根都从是否存在着钦定贵族和世袭贵族这个方面，看到了土耳其君主制与西欧封建君主制的一个重要差别。

让·博丹（Jean Bodin，1530—1596）关于征服是专制的起源的观点对以后学者的影响很大。在《国家论》（六卷）中，他将君主分为专制的、王制的和僭主三类，认为后两类君主承认其臣民的自由和财产权利，而专制君主则把他的臣民的人身和财产视为己有。他也同意亚里士多德把被统治者的奴性作为专制统治的根源，并认为自然地理环境对这种奴性的形成有作用，但他又对专制权力的来源作出新的解释，即认为专制权力是通过正义战争，以武力征服获得的权力。

---

① ［古希腊］亚里士多德：《政治学》，吴寿彭译，商务印书馆1996年版，第159页。

② ［意］尼科洛·马基雅维里：《君主论》，潘汉典译，商务印书馆1997年版，第18页。

③ ［英］培根：《培根论说文集》，水天同译，商务印书馆1987年版，第46页。

霍布斯（Thomas Hobbes，1588—1679）发展了专制权力起源于征服、主奴关系的观点。被征服者为了保全生命与战胜者订立信约，规定在保全生命的条件下成为战胜者任意使用的臣仆，“臣仆的主人也就是臣仆所具有的一切的主人，可以随时索用”[①]。他认为专制权力是人类社会普遍存在的现象，不是东方独有的。

到了17世纪，旅行家F. 贝尔尼埃（François，Bernier，1620—1688）、J. B. 塔弗尼尔等在其游记中着意指出东方社会不存在土地私有制的情况，说印度皇帝只是把土地有条件地赐给各地总督和交税地主以及武职人员，但不是把土地所有权赏赐给他们。从此，关于东方社会不存在土地私有制便成为了解东方社会的关键所在。

18世纪的孟德斯鸠提出了关于东方专制主义产生原因的地理、气候条件决定论。地理条件主要是指幅员辽阔和缺乏“高山”“海岸”的屏障，广大的地域有利于专制君主实行集权统治；并可以将国土与外界隔绝以保持专制制度；土地肥沃、众多人口从事农业的国家害怕劫掠，为了求得太平而牺牲自由，因而易于受专制统治。气候条件主要是指亚洲只有热带和寒带而无温带，使得严寒地区的强悍民族不断发动对南方懦弱民族的征服战争，而被征服的人们沦为政治上无权的奴隶。[②] 受孟德斯鸠的影响，当时的英国史学家H. T. 巴克尔也认为土地辽阔、气候适宜、农业丰收等地理环境必然导致人口过剩、奴隶制度和专制主义。[③] 孟德斯鸠在鼓吹地理、气候条件决定论的同时，还进一步认为，受自然因素影响的宗教、风俗习惯、礼仪和法律等非地理条件也影响着政治制度。他说，家长制、奴隶制、礼教、佛教、伊斯兰教、宗法制度等对一个民族的政体与法制有重要影响。[④] 埃塞俄比亚尽管幅员辽阔和气候恶劣，但

① ［英］霍布斯：《利维坦》，黎思复等译，商务印书馆1995年版，第156—157页。

② ［法］孟德斯鸠：《论法的精神》（上册），张雁深译，商务印书馆1993年版，第273—283页。

③ 转引自郑祖铤《马克思的东方专制制度理论的思想来源和基本内容》，《湘潭大学学报》（哲学社会科学版）1995年第5期。

④ ［法］孟德斯鸠：《论法的精神》（下册），张雁深译，商务印书馆1993年版，第138—157页。

“正是基督教阻止了专制主义在埃塞俄比亚的建立”，并通过基督教“把欧洲的风俗和法律带到了非洲腹地”。

最早（在其1758年发表的《论精神》一书中）提出“东方专制主义”概念的爱尔维修（Helvétius，1715—1771）反对孟德斯鸠的地理环境决定论。他认为，人的本性是追求利益，人对权力之爱是各种政体形式的行为原则。专制主义是随着人类社会文明的发展，人民委托选举的领袖逐步利用权力篡夺公共财产形成的，君主的权力欲必然随着文明与财富的发展而膨胀。亚洲之所以有强大的专制制度，是因为其历史的发展早于欧洲的缘故。

法国学者布朗热（Nicolas Antoine Boulanger，1722—1759）在1761年出版《东方专制主义起源研究》，认为东方专制主义是神权统治盛行时期流传下来的一种神权政治，西方人只是因为崇尚理性而避免了这种政治形式，东方人由于气候地理环境的原因而未能倡导理性，便产生了这种神权政治形式。[①] 东方君主利用神权政治超自然非理性的力量，而人民由于对现实生活中无法实现宗教的理想感到失望，就把希望寄托在世俗统治者的超自然力量上。这样就发展出一种神人合一的君主制和法律体系，形成了专制主义。霍尔巴赫（Holbach，1723—1789）在其著作《神圣的瘟疫》《社会体系》中认为，一些骗子利用了人们因无知和恐惧而形成的迷信，把自己与神明等同起来，变成了专制君主。

德国思想家赫德尔（Johann Gottfried Herder，1744—1803）在其著作《人类历史哲学概述》中说，在土地不属于人、而人却变成土地的附属品的地方，农业生产就容易导致专制主义的产生。气候条件、生产方式和民族传统交相作用，例如在中国，儒家传统阻碍了教育与政治的进一步发展，专制主义又禁止其他学派与儒家竞争，这种民族传统与地理环境和非进步性的生产方式交织在一起，造成了社会与政治制度发展的停滞，这就使中华帝国好像是“一具涂着香料、裹着丝绸、写着象形文字的木乃伊，它的内部循环就如同一

---

① Marian Sawer, *Marxism and the Question of the Asiatic Mode of Production*, The Hage, 1977, pp. 17-18.

只冬眠鼠那样”。[①] 关于东方社会停滞性的观点从此萌生了。

将“东方停滞论”进一步系统化的黑格尔把历史与民族精神的发展和地理环境与生产方式相结合，指出，农村公社制度构成了印度专制主义的核心基础，同时他也发展了孟德斯鸠有关地理环境的理论。[②] 亚洲有被河流灌溉的大平原，因而最早出现了农业，产生了由土地所有权衍生的法律关系，所以最早形成了国家。但是平原地域的农业把人们束缚在土地上，其周围又被高山大漠环绕，限制了人们思想行动的发展。而地中海区域则完全处在不同的地理条件下，这里的地形呈复杂和多样化，从事航海贸易不仅使人们养成冒险精神，而且把各地区联系在一起，因而促使个性发展和社会多元化。黑格尔说，世界历史从东方开始，然后移到西方。他预测，亚细亚国家不能再进入世界历史的发展进程，而且，“遭受欧洲人摆布是亚细亚帝国的必然命运”。[③]

英国经济学家詹姆斯·密尔（James Mill，1773—1836）在其《英属印度史》中指出，农村公社是亚洲专制主义的基本因素，因为它通过经济上的自给自足，阻止了社会劳动分工的发展，造成了东方的停滞性。[④] 他认为，只有西方外来因素才能改变亚洲体制，带来进步。他的儿子约翰·斯图尔特·密尔（John Stuart Mill，1806—1873）继续进行发挥。在其著作《政治经济学原理》中，他认为，亚洲社会的基本特点是政府掌握剩余产品，使私有财产不能正常发展并发挥作用。欧洲的绝对君主制与亚洲的专制制度是不相同的，因为在欧洲，法律习惯和社会组织一直有着保护个人与私有财产不受政府侵害的力量。[⑤]

---

① Johann Gottfried Herder, *Outlines of a Philosophy of the History of Man*, London, 1800, pp. 176, 244, 207, 315, 296-298. Marian Sawer, *Marxism and the Question of the Asiatic Mode of Production*, The Hage, 1977, pp. 25-26.

② ［德］黑格尔：《历史哲学》，王造时译，商务印书馆 1963 年版，第 190—197 页。

③ 同上书，第 148—155 页。

④ James Mill, *The History of British India*, Vol. Ⅲ, London: Routledge, 1840-1948, pp. 231-232, 213-215, 264.

⑤ John Stuart Mill, *Principles of Political Economy*, London, 1923, pp. 12-13, 113-115.

英国著名经济学家理查德·琼斯（Richard Jones，1790—1855）在其《论财富的分配》中认为，亚洲专制主义的根基在于君主是全国土地的唯一所有者，人们维持生活的手段普遍依赖于王权，这是东方世界的专制主义能够长期存在的原因。但是他在讨论东方专制主义的起源时抛开了经济因素，认为它源于征服的权力。他认为，东方的许多国家与中亚地区相毗邻，常被中亚游牧民族所侵占，游牧民族由于生活在开阔的平原上，出于对危险的恐惧而惯于军事上的绝对服从，形成专制制度。在他们征服东方国家后，他们通过暴力在被征服国家建立专制制度，这就使得从黑海到太平洋的广大地区逐渐产生专制主义并形成了土地国有制度。①

（2）卡尔·A. 魏特夫的研究成果

魏特夫的核心看法是：西方社会是多中心的，而东方自古以来就是专制主义的社会。他心目中的东方不完全是或者主要不是一个地理概念，包括了除西欧、北美和亚洲的日本以外的广大地区。东方专制主义的形成和发展是与治水分不开的。东方社会由于不可避免地大规模兴修水利的需要，必然要产生专制主义，而这种专制主义在西方是很幸运地不会存在的。② 为什么东方需要治水而西方不需要呢？治水社会主要发生在干旱或半干旱地区，农业不能靠“雨水灌溉”，因而只能利用人工灌溉的“治水”工程来克服供水的不足与不调。非治水地区有“雨水灌溉”，不需要依靠大规模的协作。“历史条件相同时，重大的自然差别可能导致决定性的制度差别。”③

我国学者严厉地批评了魏特夫的理论，④ 认为它不符合事实。例如，有学者说，以灌溉解释专制起源，本身即悖于灌溉远在专制之先、灌溉曾在相当长一段时期内与古代非专制政治共存的新发现

① Richard Jones, *An Essay on the Distribution of Wealth and the Sources of Taxation*, London, pp. 110-112.

② Karl A. Wittfogel, *Oriental Despotism: A Comparative Study of Total Power*, New Haven: Yale University Press, 1957, pp. 1-10.

③ ［美］魏特夫：《东方专制主义》，徐式谷等译，中国社会科学出版社1989年版，第3页。

④ 参见李祖德、陈启能主编《评魏特夫的〈东方专制主义〉》，中国社会科学出版社1997年版。

的事实。[①] 笔者不再赘述这些已经作出的批评。

从理论建构形式来看，魏特夫的治水社会理论符合理论建构的要求：它对事实进行高度的简化和抽象，用很少的自变量来解释复杂、广泛的事实；它甚至力求解释本书所说的非民主政治的古今东西之别，既力求解释传统的东方专制主义，也力求解释它在当代的延伸——极权主义，既力求解释东方为何形成专制主义，又力求解释“靠雨水灌溉”的西方为何比较民主和自由；它提出具有普遍性的断言，接受证伪。

但是——仍然从理论建构形式来看——该理论在一定程度上具有机械决定论的色彩。“灌溉农业”如此强烈、长远地决定着地域如此广泛的“东方”社会的政体、阶级状况等，不免有些牵强附会。这种解释模式属于社会科学中的“科学模式”[②]，它追求类似于自然科学那样的硬科学，寻求强因果关系，为社会事实寻找出决定性的具体原因。科学模式忽视了人的主观能动性，走到极端就是机械决定论。对于治水社会如何在现代发展成为作者所谓的极权主义的解释也是无力的，而中国许多学者则认为，它们还是错误的。

（3）马克思和恩格斯的相关论述

马克思和恩格斯吸收了前人三种观点：一是“地理环境”决定论中有价值的部分，二是博丹的“征服的权利”根源的思想，三是琼斯的有关经济因素根源思想。

马克思在《不列颠在印度的统治》等论著中谈到了印度政治结构：“从很古的时候起”，东方社会只有财政、军事、公共工程三个政府部门，其原因是“气候和土地条件”，特别是从撒哈拉直到亚洲高原的一片广大的沙漠地带，因此“渠道和水利工程的人工灌溉设施成了东方农业的基础……节省用水和共同用水是基本的要求”。但东方社会“由于文明程度太低、幅员太大，不能产生自愿的联

---

① 施治生、郭方主编：《古代民主与共和制度》，中国社会科学出版社 1998 年版，第 152 页。

② ［美］J. 唐纳德·穆恩：《政治研究的逻辑：对立观点的综合观》，载格林斯坦、波尔斯比编《政治学手册精选》（上册），竺乾威、周琪、胡君芳译，商务印书馆 1996 年版。

合，所以就迫切需要中央集权的政府来干预。因此，亚洲的一切政府都不能不执行一种经济职能，即举办公共工程的职能”。[①]

马克思还吸收了博丹的“征服的权利”根源的思想。他谈到印度如同是亚洲的意大利，“意大利常常由征服者用宝剑强迫把不同的民族集团合拢在一起，印度斯坦的情况也完全一样，在它不处于穆斯林、莫卧儿或不列颠人的压迫之下的那些时期，它就分解成象它的城市甚至村庄那样多的各自独立和相互敌对的国家”[②]。政治结构的分裂不利于社会稳定和发展，意大利常常由征服者用宝剑强迫把不同的民族集团合拢在一起，印度也需要像意大利那样由征服者用宝剑强迫把各自独立和互相敌对的小国家合拢在一起。马克思说，印度的全部历史“就是一次又一次被征服的历史”[③]。根据“征服的权利”说，就容易产生专制君主和屈从于专制君主的奴隶。

马克思又吸收了琼斯等的有关经济因素根源思想。马克思深入地研究了印度、俄国等东方国家的土地制度和农村公社的历史和现状，指出东方专制制度是建立在农村公社和土地公有制基础上的。马克思在论述印度农村公社时指出“这些田园风味的农村公社不管初看起来怎样无害于人，却始终是东方专制制度的牢固基础”[④]。恩格斯也指出：“古代的公社，在它继续存在的地方，在数千年中曾经是从印度到俄国的最野蛮的国家形式即东方专制制度的基础。”[⑤]

东方的农村公社为何成为东方专制制度的基础呢？一是由于农村公社的双重性土地所有制：一方面是农村公社的公有制，另一方面是凌驾于农村公社之上的、以专制君主为代表的国家的国有制或王有制。在俄国，“土地从来没有成为俄国农民的私有财产”。马克思指出：“东方（马克思在这里指的是土耳其、波斯、印度斯坦——笔者）一切现象的基础是不存在土地私有制。这甚至是了解

① 《马克思恩格斯选集》第2卷，人民出版社1972年版，第64页。
② 同上书，第62页。
③ 同上书，第69页。
④ 《马克思恩格斯选集》第1卷，人民出版社1995年版，第763—766页。
⑤ 《马克思恩格斯全集》第20卷，人民出版社1971年版，第197页。

东方天国的一把真正的钥匙。”① 二是由于农村公社的孤立性。农村公社制度导致分散、孤立。“各个村社彼此这样全然隔绝的状态，在全国造成虽然相同但绝非共同的利益，而这种隔绝状态就是东方暴君制度的自然基础。”② “俄国‘农村公社’有一个特征……这就是它的孤立性，公社与公社之间的生活缺乏联系，而保持这种与世隔绝的小天地……有这一特征的地方，它就把比较集权的专制制度矗立在公社上面。”③ 三是孤立导致了冷漠，而冷漠助长了专制。“作为政治力量的要素，农民至今在多数场合下仅表现出自己的那种生根于农村生活孤僻状况中的冷漠态度。广大农民群众的这种冷漠态度，不仅是巴黎和罗马国会腐败情况的强有力的支柱，而且是俄罗斯专制主义的强有力的支柱。”④

“但东方人为什么没有走上土地私有制，甚至没有走上封建所有制呢?” 恩格斯说：“我想主要是由于气候和土壤性质，特别是由于从撒哈拉横贯阿拉伯、波斯、印度、鞑靼直到亚洲高原最高地区的大沙漠带。在那里，人工灌溉是农业的第一个条件，而这事情必须由一县、一省或中央政府来负担。”⑤ 这样，对东方专制制度根源的追溯就从经济形态（主要是土地私有制）到了气候和地理环境。

非常值得重视的是，在解释东方专制主义时，马克思和恩格斯将他们关于生产力、生产关系、生产方式、经济基础、上层建筑等等的唯物史观与地理环境论、征服权力论结合起来，而不是单独使用历史唯物主义来解释。他们的相关解释还没有构成一个严密的理论体系，显然，他们碰到了难题。马克思晚年花费了极大的精力研究人类学、东方学等科学，而不再将精力集中于其独特的政治经

① 《马克思恩格斯全集》第28卷，人民出版社1973年版，第256页。

② ［德］恩格斯：《论俄国的社会关系》，载复旦大学法律系国家与法的理论、历史教研组编《马克思恩格斯论国家和法》，法律出版社1958年版，第215页。

③ 《马克思恩格斯全集》第19卷，人民出版社1963年版，第436页。

④ ［德］恩格斯：《法德农民问题》，载《马克思恩格斯选集》第4卷，人民出版社1972年版，第295页。

⑤ ［德］恩格斯：《1853年6月6日给马克思的信》，载复旦大学法律系国家与法的理论、历史教研组编《马克思恩格斯论国家和法》，法律出版社1958年版，第216—217页。

济学。

3. 小结

关于专制君主制产生和长期存在的根源，将以上观点总结如下：①

（1）受到地理环境和由此产生的民族特性与传统习俗的影响和作用（亚里士多德—孟德斯鸠—赫德尔—黑格尔—马克思—魏特夫）；

（2）人民所推举的领袖权力膨胀的结果（爱尔维修）；

（3）来源于征服者在战争中获胜而取得的权利（博丹—霍布斯—琼斯—马克思）；

（4）起源于早期历史的神权政治（布朗热—霍尔巴赫）；

（5）专制君主是全国土地的唯一所有者，人民的生活手段依赖于君主（琼斯—马克思）。

（二）马克斯·韦伯关于中国"家产制"的论述

韦伯在阐述现代资本主义起源时，对世界的主要文明进行过比较分析。在比较中，韦伯尤其重视中国的个案。在他对中国的分析中，关于中国政治制度的分析占有突出地位。

韦伯关于中国制度讨论的理论背景是他关于正当性支配的分类。韦伯认为存在三种类型的支配理性，即法理的支配、传统式支配与卡里斯玛式支配。在这三种支配形式中，卡里斯玛式是一种短暂的、不稳定的支配形式，经过一段时间后，这种权威形式必然会例行化（routinized），或者转变为传统型权威，或者转变为理性的与法制的权威。所以，韦伯在进行历史社会学分析中，事实上只分析了另外两种制度形式。一种是传统的、家长制的制度；另一种是现代的理性的与法理的制度。

韦伯认为，家长制有两种主要形式：其一是封建制，其二是家产制（patrimonialism）。家产制是家长制的典型形式，最典型的代表是秦统一以后的中国；封建制是边缘形式，其代表是中世纪的西

① 施治生、郭方：《"东方专制主义"概念的历史考察》，载李祖德、陈启能主编《评魏特夫的〈东方专制主义〉》，中国社会科学出版社 1997 年版，第 328 页。

欧。典型的西方封建制与家产制有很大区别，它突出表现在，封建制下的权力是基于契约的，而不是专断的；[①] 而家产制的最大特征是权力的专断性与随意性。这样，韦伯的论述在一定意义上就与本书所要研究的非民主政治的东西之别有关了。韦伯认为，在家产制的中国，“财富积累的源泉并不是交换所产生的收益”，而是依靠权力所进行的掠夺。“具有典型意义的，主要并不是理性的经济活动，而是……内政掠夺性资本主义，它不仅控制着财富积累，而且特别控制着土地的积累。”[②]

韦伯在任何意义上都不是一个决定论者，他并不认为，中国的家产制有某种必然的、具有决定意义的根源。[③] 不过，他也认为，中国家产制的形成与延续确实有某些特定的原因。韦伯在不同的场合试图对此作出分析。（1）与马克思主义经典作家一样，韦伯注意到中国农业是一种灌溉农业，这样，治水的需要就可能促进一种中央集权的政治制度。韦伯甚至相当肯定地说：“家产官僚制最初起源于对初潮的治理与运河的开凿，也就是说，起源于建筑工程。”[④]（2）除治水之外，韦伯认为传统中国的土地制度也有利于家产制的长期维持。中国很早就不存在庄园制，因此中国没有欧洲封建制下那种地方贵族群体。[⑤]（3）与土地制度相联系，传统中国的军事制度与西方不同，这种不同也有相当程度的制度意义。西方军队制度从罗马时代起便是由自我装备的士兵组成的，这意味着，世俗统治者依赖士兵的善意。西方军队在传统上相当于自我装备的士兵联合体，这种军事制度对封建制度的兴起以及城市的出现与发展都有重要意义。中国军队基本是一支职业军队，士兵来源于招募，其武器装备由统治者提供。这样的军队只能是统治者的工具，而不可能起

---

① Max Weber, *Economy and Society*, Guenther Roth and Claus Wittich eds., California University of California Press, 1978, Vol. 2, pp. 1070-1078.

② ［德］韦伯：《儒教与道教》，洪天富译，江苏人民出版社 1995 年版，第104 页。

③ 李强：《传统中国社会政治与现代资本主义——韦伯的制度主义解释》，《社会学研究》1998 年第 3 期。本节对于韦伯论点的介绍主要参考了这篇论文。

④ ［德］韦伯：《儒教与道教》，洪天富译，江苏人民出版社 1995 年版，第 64 页。

⑤ Max Weber, *Economy and Society*, Guenther Roth and Claus Wittich eds., California: University of California Press, 1978, Vol. 2, p. 1050.

到任何制约统治者的作用。[①]（4）传统中国的长期和平也有助于中国家产制的维持。欧洲近代许多制度创新与“缺乏一个和平化的统一帝国”有关。中国在战国时期，“政治权力的竞争迫使诸侯使国家的经济与经济政策理性化”。但是，“存在于各战国诸侯相争时期的合理化驱动力，在帝国之后就不复存在”[②]。（5）儒家传统对于维系家产制统治也有重要意义。

二　本书的解释

表面上看，古代东方专制主义和古代西方的独裁的区别主要体现在独裁者的权力的强度和广度上。在财产权方面，东方的情况是“普天之下，莫非王土；率土之滨，莫非王臣”，子民的财产在一定程度上也就是独裁者的财产，可以随意征用、抄家和没收。甚至子民的身体也属于独裁者所有，皇帝看上民间美女，即可随意占有。皇帝拥有成千上万的美女作为其享受低级乐趣的工具。皇帝“口含天宪”，他的话就是法律，他不受什么外在法律的约束，皇帝的法制专门治人，与法治（rule of law）毫无关系。更有甚者，皇帝还控制子民的政治知识，进行思想独裁，拥有不利于皇帝利益的政治知识或者思想也就是犯罪，皇帝会从重从快地治罪。这些景象在西方（世俗）非民主政治的历史中很少见。在产权方面，西方有“风能进，雨能进，国王不能进”的臣民房屋。西方独裁者一般不能搞多妻制，拿破仑要娶新妻子为他生育接班人，他就得先与结发妻子约瑟芬离婚。显然，独裁者受到一些他所不能随意更改的法律或习惯的制约。西方历史上的世俗独裁者一般不能控制臣民的政治知识，特别是其中的宗教信仰。[③]

古代东方的独裁程度比西方高，依据上一章所论述的基本原理

① Reinhard Bendix, *Max Weber: An Intellectual Portrait*, California: University of California Press, 1977, p. 78.

② ［德］韦伯：《儒教与道教》，洪天富译，江苏人民出版社 1995 年版，第 65 页。

③ 在历史上，宗教信念曾经长期是政治知识的主体部分之一。

来追究其原因，主要是因为古代东方的独裁者能够垄断社会科学知识市场，进行思想独裁，而西方的世俗独裁者难以做到这一点。能否进行思想独裁是极其重要的，思想独裁能够提高不确定性，从而增加政治交易费用，降低子民反抗独裁的能力，最终降低独裁成本，提高独裁收益。凡是独裁者能够实施思想独裁的地方，其独裁程度都会比独裁者不能够实施思想独裁的地方高得多，而且，一般来说，独裁者也安全得多，“幸福”得多，一点儿都不像塔洛克所说的那样可怜，只是让人羡慕不已。

（一）东方的思想独裁：主要以古代中国为例

古代东方专制主义国家的独裁者能够控制子民的政治知识，塑造其政治信念，甚至在一定程度上改变子民的偏好。控制政治知识的主要手段：（1）以一种独裁者所选中的意识形态垄断知识市场，大力进行灌输，“谎言说上一千遍也就变成了真理”；（2）激励子民积极学习和传播该意识形态，“学而优则仕”；（3）坚决地打击异端政治知识，不允许它们传播。

古代中国是一个典型，上述三种手段，古代中国的皇帝都使用了。以秦朝为界，秦以前思想独裁较薄弱，自由较多，但是，即使是那时，思想自由的程度仍然远远不能和西方同时代相比较。秦始皇采取了著名的“焚书坑儒”措施以后，形成了严格的思想独裁局面，东方专制主义成熟。关于古代中国的思想独裁的知识不是新知识，此处不再赘述。①

（二）古代西方世界的思想自由空间

一般来说，在古代西方世界中，政治知识市场繁荣的时期都是民主政治时期。民主政治时期的发达的政治知识遗产构成了对其后的独裁者的巨大约束，这一点将在后文中加以分析。此刻，笔者所要做的是指出西方的政治知识自古以来就比东方发达得多，而这一

---

① 有兴趣了解中国历史上的文化专制主义之详情的读者可以阅读王平善、杨春祥编著《思想政治工作讲座》，法律出版社 1992 年版，第 43—46 页，那里叙述了秦始皇、汉武帝、明清两代专制君主的思想独裁言行。

点是非民主政治的东西之别的直接原因。有学者比较了古代中西政治学的特点，指出：古代西方政治学具有开放性、批判性和创制性，而古代中国政治学的特点是封闭性、御用性和实用性。[①]

和同时期的东方世界相比，古代希腊的政治知识市场繁荣得多。希腊的民主政治以自由和平等为条件，言论自由使批评和涌现新思想成为可能；希腊的思想摆脱了过去以神话解释说明未知事物的方法，力求用已知事物和逻辑推理解释未知事物；希腊人创立了社会科学；教育在城邦中占有重要的地位，因为没有文化就不可能积极参与政治生活。[②] 辩论和演说十分频繁，广受重视，其中不少是有关政治问题的辩论。古希腊的思想家们所论及的问题比东方的“同行”要开阔得多。东方思想家从来就认定一个至高无上的国王或者皇帝的存在是一切政治讨论的前提，他们无论如何都没有想象过，如果没有独裁统治者，国家会如何；他们谈到法律，从来都是由独裁者制定出来控制子民的。然而古希腊的思想家们会比较各类政体，包括独裁政体和民主政体；他们会讨论、鼓吹法治的好处，他们对法治的含义的理解在今天也一点都不过时。

亚里士多德的政治学研究行为及其成就可以证明古代希腊政治知识的繁荣。亚里士多德极力推崇政治学的重要性，把政治学知识看成是最高的学问，这一看法甚至比今天许多人的看法都高明，因为今天许多国家的人民并不重视政治学知识。他那时就能将政治学与伦理学区分开来，创立了传统政治学体系。在研究方法上，他不满于其老师柏拉图的演绎方法，这也是富有进步意义的，因为柏拉图的演绎理论基本上是一些对“应然”问题的演绎分析，距离现代的实证研究太远。顺便说一句，本书所提倡的假说—演绎法强调演绎出来的结论必须接受经验事实的检验，属于实证研究的推理方法，和柏拉图的演绎方法不同。亚里士多德使用归纳推理，从事比较研究，这是他那个时代最接近于现代实证科学的研究工作。他探讨的内容已经涉及“实然”的因果知识，例如其政体比较研究，这

① 郑传坤：《古代中西政治学的特点及其借鉴》，《政治学研究》2001年第4期。

② ［法］J. 阿尔德伯特等：《欧洲史》，蔡鸿滨等译，海南出版社2000年版，第91页。

很值得我们佩服。他的政治学著作的内容之广泛、篇章字数之多都是当时世界之最。

古罗马（特别是共和国时期）的政治知识也比同时期东方世界的政治知识发达得多。其鲜明特点是在政治、立法等实际活动中借用和发挥古希腊各派的政治理论。柏拉图的正义论、亚里士多德的国家学说曾对罗马共和时代后期的政治思想产生重要影响。波利比奥斯（又译为波利比阿）曾利用亚里士多德政体分类思想，提出要维护罗马社会的政治稳定，必须实行元老院、执政官、公民大会三种权力相互独立又相互牵制的学说。西塞罗用“共和国”取代了希腊的“城邦”观念，用公民的权利与义务来阐述国家的本质。斯多葛主义的自然法、个人主义和世界主义成为政治思想家、法学家、神学家们阐述各自政治主张的理论依据。伊壁鸠鲁否认个人对公务的义务的思想受到排斥，但他追求个人幸福的观点则被多数思想家接受。

法学得到发展是古代罗马帝国时代的政治思想的一个重要特点。古罗马法学家在古希腊哲学思想的影响下，对法的性质、法的分类进行了探讨，并突破了古希腊思想家把法与道德或正义联系起来的传统方式，开始把权利看成法的重要内容，提出“法律所以确定权利、保护权利，而权利为法律所确定所保护的利益”的重要观点。①

西方在古代和中世纪时期，基督教教廷对各国广大教徒进行思想控制，教廷排除异端的行动和东方君主的思想独裁行动相似。不过，这里需要指出的一点是，西方的世俗君主在其领地内没有控制政治知识的能力，连君主自身的权利和权力都还需要长期奋斗才能最终得到。路德、加尔文等的宗教改革运动使得西方又恢复了一定的思想自由，政治知识的发达最终使西方摆脱了非民主政治，建立了现代民主政治。

---

① 参见“古罗马政治思想”词条，载中国大百科全书总编辑委员会《政治学》编辑委员会、中国大百科全书出版社编辑部编《中国大百科全书·政治学》，中国大百科全书出版社 1992 年版，第 108 页。

三　为什么古代东方独裁者能够进行思想独裁而西方世俗独裁者不能

思想独裁的好处是显而易见的，西方历史上的独裁者的理性程度绝不会比东方的“同人”差，应该能够认识到这一点。不是他们不知道思想独裁的好处，而是他们无法做到思想独裁，而其东方同人能够做到。现在笔者试图回答：为什么古代西方世俗独裁者不能进行思想独裁，而古代东方独裁者却能够？这一差别是古代东西方独裁程度的巨大差别的原因，现在笔者解释原因的原因，尽管有人认为“原因的原因不是原因”。

本书的理论框架要向经济学家的理论（特别是诺斯的制度变迁理论框架）借用一个重要的命题，那就是“路径依赖”（path-dependence）。路径依赖可以理解为“小的事件和偶然情形的结果可能使解决方案一旦处于优势，它们就会导致一个特定的路线”[①]。

（一）路径依赖命题

1. 关于路径依赖的已有研究[②]

经济学中的传统理论是不承认路径依赖命题的。从查尔斯·达尔文以来，进化论对经济学家们理解社会生存具有强烈影响，它已内含于阿尔钦1950年的文章[③]发表以来的经济文献中。这一理论的意义是，在历史进程中，无效的制度会被扬弃，有效的制度会存活下来，因此，更为有效的经济、政治与社会组织形式是逐渐演进来的。依照这样的传统理论，任何国家的经济、政治制度都将发展得越来越高效，不存在路径依赖，更不用说锁闭（lock-in）了。

关于路径依赖的研究首先来自对技术进化的研究。1985年，保

---

① ［美］道格拉斯·C. 诺斯：《制度、制度变迁与经济绩效》，刘守英译，上海三联书店1994年版，第126页。

② 同上书，第125—134页。

③ Armen A. Alchian, “Uncertainty, Evolution and Economic Theory”, *Journal of Political Economy*, Vol. 58, 1950, pp. 211-221.

罗·大卫企图解释惯常的字版文字组织是怎样变得标准化、变得固定的，并解释了有哪些偶然事件导致了这一结果的存在。[①]

W. 巴兰·阿瑟首先发展了这样一种观点：一些小的历史事件可能导致一种技术战胜另一种技术。一种技术将获胜并维持一个垄断地位，尽管它的成功的创新同被废弃的可选技术相比处于劣势。阿瑟论述过四种自我加强的机制：（1）大规模的组织或固定成本，由此产生了随着产出增加而单位成本下降的优势；（2）学习效应，随着它们不断处于支配地位，会使产品改进或生产它们的成本降低；（3）协作效应，将优势转为其他具有类似行动的经济组织的合作；（4）适应性预期，它们在市场上不断处于支配地位，从而增强了进一步处于支配地位的信念。[②] 在阿瑟看来，这些自我加强机制的结果会导致四个特性：（1）乘数均衡，即许多方式是可能的，其结果是不确定的；（2）可能的无效率，即一种技术内含着比另一种失效的技术更好，这是由于在获取关联性时运气不好；（3）锁闭一旦达成，一种解决方案就很难退出；（4）路径依赖性。

为了解释那些经济绩效一直很差的社会和经济的长期存在，诺斯在其理论框架中引入了路径依赖的命题。诺斯认为，有两种力量会规范制度变迁的路线：一种是报酬递增，另一种是由显著的交易费用所确定的不完全市场。他说，尽管阿瑟的技术分析是与第一种力量共生的，但无论是他还是大卫都没有明确分析第二种。[③] 存在报酬递增时，制度是重要的，它确立了经济的长期路线。但是只要相应的市场是竞争性的，即大致接近于零交易费用模型的，长期路线也将变成有效的。但是，如果市场是不完全的，信息的反馈又是分割的，其交易费用也是十分显著的，那么，行动者的主观主义模型将会被非常不完全的信息反馈及规定路线的意识形态所修正。那

---

① Paul A. David, "Clio and the Economics of QWERTY", *American Economic Review*, Vol. 75, 1985, pp. 332-337.

② Arthur, W. Brian, "Self-Reinforcing Mechanisms in Economics", In Philip W. Anderson, Kenneth J. Arrow, and David Pines (eds), *The Economy as an Evolving Complex System*, Reading, MA.: Addison-Welsley, 1988, p. 10.

③ ［美］道格拉斯·C. 诺斯：《制度、制度变迁与经济绩效》，刘守英译，上海三联书店 1994 年版，第 127 页。

么，不仅路线的分叉而且持久的不良绩效将居于支配性，历史上由行动者派生的观念就会规定他们所作出的选择。

诺斯将制度渐进变迁的路径依赖特征与长期持续的增长或下降模式结合起来。一旦一条发展路线沿着一条具体进程行进时，系统的外部性、组织的学习过程以及历史上关于这些问题所派生的主观主义模型就会增强这一进程。在经济增长情形中，有一条适应性的有效路线，它允许在不确定性下的最大化选择，并建立一种反馈机制来识别某些相对无效的选择，并消去它们。我们可以通俗点说，这样的社会进入了良性循环。与此相反的情况即恶性循环的路线也是存在的。初始制度集合的报酬递增特征为生产活动提供了负激励，它在现有制约下创造了一些组织和强有力的利益集团，他们以自己的利益来影响政治实体。这类制度提供了促进政治团体与经济的军事主宰、宗教狂热或直接的简单的再分配组织，但是它们为经济上储存与增加有用的知识所提供的报偿较少。参加者的主观精神构想会演进成一种意识形态，它们不仅会使社会的结构理性化，而且还选择了不佳绩效。结果，经济中会演进出一些加强现有激励与组织的政策，该社会被锁闭在一个陷阱中难以自拔。

2. 路径依赖命题在本书中的运用

诺斯的制度变迁理论本来就包含政治制度变迁，上述路径依赖理论照样适用于解释政治制度的发展或锁闭；这里，本书感兴趣的只是政治制度——特别是政体形式——的变迁。本书的理论要在诺斯的基础上发展，将要涉及的主要是行动者的政治知识或“主观主义认识模型”（诺斯语）。

本书的看法是，独裁者如果能够控制子民的政治知识，那么，锁闭问题会比诺斯所论述的更加严重：锁闭时间更长，停滞状态更难摆脱。其原因是，即使在充分竞争的知识市场条件下，政治知识也难以是完全的、正确的，而在独裁者垄断知识市场的情况下，子民的政治知识就更加不完全甚至错误了；因为只要有可能，独裁者就会积极利用意识形态控制子民的政治知识。就像许多西方国家的学者那样，诺斯没有认识到这一点，他的理论主要是从西方历史事实中抽象出来的，而西方历史中的世俗独裁者一般不能像其东方同人那样控制子民的政治知识。

路径依赖性意味着历史是重要的。[①] 在本书的框架中使用路径依赖命题，就把非民主政治的东西之别的原因归诸东西方国家的历史起点不同了。简言之，东西方非民主政治的巨大差别表现为东方独裁者能够实施思想独裁，而西方独裁者做不到这一点；造成这一差别的原因不在于西方独裁者不想这样做，或者说其偏好和东方独裁者不同，而在于西方国家的历史起点和东方国家就不同，使得西方独裁者想搞思想独裁而不得。这样，我们的目光必须投射到东西方国家的历史起点上。

在历史起点上，东方国家就建成了高度的非民主政治，而西方的部分国家或地区却存在过民主政治：本书这里指的是古代雅典城邦国家、古代罗马共和国的民主政治。

需要说明的是，本书这里使用路径依赖命题，并不是说，后来西方的政治史继续沿着古代雅典、罗马的道路发展。历史不是这样，民主的雅典城邦被入侵的独裁国家消灭了，而罗马共和国自行演变成为独裁的帝国。本书所说的路径依赖是指，西方国家在其历史起点上就形成了一定程度的民主政治，民主政治之下的相对而言自由的思想学术环境培育了关于民主政治的丰富的政治知识，这些政治知识的存在和延续在一定程度上降低了公民或子民的不确定性。这样的政治知识状况构成了对后来的独裁者的约束，他们寻求边际效用最大化的行动也只能在此约束下进行，企图以一种更落后的政治知识来取代历史遗传下来的比较进步的政治知识是极其艰难的（除非是在某些特殊情况下），对于寿命有限的任何单个独裁者来说，这样做一般是费力不讨好的。

这使得西方在民主政治被非民主政治取代之后的漫长历史中难以出现世俗独裁者进行思想独裁的严重局面。罗马共和后期，恺撒想建立赤裸裸的非民主政治，他因此而丧失了生命。其养子屋大维的目标仍然是要建立非民主政治，但是，由于吸取了恺撒的血的教

① ［美］道格拉斯·C. 诺斯：《制度、制度变迁与经济绩效》，刘守英译，上海三联书店 1994 年版，第 134 页。

训，他始终不得不打着共和的旗号来偷偷地塞进非民主政治，他的巧妙手腕本身就说明了民主历史对于独裁者的约束有多大。意大利的民主政治文化遗产比德国多，在一定程度上，这使得墨索里尼的独裁统治在控制思想或知识方面、在严酷程度方面就难以达到希特勒的水平。德国的极权主义独裁有着极深厚的德意志文化渊源①，这一西方国家的高度非民主政治个案从反面证明了，以往历史上的政治知识传统能够塑造后来的政治状况。

（二）东、西方国家的历史起点就存在着巨大差别

新近的研究成果表明，西方国家起源于“氏族模式”，因而是民主的；而东方国家起源于“酋邦模式”，因而是专制的。下文就来介绍这种观点。

1. 恩格斯所述的三种国家起源形式可以归入同一类模式即“氏族模式”

在《家庭、私有制和国家的起源》中，恩格斯指出了“国家在氏族制度的废墟上兴起的三种主要形式”。② 雅典是最纯粹、最典型的形式：在这里，国家是直接地和主要地从氏族社会本身内部发展起来的阶级对立中产生的。在罗马，氏族社会变成了闭关自守的贵族，贵族的四周则是人数众多的、站在这一社会之外的、没有权利只有义务的平民；平民的胜利炸毁了旧的氏族制度，并在它的废墟上面建立了国家，而氏族贵族和平民不久便完全融化在国家中了。最后，在战胜了罗马帝国的德意志（日耳曼）人中间，国家是作为征服外国广大领土的直接结果而产生的，③ 氏族制度是不能提供任何手段来统治这样广阔的领土的。

恩格斯所论述的三种国家起源形式都是从西方历史（古代雅

① 刘国柱：《希特勒与知识分子》，时事出版社 2000 年版，“前言”。

② ［德］恩格斯：《家庭、私有制和国家的起源》，载《马克思恩格斯选集》第 4 卷，人民出版社 1972 年版，第 165 页。

③ 谢维扬认为，日耳曼人国家进程所适用的模式问题比较复杂，当他说日耳曼人国家形成的基础在总体上是典型氏族社会时，并不排除有别的可能；此问题还有待进一步研究。参见谢维扬《中国早期国家》，浙江人民出版社 1996 年版，第 165 页。

典、罗马和日耳曼人国家历史）中归纳出来的，它们是否涵盖了全世界所有国家的起源形式呢？中国学者对此的回答长期以来是肯定的，但是最近遭到了谢维扬的挑战。恩格斯的主要材料来源是摩尔根的《古代社会》，谢维扬指出，在摩尔根的著作中，通过部落联盟而形成国家是他唯一谈到过的人类早期国家形成的方式，他没有提到任何其他形式的国家形成问题，[①] 尽管摩尔根对于部落联合体在历史发展中的普遍性是有所保留的。[②] 恩格斯关于国家起源的三种形式的理论受到了摩尔根的巨大影响，这是十分明显的。

谢维扬将这三种国家起源形式统统归入“氏族模式”（又叫作“部落联盟模式”）[③]，其共同特点——正如恩格斯所说的那样——是国家直接从氏族社会中演变出来。[④] 更具体地说，国家从氏族社会中的部落联盟体制直接演变出来，这就是国家起源的部落联盟模式。谢维扬认为，这一模式并不具有普遍性；国家的起源模式除了“氏族模式”（或“部落联盟模式”）之外，还有一种“酋邦模式”。所谓国家起源的酋邦模式，指的是国家不是从自愿联合的部落联盟体制演变出来，而是从酋邦体制演变而来。

2. 国家起源的另一种模式：酋邦模式

酋邦（Chiefdom）政治体制的存在，是20世纪以来人类学的重要发现之一。特别是自从人类学家塞尔维斯和弗里德从人类政治组织演进的角度确定这种体制的重要地位后，关于酋邦的概念广泛地出现在有关的人类学和历史学著作中。酋邦向国家的演化同雅典和罗马的早期国家进程的总的面貌上确实很不相同，其中最重要的不同是两者在进入国家前社会的权力结构不同。

部落联盟模式或氏族模式的主要特征是：没有最高首脑；部落联盟会议的议事原则是全体一致通过；参加联盟的各部落保持各自

---

① 谢维扬：《中国早期国家》，浙江人民出版社 1996 年版，第 122、137 页。

② 同上书，第 134—135 页。

③ 这两个名称之所以是指的同一类模式，是因为在摩尔根的《古代社会》中，部落联盟是在典型氏族—部落制度下出现的一种较高级的人类早期政治组织形式。也就是说，部落联盟理论从根本上说是关于典型氏族社会的理论。参见谢维扬《中国早期国家》，浙江人民出版社 1996 年版，第 122 页。

④ 谢维扬：《中国早期国家》，浙江人民出版社 1996 年版，第 69—73 页。

的独立，相互间地位平等；部落联盟的二权制和三权制特征等等。

而酋邦模式的主要特点是，有关社会在进入国家社会前就已经在一定程度上产生了中央集权的权力，亦即社会最高权力在一定形式下被占据社会特殊地位的个人所掌握。用哈维兰的话来说就是："在这种社会中，政治权力集中于一个人（酋长）身上。"[①] 在人类学的分类中，酋邦属于具有个人性质的权力的前国家社会，[②] 同典型的部落社会的首领相比，酋邦首领的权力要大得多。他一般是一个实权人物，可以在他的共同体中分配土地，可以在成员中征兵役，他还控制社会剩余产品和物资与人力资源，在有些个案中，甚至能够对人民有生杀予夺之权。[③] 更重要的是，酋邦首领的权力不受部落成员的制约，人们相信他的统治权力是"神灵赐给"的，[④] 这最后一点特别引发笔者的兴趣，因为这表明酋邦首领已经开始控制人们的政治知识了。总之，酋邦社会的权力结构同国家已十分相像，只是还不如国家权力那样正规罢了。在这些社会的国家进程中，国家权力正是直接从酋长即酋邦的首领的权力演变而来的。[⑤]

在现代人类学视野中，酋邦类型的原始社会在世界各地区的分布十分广泛，特别是在亚洲、非洲、美洲和大洋洲，不同历史时期的酋邦个案被大量发现。在塞尔维斯的《民族学概要》中提到的努特卡（Nootka）、特罗布里恩德（Trobriand）、塔希提（Tahitian）和日瓦纳（Rwala）等个案是其中有代表性的几个。[⑥] 在我国历史上，酋邦类型的原始社会个案应当说是相当丰富的。[⑦] 谢维扬还指出，从早期国家研究的角度来说，酋邦模式大体上相当于"亚细亚生产方式"，后者实际上是对人类政治组织演进的一种模式的概括；亚

① ［美］哈维兰：《当代人类学》，王铭铭译，上海人民出版社 1987 年版，第 467 页。

② 谢维扬：《中国早期国家》，浙江人民出版社 1996 年版，第 201 页。

③ ［美］哈维兰：《当代人类学》，王铭铭译，上海人民出版社 1987 年版，第 467—77 页。

④ 同上书，第 477 页。

⑤ 谢维扬：《中国早期国家》，浙江人民出版社 1996 年版，第 73—74 页。

⑥ Elman R. Service, *Profiles in Ethnology*, New York: Harper & Row, 1978, Chapter 12-15.

⑦ 童恩正：《文化人类学》，上海人民出版社 1989 年版，第 223 页。

细亚生产方式所涉及的政治组织类型大致就是以酋邦模式发展起源的早期国家的特征。[①]

酋邦制度处于什么历史阶段呢？它与部落制度和国家制度的关系怎样？酋邦制度可以被看成是比典型部落社会更高的一个社会发展阶段。这不仅是指它的权力结构更逼近于国家，就是在社会分层和等级制的发展等方面，它也比典型部落社会更为复杂。而在酋邦与典型部落制度之间的连续性也是比较明显的。其中最重要的一点是，在酋邦制度下，氏族—部落制度依然存在，只不过它们在社会权力结构中的地位与作用已不同于典型部落社会时期。

但是，从世界范围来看，酋邦并不是所有典型部落社会发展的必然结果。在上述雅典、罗马、日耳曼人的政治组织演进中，就没有关于酋邦存在的充足的证据（只有少数日耳曼人部落可能与酋邦制度有某种关系，但有关资料尚不充分）。[②] 也就是说，少数氏族社会，其民主的部落联盟在某个时刻直接就演化成为民主的城邦国家，它并不必然要经过酋邦这一阶段；而多数氏族社会的下一个历史发展阶段就是专制主义色彩浓烈的酋邦。为什么会出现这样的差别？这正是极其关键的问题，可惜谢维扬没有予以回答。

酋邦制度还不是国家制度。按塞尔维斯的看法，早期国家与酋邦的主要不同是在于：（1）早期国家“是依靠包括武力垄断在内的一种特别的机制来整合的”；（2）在早期国家中，“社会分割为一些政治—经济阶级”[③]。谢维扬还补上一条，即早期国家阶段的生产力更高。[④]

酋邦与国家的关系有两种可能，一是可能向国家转化，二是可能不向国家转化。在许多个案中，酋邦表现出突出的稳定性。打破酋邦的稳定性，使得酋邦演化为国家的重要原因被谢维扬归诸某些非凡个人的政治技术，最核心的技术是创造一种新的关于国家制度

---

① 谢维扬：《中国早期国家》，浙江人民出版社 1996 年版，第 84 页。

② 同上书，第 74 页。

③ Elman R. Service, *Profiles in Ethnology*, New York: Harper & Row, 1971, pp. 498-499.

④ 谢维扬：《中国早期国家》，浙江人民出版社 1996 年版，第 226 页。

的正式概念，并使人们接受它。[①]

对于本书要解释的非民主政治的东西之别，重要的是，东、西方国家的起源的模式截然不同，西方国家的起源模式是“氏族模式”，而东方国家则是“酋邦模式”。也就是说，东方国家和西方国家的历史起点不同。

3. 氏族模式和酋邦模式的不同政治遗产

谢维扬认为，由于早期国家进程的面貌不同，分别由氏族模式和酋邦模式产生的国家在政治传统上也形成较大的不同。总的来说，由氏族模式形成的国家，至少在其最初的发展上，倾向于形成一种民主型的政治运行机制。比如雅典和罗马国家的最初形态共和国。而对于酋邦模式来说，它所产生的国家在最初的发展上则相反，比较倾向于形成专制型的政治运行机制。只要比较一些恩格斯指出的在雅典国家早期“没有总揽执行权力的最高执行官员”的情况与祖鲁（Zulu）国家形成后恰卡本身成为一个“暴君”的情况，[②]这一点就很清楚了。对于本书的问题来说显得重要的结论就是，今天人们所称的西方国家就是前者的后裔，而所谓东方专制主义国家就是后者的后裔。

四　为什么古代雅典城邦、罗马共和国有民主

现在，本书对非民主政治的东、西之别的解释已经连续走了两步。第一步，本书指出，东西之别的表面原因是，东方专制主义国家中的独裁者能够垄断政治知识市场，运用其意识形态控制子民的头脑，增加子民的不确定性，使他们难以抵抗独裁者；西方国家历史上的各国世俗独裁者一般无法这样控制子民的知识。第二步，为什么在控制子民的知识方面会出现这样的差别呢？是因为西方独裁

① 谢维扬：《中国早期国家》，浙江人民出版社 1996 年版，第 227—234 页。

② Elman R. Service, *Profiles in Ethnology*, New York: Harper & Row, 1978, Chapter 16.

者的偏好不同于东方同行吗？这进一步的原因是，东、西方“国家”在其历史起点上就不同，东方国家是氏族经由具有独裁特性的酋邦演化而来，而西方国家是直接从具有民主特性的氏族制度演化而来。历史起点上的差别会导致东、西方国家以后发展的巨大差别，这可以由经过本书发展了的路径依赖命题加以解释。然而，说民主政治起源于氏族社会的部落联盟制度，而非民主政治起源于酋邦制度，这只不过将民主和独裁的起源问题改换为部落联盟制度和酋邦制度的起源问题。谢维扬的贡献是发展塞尔维斯等西方人类学家关于酋邦的发现，明确揭示对于中国学者来说比较新颖的一个事实，即在摩尔根、恩格斯所揭示的国家起源的三种形式（被归为氏族模式）之外，还存在一类酋邦模式。他指出了由氏族模式发展而来的古代雅典、罗马国家是民主政治的起源，由酋邦模式发展而来的世界其他大部分地区的国家是非民主政治的起源。他将国家形态的民主政治与非民主政治的起源问题在时间上又向前推进了一步，但是他没有最终回答该问题。

本书还需要第三步分析：东、西方“国家”的历史起点为何不同呢？既然都是从氏族社会这一起点开始，为什么古代雅典、罗马等地的氏族社会没有演化为酋邦，而是直接演化为民主的城邦国家？为什么东方的氏族社会没有直接演化为具有民主性质的国家，而是演化为具有独裁特征的酋邦？需要说明的一点是，上述问题和国家起源的问题有联系，但绝不是同一个问题，本书所关注的这一问题是关于政体形式为何不同的问题。对于国家起源问题，从亚里士多德到今天一直是政治学的一个重要问题，研究已经相当多，假说和理论繁多，相关文献也很丰富了，本书不拟多谈。受马克思、恩格斯重视国体相对而言轻视政体的态度的影响，中国政治学对于不同政体的起源原因研究比较少，因此本书把它当作研究的重点。

这一节先来解答前一个问题：为什么古代雅典城邦、罗马共和国有民主？这就是第一章提出的问题七。我们首先综述一些相关研究成果，然后提出本书的解答。

（一）顾准的解释

顾准认为，古代希腊、罗马、迦太基的文明可以叫作“海上文明”，“海上文明者，从土生土长的地方漂洋过海移民到新地方去之谓也”①。这种移民，不同于游牧民族的陆上迁移，它是经过一段并非与人斗争而是与自然斗争的历程，到达一个陌生的海岸，周围的一切都不知道，移民要在那里生存，必须筑城聚居，逐步扩大它的活动与征服领域。希腊城邦就是这么起源的。筑城聚居的海上移民的城邦的政制，一开始几乎无例外的是贵族政制，亦即元老院掌权，地位平等的公民组成公民大会参与政事。反之，非海上文明的文明，则是部族胞族形成集团，出现部族王，各部族王之间相互征伐，兼并，逐步扩大成为大王国和大帝国。其政制一般是专制主义政制——不仅中国、古波斯、埃及、巴比伦、印度，直到古代史上所发现的任何这样的国家，包括西欧的高卢等全部如此。

按照本书的理论来说：（1）筑城聚居使得人们之间居住得近，政治交易费用就比较低。（2）移民所面临的环境险恶，使得实施独裁的机会成本加大。例如，在新地方定居，其周围的土著往往可能成为敌人，人文环境恶劣；而且，海上移民过程中的自然环境恶劣，顾准引证英国历史学家汤因比的看法：

> 跨海迁移的苦难所产生的一个成果……是在政治方面。这种新的政治不是以血族为基础，而是以契约为基础的。……在希腊的这些海外殖民地上……他们在海洋上的“同舟共济”的合作关系，在他们登陆以后好不容易占据了一块地方要对付大陆上的敌人的时候，他们一定还和在船上的时候一样把那种关系保存下来。②

① 顾准：《关于海上文明》，载《顾准文集》，贵州人民出版社 1995 年版，第 283 页。

② 转引自顾准《希腊城邦制度——读希腊史笔记》，载《顾准文集》，贵州人民出版社 1995 年版，第 117 页。

我们不难联想到，今天实行现代民主制度的美国当初也是海上移民建成的。

（二）施治生、郭方主编的《古代民主与共和制度》[①] 的解释

施治生、郭方主编的《古代民主与共和制度》对于古代雅典、罗马的民主政治的产生的原因做了精彩的分析，[②] 下面予以较详细的介绍，以进一步支持本书的论点。该书作者正确地认为，非专制政治（包括民主政治）与专制政治一样，既然是一个政治问题，其实也就是一个权力分配问题。权力分配说到底，也就是一个权力分配各方的力量对比问题。因此，作者把分析的重点放到这样的问题上，即从尽可能广阔的视野看，在相当长的一段时间里，在什么样的基础或环境或条件下，力量的对比有利于某个范围内的多数参战或个人独裁，亦即有利于非专制或独裁的政治。将要涉及的主要是政治发展与小国寡民之间并进而与地理环境之间的关系。[③]

1. 古代民主政治的几个特点

第一个特点是舞台小，典型的小国寡民。除了罗马共和国之外（下面将解释这一例外），没有哪一个实行过制度化的非专制政治的国家真正超出过小邦政治的范围，建立过后世称之为帝国的那种往往囊括多个地区多个民族的大地域国家。

城邦是一个围绕中心城市的狭窄的封闭的地区，其领土面积都不大。勒科尼亚和迈锡尼的面积超过 3300 平方英里，雅典、斯巴达、萨拉米斯、奥罗帕斯的领域超过 1000 平方英里，除此以外，很少有城邦版图超过 400 平方英里的，科林斯为 340 平方英里，萨莫斯是 180 平方英里，西希昂是 140 平方英里，埃伊纳是 33 平方

---

① 施治生、郭方主编：《古代民主与共和制度》，中国社会科学出版社 1998 年版。

② 该书第 151—165 页中对于“小国寡民”与民主政治之关系的解释深合我意，本书对其结论和论据完全赞同。当然，本书还做了发展，那就是进行更深入的经济学分析，即政治交易费用分析。

③ 该书作者说，“这并非是说，这种关系是惟一的关系。诚如许多人曾经指出过的，政治是一个大系统，活跃于其间的各种因素，无不相互影响，相互作用”。见施治生、郭方主编《古代民主与共和制度》，中国社会科学出版社 1998 年版，第 153 页。

英里。[1]

实行过民主政治的希腊城邦，公民数目不少在数千人甚至数百人。大邦如雅典，至鼎盛时期，成年男性公民也不过四万人左右。吉尔伽美什时代的西亚城邦，公民一般也只有几千人。古印度有关人口数字的记载，大多难以为据，但从不少材料中可以推知，诸共和国的情况不会与希腊、西亚一般城邦的数字相去太远。罗马共和国在建立之初也是小城邦。希腊人常常认为，一个城邦的最佳公民数目多也不能过万人。比如，柏拉图给他的次级理想国设定的公民人数是5040人；亚里士多德未说具体数目，但提出了原则，认为一个理想城邦的最佳公民人数是，下限足以维持城邦自给自足的生活，上限又能保证公民相互熟悉等。[2]

实际上，民主政治与小国寡民的关系具有普遍性，该书还研究过古代中国、西亚和印度的民主因素。

第二个特点是血缘关系较密切。古代民主政治之所以成为可能，最重要的原因之一是，一个城邦或国家的成员之间有着一种多多少少的平等关系，而这种平等关系说到底，是一种血缘基础之上的，或者更准确地说，包括许多情况下自认为是血缘基础之上的，大家庭内部的或几个这样的大家庭所组成的家族和宗族（有的并不共祖，但常常是姻亲的）之间的成员之间的兄弟关系。在苏美尔城邦，在雅典，在罗马，在印度，在中国，无不如此。

施治生、郭方等谈到的第三个特点是参政方式为直接参政，这一点与本书关系不大。

第四个特点是所有这些古代的民主政治的最后发展趋向都是专制政治。这一趋向十分明显。旧大陆文明中，比较起来，两河流域与黄河流域的非专制政治尤其是民主政治本身就不那么活跃，专制政治的发展又早，因而，从前者向后者的转化就不那么明显。罗马从共和，从贵族主导下的公民拥有相当大政治参与权的非专制政治

① Victor Ehrenberg, *The Greek State*, Oxford, 1960, p. 30.

② ［古希腊］亚里士多德：《政治学》，吴寿彭译，商务印书馆1996年版，第354—355页。

向专制政治的转化，则是阶段分明，线索清晰可缕。它的这一转化主要是自身政治发展的结果。古希腊城邦中，这一转化主要是外力作用的结果，先是马其顿，后是罗马。然而，提洛同盟发展的历史，与罗马共和国一段历史发展的某些相似性，似乎可以使我们推论，即使没有外力干预，希腊某一个城邦最终也会发展起来，扩张成为一个帝国，从而将传统的非专制政治转化为专制政治。印度的共和国是为君主国所灭，这一转化也与希腊诸邦相似。

2. 古代非专制政治与小国寡民之间是否有一种必然的联系

施治生、郭方等的回答是“确实如此”，并且，道理其实很简单。在一个用亚里士多德的话来说公民相互熟悉的小邦里，政治有着相当程度的透明性，反对个人权力过分膨胀的公民们或武装男子们极容易以各种方式串通起来，联合起来，以压倒性的优势向僭主或国王或其他种类的独裁者挑战。因此，希腊许多城邦在王政之后，虽然一度出现过僭主政治，但都维持不了太长时间，便为贵族政治或民主政治所代替。而国家一大，如在大的帝国那里，即使某一集团或几个集团的人们，某一地区或几个地区的人民能够组织起来，向专制权力挑战，他们却往往要面对掌握在那个权力手中的其他更多更大的集团或地区的大得多的力量。

一句话，就大多数情况而论，古代文明社会直接产生于原始的氏族部落——血缘关系之中，最初的产生公共权力的群体中成年男子的数目都不是太大，所占有的地域相对狭小，这就是在古代许多地区非专制政治包括民主政治赖以生存的根本条件。

3. 古代民主政治各地区发展不平衡的原因：维持小国寡民环境的时间变量

施治生、郭方等认为，具体说来，希腊一些城邦的非专制政治能够超越古初非专制政治阶段，发展成为古典非专制政治，其根本原因在于，直到古典时期，这个地区的城邦还维持着古典世界中难得的小国寡民的环境。关于印度北部的一些共和国，上述说法也可以成立。

施治生、郭方等谈到罗马时，还另外引进一个因素：制度或传统的惯性，用本书的话来说，就是路径依赖性。罗马的民主政治是在小国寡民的环境中发生发展出来的，在扩张过程中的一个时期，尤其在早期，罗马的民主政治不仅没有缩减，反而有所发展，这就是制度惯性的力量。

在未能出现典型的古典非专制政治的一些地区，如西亚，如中国，作者的看法是，过早的地域扩张，打破了小国寡民的古典非专制政治可借以发展的温床，而为专制政治开辟了道路。埃及极其缺乏非专制政治，原因也还是过早的地域扩张。

总结：维持小国寡民环境的时间变量是造成古代非专制政治尤其是民主政治地区发展不平衡的根本因素。在旧大陆的大多数地区，在铁器时代到来之前，小城邦中许多早已经扩张成为各式各样的帝国（或已经被各式各样的帝国所吞并），最高权力的主流早已是专制性质的。部分地区，甚至远在文字产生之前或之初，已经统一成为帝国，因而后人难以见到活跃于原始社会的氏族部落非专制权力结构及其遗存。主要是在地中海沿岸的一些地区，如希腊、意大利，时至铁器时代，个人意识已经觉醒的时代，政治活动的舞台依旧是小国寡民。这就是古典民主政治在这些地区能够得到发展的不可或缺的环境。在北部印度的一些小邦里，我们也见到几乎相同时代的非专制政治的发展，它们在这个时代也仍旧维持着难得的小国寡民的地位。

问题到了这一步，依旧没有完全解决。是什么原因，造成有些小邦迅速成为帝国因而专制，有些又能够维持小国寡民环境从而使古典民主政治得以发展的呢？

4. 政治状况与地理环境的关系

关于非专制和专制的政治在旧大陆几大文明地区发展的情况，各种记载使得作者们列出下面的一个大致的序列：

埃及—中国（两河流域）—意大利—希腊

从左到右，位置越靠左的地区非专制政治越少见，专制政治越早见[①]和多见。施治生、郭方等从中注意到政治状况与地理环境的关系。古代（包括原始社会末期）生产力发展水平相对低下，人类在当时条件下所积累起来的各种政治组织经验有限，此时，在其他条件大致相同的情况下，不同的地理环境能够促进或阻碍帝国的出现及发展，帮助维持或打破早期邦国的小国寡民的地位，因而促进或阻碍古代非专制或专制政治的发生发展。塞尔维斯也谈到过地理环境的作用："由于社会集团相互间被地理障碍分隔到如此地步，以至永久的征服太困难了。"[②]

非专制政治迅速消亡或根本见不到，专制政治过早建立的地区，主要是一些比较富庶，区内地理障碍较少，文明起源较早的地区。这里，农耕兴起早，并且迅速发展，促成了人口的增加，增加的人口又为战争增添了动力；地理环境上往往一马平川，十分有利于得到天时地利或人和的小邦迅速扩张成为帝国。

希腊一些城邦的非专制政治得以发达到古代最为充分的形式，实在得益于这一地区在一定生产力发展水平以及希腊人政治组织能力下的相对割裂的地理环境。希腊地区如要统一成为一个帝国，显然要求比黄河流域、两河流域高得多的生产力发展水平以及人类自身的政治组织能力。也正因为如此，还在石器时代、青铜器时代，别的许多地区的小邦已经扩张成为帝国了，而在此地，时至铁器时代，个人意识已经觉醒的时代，历史仍旧让这里的小邦们维持着自己小国寡民的舞台，而演出一幕幕古代非专制政治最为精彩的戏剧来。当然，公元前20世纪末、前10世纪初多立斯人的入侵打破了这个地区的历史传统，政治发展在许多方面几乎从头开始，也有助于小国寡民环境在这个时代的维持。

罗马也处于地中海的一个半岛上，那里以山地山前丘陵为主，水系稠密，内部联系较希腊半岛为便，但比起前述大河流域来，地理环境仍旧足够让意大利诸邦在铁器时代维持相当长一段时间的小国寡民的地位。印度北部的共和国的情况也大致如此。

---

① 这里所谓"早"，指各个地区文明自身纵向比较而言，而非地区之间的横向比较。

② Elman R. Service, *Profiles in Ethnology*, New York: Harper & Row, 1971, p. 225.

最能够说明割裂或封闭的地理环境与古代非专制政治的关系的例子是中国西南凉山彝族的历史。彝族居住在平均海拔两三千米的高山上，平地极少，交通十分不便。因此，即使他们时时受到中央专制政权的影响，即使他们曾经也有过“王”，即使他们早已使用铁器，奴隶制发达，他们的政治发展历程却是，非专制的性质长期维持着，甚至有的时候还大大发展着。

（三）本书的解释

古代雅典、罗马的民主政治具有极大的偶然性。不管是民主性的部落联盟，还是独裁性的酋邦，随着政治交易费用的增加，一般都会最终走向非民主政治；从部落联盟直接产生民主性国家只是一种极其偶然的现象，它们是特例。但是这种偶然性也是本书关于非民主政治的经济学理论能够解释的。

如前文所述，谢维扬认为起源于“氏族模式”的国家具有较多的民主因素，原因是直接从氏族制度演化而来的国家受到原始民主传统的较大影响。这只是指出了表面原因。

本书赞同施治生、郭方等学者的论点：在古代，小国寡民是民主的原因或条件。不过，我们不能停留在他们的论点上，因为他们的论点无法解释：近现代和当代的“大国众民”为什么也产生和巩固了民主政治呢？他们的解释在普遍性方面比较差，简直就像为古代雅典、罗马等几个国家或城邦“专门定做”的。如果一个理论既能解释古代的“小国寡民”条件下的民主，又能解释现、当代的“大国众民”条件下的民主，那么这样的理论就具有更高的普遍性，就更加优越。

笔者认为，古代雅典和罗马之所以有民主，深层原因是其不确定性程度较低，因而政治交易费用也比较低，导致独裁成本高，同时独裁收益又还较小。在古代，信息技术水平还不高，只有“小国寡民”才会具备这些条件。“小国”意味着居民空间距离近，交流方便，“寡民”意味着人口少，交流费用少。大家的不确定性比较低，政治交易费用因此比较低，这使得独裁成本比较高。同时，血缘关系密切、人口较少、生产力水平还不高等因素使得独裁收益较小。独裁成本高于独裁收益时，民主政治就建立起来了。而能否维持小国寡民状况，在古代的人类能力有限的情况下，关键在于地理环境，这是一个偶然性因素，雅典、罗马因此而成为幸运儿。

更为有趣的是，假使历史让这些国家一直自由发展下去，只要其内部的政治交易费用因为这样那样的原因上升，它们最终也将走向非民主政治。例如，罗马共和国之所以有民主，因为它建立之初只是一个不大的城邦；而当它的公民越来越多，版图越来越大之后，政治交易费用越来越高，最终就从民主政治走向了非民主政治；腓尼基或其他一些城邦共和国也都是这样从民主走向独裁的。[①]源于氏族模式的国家（例如罗马）为什么最后也会建立非民主政治？谢维扬的著作就没有解释这一点。

五　为什么原始社会有民主，而大多数奴隶社会、封建社会没有民主

一个关于民主与独裁的起源的系统的解释还应该包括：生产力水平低下的原始社会为什么有（非国家形态的，或称为原始的）民主？而生产力水平比原始社会高的大多数奴隶社会、封建社会为什么没有民主？下面本书就用前文所阐述的相关原理来回答这些问题。

关于民主的产生原因问题，最让人迷惑的是：民主决策方式在原始社会存在，后来社会发展了，它又在绝大多数地方消失了，到了近代，它又以现代民主的形式再次产生，而20世纪末，在全世界范围内出现了大面积的民主化浪潮。你说民主与生产力水平正相关吧，你能够解释今天的民主化浪潮，但是解释不了原始民主[②]的产生。你说民主与生产方式的变化存在某种联系，那么，你解释不了为什么在原始共产主义、古代雅典和罗马共和国的奴隶制、资本

① 参见施治生、郭方主编《古代民主与共和制度》，中国社会科学出版社1998年版，第154—155页。

② 在原始社会里，曾出现过一种非国家形态的民主，学者们称之为“原始民主”，参见徐鸿武主编《社会主义民主概论》，吉林人民出版社1984年版，第4页。

主义等生产方式下都出现过民主。你可能说，让我们抛开原始民主不解释吧，因为仅仅是解释国家形态的民主政治的产生和消失原因已经是够苦恼了。但是，本书的理论能够将上述难题都解决。前面已经解答了古代雅典和罗马共和国的民主政治的产生原因，后文中还将解释现当代的民主化浪潮，本节中笔者将解释原始民主，解释原始民主后来为什么又被非民主政治取代了。

（一）原始社会为什么有（非国家形态的，或称为原始的）民主?

以下因素是原始民主的产生原因。

1．独裁收益小

在原始社会，群队（band）、部落（tribe）内部的人们之间一般具有密切的血缘关系。这就降低了独裁收益。另外，那时生产力水平很低下，没有什么剩余产品，独裁收益也不大。

2．独裁成本大

如前文所述，如果外部环境与整个群体为敌，对群体成员不加区别地施加危害，那么，对群体同伙实施掠夺就存在较大的机会成本：团结起来一致对外所能带来的收益就是独裁的机会成本。对于原始社会中的人们来说，他们所面临的外部环境十分恶劣。自然环境恶劣，周围到处都存在能够威胁人类安全的野兽以及其他动物；有时洪水泛滥，有时干旱等。人文环境也恶劣，其他群队或者部落随时可能侵犯自己。

3．不确定性程度和政治交易费用低

原始社会时期，虽然信息技术很不发达，但是如下因素使得政治交易费用比较低：（1）人数少，需要联合的人的绝对数也就不大，因而交易费用较低。群队的规模通常很小，约25—150人；尼日利亚北部的蒂夫人（the Tiv）是一个很大的部落，据1950年的统计约有80万人，它由若干自主性的分支世系群组成，每一小世系群约有200—1000人。[①]（2）居住得近，传递信息十分便捷。（3）不确定性程度低。有利于独裁统治的意识形态一般还没有被发

---

① 董建辉：《政治人类学》，厦门大学出版社1999年版，第41、48页。

明出来（原因之一也许是语言文字未成熟?），群队或部落的总人数又少，大家的空间距离又近，所以关于政治行动（例如革命行动）的不确定性程度低。在子民与革命家之间的政治交易费用较低的情况下，如果实施独裁，独裁者将预期出现强有力的反抗，独裁成本因此会比较高。

（二）非民主政治一般会“自然”产生，对这个普遍规律的解释

上述有利于原始民主的因素会改变。先看独裁收益受到哪些因素的影响而增大：（1）生产力水平提高导致剩余产品的出现和增加，这也会提高独裁收益。（2）生产力水平提高之后，人口会增长。（3）时间越久，人口越多，社群内部的人们之间的血缘关系会越来越淡，这会提高独裁收益。（4）如果一个社群征服了另一个社群，统治后者，它们之间可能没有明显的血缘关系，或者，可能即使有血缘关系，但是已经非常疏远，不值一提了，这就更加提高了独裁所能带来的收益。所以，征服战争是导致非民主政治的重要原因。

同时，政治交易费用又在增加：（1）人口增加之后，政治交易费用会上升。（2）随着人口增加，社群的居住地面积越来越大（人们的空间距离越来越大），政治行动的不确定性会提高，这也会提高政治交易费用。

任何一个社群的政治交易费用增加到一定程度，都一定会从原始民主制走向非民主政治，这是一个普遍规律。东方国家正是循着这一规律而发展出东方专制主义的：人口特别多；血缘关系越来越远；部落之间的关系主要是征服与被征服的关系，而不是自愿联合的关系；人们之间的空间距离十分遥远，这不像城邦。一般来说，由群队、部落逐步发展下去，自然而然地会出现非民主政治；能够建立起民主政体的只能是拥有特别条件的，例如前文论述过的具有“小国寡民”条件的雅典和罗马等。

第七章

解释非民主政治的古今之别

非民主政治在现、当代发生了两类性质相反的巨变。第一种巨变是，一种新形式的非民主政治——极权主义——产生了。第二种巨变是，一批又一批的独裁国家向民主政治转型（民主化）了，而在古代，通常的情况是，非民主政治中无论发生什么变化，新的政府仍然是独裁政府，不过是“改朝换代”罢了。

本书把这两种巨变称为非民主政治的古今之别，本章的任务是解释其原因，也就是解答第一章提出的问题五：为什么古代的非民主政治和现、当代的非民主政治有巨大差别（古今之别）？这个问题可以细化为两个问题：（1）到了现代时期，在发达的资本主义国家德国和意大利为什么会产生极权主义独裁？（2）现当代时期，为什么大量的非民主国家开始民主化？回答最终取决于自然科学技术与什么样的人文社会科学知识（政治知识）相结合。如果与具有高度独裁性质的政治知识相结合，就会产生极权主义独裁；相反，如果与具有民主性质的科学的政治知识相结合，就会产生民主化。

和关于古代政治的解释相比，对于现当代政治的解释怎么好像变换了一种模样呢？这里怎么不再关注国家的大小、人口的多少、血缘关系的疏密、地理环境、子民居住地的空间距离等因素了呢？为什么在上一章中几乎被忽略的自然科学技术和政治知识，到了本章就成了主要角色了呢？这里的秘密在于：自然科学技术（特别是信息技术）的进步使得国家的大小、人口的多少、血缘关系的疏密、地理环境、子民居住地的空间距离等因素的重要性下降了；然而，政治知识的重要性空前地提高了。所有这些因素的作用都在于影响不确定性程度、政治交易费用水平、独裁成本等。自然科学技术（特别是信息技术）和政治知识状况总是在发展，这会改变不确定性、政治交易费用的状况，从而改变人类政治。这样，本书对非民主政治的分析也随之从主要是静态的分析转向动态分析。需要声明的是，本章所解释的是极权主义、民主化的最一般层次的（或者说抽象层次的）原因。

本书唯一的一个规范性结论就在本章提出来：要重视政治知识的自由发展和传播。笔者再一次吃惊地发现，这一结论又得到了伟大的科学哲学家波普尔的支持：这一次，支持来自于他的“世界3”理论。

一　解释极权主义的产生原因或条件

（一）对于“极权主义”概念的详细说明

极权主义概念的兴起在很大程度上是对20世纪30年代与40年代几个极权政府与领导人兴亡的一个回应。[①] 德国希特勒时期的国家社会主义等通常被认为是此类的蓝本，而人们的注意力也经常关注到意大利墨索里尼时期的法西斯主义。事实上，两者经常被归为一类。它们经常被视为一种全新的甚至是独一无二的形式。

与任何一个重要概念的相同之处在于，人们的很多精力都用于试图界定极权主义的基本特征，以及讨论其对于具体国家的应用价值。卡尔·弗里德里希与兹比格纽·布热津斯基50年代提出以及之后由他们修改的极权主义概念，是对于极权主义的一个经典解释，也是之后一些讨论的起点。在50年代他们所最先提出的概念中，认为所有极权体系均有六个基本特征：

> 1. 一个极权意识形态，由涵盖生活各方面的官方学说构成，每个人必须遵从，该学说设计了一个最终的人类美好状态。

---

① ［美］劳伦斯·迈耶等：《比较政治学》，罗飞等译，华夏出版社2001年版，第246页。

2. 通常由一个人领导的道义政党，由人口的一小部分组成，为意识形态服务。

3. 由政党或秘密警察使用现代科学手段从而形成恐怖（随意的、专制的暴力）体系。

4. 由党与政府对于所有大众传播的有效途径进行技术上的、几乎是彻底的独裁控制。

5. 对于械斗武器的有效运用，进行同样技术上的、几乎是彻底的独裁控制。

6. 由中央来对经济整体以及几乎其他所有社会组织进行控制与指导。①

在列举这些特征时，作者指出一定要将其作为一种统一的模式进行考察，也就是说，一个人不能说一个体系拥有这些特征中的一个或几个就判断其为极权。世间有很多的独裁者与一党制，但是如果他们不依意识形态行事，也不以某种理想社会来动员民众，他们就不能被划为极权主义。

对于极权主义最初定义的修改或变更是由上述作者自己开始进行的，后来又有许多人作出过无数的批评。布热津斯基对此指出：

> 极权主义是划入一般专政类别政府的新形式，在这个体系中政治力量的先进技术与手段，由精英运动的中央领导层基于影响整体社会革命的目的而毫无限制地支配，整体的社会革命包括在某种专断意识形态的概念设定中改变人类的状况，而领导层在对全体公民强迫一致的背景下声称拥有这些技术与手段。②

当弗里德里希与布热津斯基为极权主义现象提供一个复杂的概念时，其他人试图将注意力集中于极权主义的“本质”。例如汉

① Carl J. Friedrich and Zbigniew K. Brzezinski, *Totalitarian Dictatorship and Autocracy*, New York: Praeger, 1962, pp. 9-10.

② Zbigniew K. Brzezinski, *Ideology and Power in Soviet Politics*, New York: Praeger, 1967, p. 46.

娜·阿伦特（Hannah Arendt）认为，假若合法性是“非暴君体制政府”的本质，漫无法纪是“暴君体制”的本质，那么，极权主义统治的本质就是“恐怖”，极权统治所需要的行为引导原理的代替品是意识形态。[①] 阿伦特说，在希特勒时代以前，不曾发现意识形态在政治上的巨大潜能。[②] 极权主义政权的关键在于，社会被引导向意识形态的预设目标前行。

邹谠曾经提出一个概念，即全能主义（totalism）。全能主义指的是一种指导思想，即政治机构的权力可以随时地、无限制地侵入和控制社会每一个阶层和每一个领域。全能主义政治则是以这种指导思想为基础的政治社会，但仅限于表达政治与社会关系的某一种特定形式，并不涉及该社会中的政治制度和组织形式。其基本特点是，社会中没有一个政治权力机构不能侵犯的领域，个人或群体的自由和权力没有受到道德、法律和宪法的保障。[③] 邹谠认为全能主义和极权主义不同，但是他没有能够清楚地阐述到底有何不同。在本书的最一般层次的理论中，两者的区别将被忽视。

需要说明的是，阿伦特、弗里德里希与布热津斯基等西方学者把斯大林时代的苏联政权也看成是极权主义政权，因为中国学者对此有争议，本书将不考虑这一看法。事实上，在过去的四分之一世纪中，西方的许多观察家也已经不再采用极权这个词汇，专家们发现它越来越没有价值。[④] 人们怀疑这一概念本身的可靠性，怀疑它对于现实国家与体系——尤其是苏联——的应用性。许多人认为，这一概念是对于在历史上已经不复存在的几个体系的理想化的、不完美的勾勒。

---

① ［德］Hannah Arendt：《极权主义》，蔡英文译，（台湾）联经出版事业公司 1982 年版，第 266、269、272 页。

② 同上书，第 272 页。阿伦特的这一观点是值得商榷的。希特勒时代以前的西方历史上，确实没有哪个世俗统治者能够进行思想独裁，但是，历史上的东方专制主义统治者很早就在进行思想独裁；意识形态发挥了极大作用。

③ 邹谠：《二十世纪中国政治——从宏观历史与微观行动的角度看》，（香港）牛津大学出版社 1994 年版，第 69—71 页。

④ ［美］劳伦斯·迈耶等：《比较政治学》，罗飞等译，华夏出版社 2001 年版，第 250 页。

（二）极权主义独裁和古代的独裁的异同点

极权主义独裁统治和传统的或者说古代的独裁统治本质上是相同的，都是少数人掠夺多数人——这是古今中外形形色色的独裁统治的共同点。极权主义的独特之处主要表现为：第一，独裁统治的意识形态披上了现代自然科学和社会科学的外衣；第二，借鉴民主政治中为竞选而采用的组织工具——政党，独裁者促进了独裁集团内部的政治交易，独裁集团的政党和民主政治中的政党形似而神不同，因为党内民主被取消了；第三，广大群众——包括最底层的子民——都被动员起来了；第四，现代自然科学技术被独裁者充分利用起来；第五，政治权力所干涉的范围更大更广了，从这一点来看，非民主政治也随着时代的前进而发展着；然而，第六，独裁者个人的物质和精神享受（含权力欲的满足程度）不如某些传统的独裁者（如东方专制主义独裁者），如果不考虑由于技术发展给所有人包括独裁者带来的巨大享受，如果让某个理性经济人在做古代东方专制主义独裁者或做现代极权主义独裁者之间自由选择，那么，他很可能会选择做古代东方专制主义独裁者。从第六个特征来看，随着时代的前进，独裁者的相对优越性与日俱降，日子是一天不如一天了。

（三）排除三种解释

20 世纪上半叶，为什么在德国、意大利[①]产生了“右翼极权主义”[②]？我们首先可以放弃一种可能很常见的解释：那就是从经济基

① 一些学者把日本法西斯政权也明确地列入极权主义政权之列，参见朱庭光主编《法西斯体制研究》，上海人民出版社 1995 年版，第 587 页；陈祥超等《法西斯运动和法西斯专政》，中国青年出版社 1999 年版，第 390—408 页；孙哲《独裁政治学》，（台湾）扬智文化事业股份有限公司 1995 年版，第 200 页。但是，为了节省篇幅，本书只以德国和意大利为例，不涉及日本法西斯主义非民主政治的具体事实。

② 一些西方学者就是这样称呼德、意的极权主义非民主政治的，参见［美］迈克尔·罗斯金等《政治科学》，林震等译，华夏出版社 2001 年版，第 75 页。使用“右翼极权主义”一词所暗含的意思是，还有其他“翼”的极权主义非民主政治，因篇幅限制，本书不对此予以讨论。在本书中，极权主义非民主政治主要指的就是德、意两国的。

础，或者生产方式或者生产力性质或水平上面寻求解释。理由很简单，如果我们说资本主义生产方式是其原因，那么，我们就无法说明，为什么同样是采用资本主义生产方式的英国、美国等国家没有产生右翼极权主义？两类国家的区别不在生产方式上。它们的生产力水平差别也不大，而且，德国的生产力水平到20世纪初甚至可以在欧洲工业国家中名列榜首。[①] 生产力水平的高低不能解释德、意的极权主义政体的产生。从经济基础上寻找原因是此路不通，我们必须另辟蹊径。

另外一个经常被提到的解释是，国内外的共产主义的理论和运动从反面刺激了保守资本主义生产方式的分子接受右翼极权主义，以便控制工人运动，维持秩序。在保守分子看来，共产主义是左翼极权主义，对付国内的共产主义运动或者防止国外的共产主义实践蔓延到本国的好办法，就是实施右翼极权主义——法西斯主义。以反对共产主义运动来解释德、意两国的极权主义，确实具有一些事实根据：两国的独裁者都敌视当时苏联的共产主义，反对国内的工人运动。但是，问题仍然在于：为什么在其他同样受到国内外共产主义“威胁”的国家——例如英国、美国——没有产生极权主义统治呢？

如果将温特罗布的理论加以引申，来解释极权主义，也会存在内在矛盾。如前文所述，温特罗布的理论可能会认为，极权主义的产生原因有如下三个方面。一是独裁者对权力的强烈偏好。二是独裁者能够创造和利用现代政治组织形式，如政党制度。这样的组织形式的好处——倒不如用本书的理论术语来说——就是降低了独裁者及其追随者之间的政治交易费用，促进了他们之间的交易，从而使独裁者能够以同样的资源购买到更多的忠诚。三是独裁者对传播媒体的控制，通过思想灌输来降低压迫成本。

温特罗布的理论如果这样解释极权主义，就存在以下问题。首先，它以不同独裁者的偏好不同来部分地解释不同的独裁政体，比较无力。其实，不同独裁者的基本偏好是基本相同的，所不同的是

---

① ［德］莱因哈德·屈恩尔：《法西斯主义剖析》，李广起等译，军事科学出版社1992年版，第7页。

其自然环境和人文环境。其次，温特罗布的理论本来是轻视意识形态或思想灌输的作用的，可是，现在为了解释极权主义政体的产生，就把意识形态范畴突兀地引进来，并认为思想灌输能够降低压迫成本，这与该理论的完全理性假设是相矛盾的。温特罗布认为独裁者——即使是极权主义独裁者——不可能抓住子民的心，子民支持或不支持独裁者完全是一个理性选择问题。① 可见他假定所有人都具有完全的理性，都清楚自己的真实利益之所在。

（四）本书对极权主义产生原因或条件的解释

和其他资本主义国家相比，当时的德、意两国的突出之处不在于经济基础上，不在以技术水平为核心的生产力水平上，也不在于共产主义威胁的程度差别上，而在于人民的政治知识或者说思想观念上。在希特勒、墨索里尼时代，德国和意大利两国的民主根基和民主传统肤浅微弱。② 这两国的突出之处是，（自然科学技术方面的）现代性、先进性和（政治知识方面的）高度落后性的奇特结合。研究法西斯主义的专家莱因哈德·屈恩尔（Reinhard Kühnl，1936—）说得好：

> 关于德国的特点，一眼就可以看出，那就是，落后性与现代性极为奇特的混合在一起。落后性表现在政治和精神状况方面，现代性表现在国家和军队的效能方面，后来也表现在工业机构的效能方面，这是一种极为明显地自身孕育着残忍性倾向的效能。③

笔者认为，技术的先进性和政治知识的落后性相结合，落后的

① Wintrobe, Ronald, *The Political Economy of Dictatorship*, New York: Cambridge University Press, 1998, p. 45.

② ［美］迈克尔·罗斯金等：《政治科学》，林震等译，华夏出版社2001年版，第75页。

③ ［德］莱因哈德·屈恩尔：《法西斯主义剖析》，李广起等译，军事科学出版社1992年版，第57—58页。

政治知识得到发达的技术的支持，传播效率得以提高，打击其他进步的政治知识的效率也得以提高，结果是：子民的不确定性程度甚至比古代社会更高，反抗独裁者、能够导致民主力量的子民和政治企业家之间的政治交易费用甚至更高。因此，可以这样认为，极权主义的产生原因或条件如下：（1）现代的自然科学技术；（2）一种具有强烈的独裁性质的意识形态；（3）利用现代科技、借助恐怖手段传播此种意识形态，打击其他理论，实施思想独裁。

1．自然科学技术对于非民主政治的影响

（1）自然科学技术是自变量

本书对极权主义的解释的自变量是自然科学技术，而在诺斯的理论中，自然科学技术是一个因变量，它受到产权制度的巨大影响，而产权制度受到政治规则的影响。笔者不否认这一点。政治制度不同，通过影响产权制度，进而影响到对科技发明创新的激励水平，导致自然科学技术发展速度不同。在某些特别的情况下，独裁统治甚至能使某些已经出现的科学技术从地球上消失。但是，通常的情况是，在任何政治制度中，科技发明创新者一般都受到一定程度的激励，差别只是民主政治的激励强度更大，而非民主政治的激励强度一般比较小。[①] 自然科学技术在民主政治中快速地发展和前进着，在非民主政治中缓慢地发展和前进；另外，独裁国家往往乐意把民主国家创造出的科学技术直接拿来享用。这样，在本书中，笔者还是把自然科学技术（特别是信息技术）当作一个自变量处理。在这样的意义上，它确实是一种自变量：短期来看（对于任何一个寿命有限的独裁者的几年或者几十年统治来说），信息技术对于政治制度的影响是很不明显的；长期来看（对于在时间上连续执政的若干独裁者来说），信息技术对于非民主政治既有正面影响，又有负面影响，关键在于如何利用或控制它们（影射之嫌）。因此，单个的、目光短浅的独裁者一般不会故意阻挠科学技术的发展。

① 从理论上讲，通常，民主政治更加有利于多数自然科学技术的进步；但是，不能排除在某些情况下，非民主政治会更加有效地促进某些特殊技术的发展。

（2）自然科学技术对于非民主政治的负面影响和正面影响

对于独裁统治来说，自然科学技术的发展有两种负面（不利）影响：一是人们对于大自然各种事物之间的因果联系的理解越来越深刻和正确，要让人们还相信独裁者是神、上帝委派君主等意识形态变得越来越难，这也会增加独裁成本。例如，借助于信息传播技术，天文学增加了人们对天体运动规律的认识，会破除人们对于天上神仙的迷信思想；生物学增加了人们对于人类自身的进化发展规律的知识，会破除人们的关于上帝造人之类的思想。二是信息技术能够降低信息费用，从而降低子民的不确定性，进而降低政治交易费用，这会增加独裁成本。

正面（有利）影响主要有两个方面：一是独裁者如果能够实施思想独裁，将某种改进了的，更加精致而有迷惑力的，甚至披上"科学"外衣的意识形态灌输给子民（影射），当信息技术进步之后，独裁者如果充分使用这些先进技术来传播其精致的意识形态，传播效率会更高，子民的不确定性会增强。二是镇压、实施恐怖政策或者收税（掠夺）等活动的边际成本降低，使得在传统非民主政治中因为成本过高而不值得去做的许多事情变得有利可图了。以前政治权力进行全面干预的成本比较大，因为技术落后；现在，成本降低了，所以进行全面干预变得有利可图了。另外，高新技术也可被独裁者用于对外斗争，从而有利于巩固独裁者在国内的统治。

在现代社会中，一个渴望建立独裁统治的政治企业家必须充分利用自然科学技术的正面作用，抵御其反面作用；其中的关键在于保持和增加子民的不确定性。如果独裁者能够实施思想独裁，这是完全可能办到的。

（3）较多的学者把极权主义的产生原因归诸现代技术

较多的学者用现代工业和"现代技术"的发展来解释极权主义的产生。罗斯金等认为，"极权主义是第一次世界大战后现代技术的独特产物"①。20世纪之前，沟通还是如此的缓慢和困难，以致

① ［美］迈克尔·罗斯金等：《政治科学》，林震等译，华夏出版社2001年版，第74页。

于多数独裁者无法有效或完全控制他们治下的所有领土。虽然像彼得大帝和路易十六这样的统治者都是强有力的专制君主，但是他们的权力和权威的广度和深度却受到比较原始的沟通方式和那个时代的武器的严重限制。然而，20世纪的独裁者通过利用现代电子设备，控制沟通和私人行为，并由此对政治生活和思想进行管制；通过电子数据控制，国家可以调节和集中利用资源，并由此对经济生活进行管制。卡尔·弗里德里希与兹比格纽·布热津斯基为极权主义国家概括出六个特征，其中有四个是前工业社会不可能达到的，它们是这种体制的核心。作者说，极权主义独裁是常常被称作"资本主义"的现代工业社会的某些特性的合乎逻辑的延伸和发展。[①]詹姆斯·格雷格认为，极权意识形态与活动离开广泛民主与现代技术是难以想象的。[②]《布莱克维尔政治学百科全书》的"极权主义"词条也说，现代工业和技术的发展及其变革，构成了极权统治的内在基础，并使其合法化，而且它们是极权统治存在的必不可少的前提条件。而组织、通信和宣传则为以恐怖的高压统治或富于诱惑力的劝说为基础的全方位控制、全民动员、公民生活和思想的协调提供了手段和便利。[③]

需要进一步追问的问题是，现代技术在现代各国都有了，为什么恰恰是纳粹德国、意大利等几个特定的国家、在特定的时间里产生了极权主义统治呢？而且，今天的技术水平已经变得更高，为什么又不再产生极权主义了呢？可见，仅仅只有先进和发达的自然科学技术，还不一定产生极权主义。本书的观点是，只有当它与具有高度独裁性的意识形态结合起来时，才会产生极权主义。

2. 独裁性质的意识形态

民主政治所需要的观念是简单的：人人平等；每一个个人就是

① Carl J. Friedrich and Zbigniew K. Brzezinski, *Totalitarian Dictatorship and Autocracy*, New York: Praeger, 1962, p. 3.

② Gregor, James A., *Contemporary Radical Ideologies: Totalitarian Thought in the Twentieth Century*, New York: Random House, 1968, pp. 336-347.

③ [英] 戴维·米勒、韦农·波格丹诺编：《布莱克维尔政治学百科全书》，中国问题研究所等译，中国政法大学出版社1992年版，第770页。

最终目的，个人不是国家或集体的工具……然而非民主政治的意识形态通过多种途径和方法来论证不平等，莱斯利·里普森（Leslie Lipson）指出了其中十种：

> 任何……精英政府的主张，都面临两个相关的问题。首先，它必须给出少数对多数运用权力的正当理由，说明为什么这些少数更适于治理统治。其次，它必须设计出一种区分精英与民众的方法。这就需要某种将一些人包括进精英和将另一些人排除在外的标准。这两个问题是紧密相关的，因为任何划分的成功都主要依赖于所用标准的内容。……用来选出少数和拒绝多数的原则包括：种族、出身、年龄、性别、宗教、军事力量、文化、财富、政治权力和知识。[①]（着重号是引者所加）

这十种原则还没有囊括全部论证不平等的合理性的原则，例如，君权神授论所主张的划分标准是上帝的选择和授权。另外，要论证集体、民族或国家高于个人则比较容易，而且也显得富有道德、高尚，相反，主张个人主义则显得自私自利、可耻。

所有非民主政治的意识形态的中心论点的实质都是：人与人之间是不平等的，某个或某些人（“精英”）优越于其他人；其他人要服从精英的统治；或者国家或集体利益符合而且高于个人利益，个人为国家利益而奋斗甚至献身就是最好的谋求自己利益的方法，这样就增加了子民计算自身利益时的复杂性，加强了不确定性。结论是：你们要绝对服从我的统治或治理。

意大利和德国的极权主义独裁者所选择和利用的意识形态同中有异。意大利法西斯主义独裁者所自称创立的新理论是一种国家至上的理论，认为国家包容一切；同时将这种极权主义国家观与极端民族主义和扩张主义紧密地联结在一起。[②] 法西斯主义者宣扬的国家

---

① ［美］莱斯利·里普森：《政治学的重大问题——政治学导论》，刘晓等译，华夏出版社 2001 年版，第 75 页。

② 朱庭光主编：《法西斯体制研究》，上海人民出版社 1995 年版，第 320—329 页。

至上只是一种宣传，他们真正实行的完全是领袖一人至上。墨索里尼 1921 年 11 月在国家法西斯党罗马代表大会上说：“在意大利使资本主义繁荣兴旺的最好办法，是抛弃民主制，实行独裁统治，因为这是战胜社会主义和使政府恢复有效地行使权力所不可缺少的。”①

德国极权主义独裁者所选择的意识形态内容包括：极端民族主义、种族主义、国家至上主义、军国主义、地缘政治学说等等。民族主义作为政治概念有正反两方面的意义。一是以民族意识和民族感情为基础，崇奉和热爱本民族，也尊重和承认其他民族；二是高估和过分重视本民族，傲视和低估其他民族，甚至对异族表示敌视与仇恨。② 后者就是法西斯主义的极端民族主义。由于充分利用某些现代科学知识，例如达尔文的生物进化论及其衍生理论（如斯宾塞的生物社会学或社会达尔文主义③），极端民族主义在德国还发展成为种族主义：民族主义以生物学作为依据。④ 希特勒认为，地球上人类赖以生存的空间是有限的，而各个种族自我保存和自我繁衍的欲望却是无限的，这样就导致了种族之间激烈的生存竞争。严格的必然法则是强者胜弱者灭，“一切生命都是一场永恒的斗争，世界不过是个适者生存、强者统治的丛林，一个弱肉强食、优胜劣汰的世界”⑤。

3. 利用现代技术手段传播独裁性质的意识形态，进行思想独裁

“现代工业社会”为独裁者进行思想控制和独裁提供了极大的方便，便于将独裁者所选择的意识形态充分有效地灌输给理性有限的子民，以增加其不确定性。

现代社会的主要政治传播媒介不再是“面对面媒介”（face-to-face media），而是“大众传播媒介”（mass media），后者意指“广

---

① 转引自朱庭光主编《法西斯体制研究》，上海人民出版社 1995 年版，第323 页。

② 杜美：《欧洲法西斯史》，学林出版社 2000 年版，第 42 页。

③ 刘国柱：《希特勒与知识分子》，时事出版社 2000 年版，第 47 页。

④ ［法］克洛德·达维德：《希特勒与纳粹主义》，徐岚译，商务印书馆 1997 年版，第 54 页。

⑤ ［德］阿道夫·希特勒：《我的奋斗》，陈式译，（台湾）文国书局 1984 年版，第 290—296 页。

播”讯息给大量未曾谋面的受讯者之媒介。[①] 在 20 世纪 30 年代，大众传播媒介有书籍、报刊、广播、电影等等，纳粹政府于 1933 年成立的国民教育与宣传部就下设有这样 5 个司：宣传、广播、新闻、电影和戏剧司。[②] 种族理论家、生物学家汉斯·F. K. 京特的《德意志人的种族论》出版了 25 万册，希特勒的《我的奋斗》发行了 100 多万册。[③] 德国广播公司成立于 1925—1926 年间，纳粹头目戈培尔认为，广播是特别有效的，“今天对其作用还无法估计”[④]。希特勒早在《我的奋斗》中就说过，报刊是政治宣传工具中最有效的一种。[⑤]

现代工业社会的义务教育制度也促进了独裁者的灌输，有助于强化和巩固独裁统治。魏玛共和国时期，德国政府在教育改革问题上采取了一些重大举措，如根据魏玛宪法的规定，德国实行 8 年义务教育，之后学生还要接受义务职业教育，直到年满 18 岁。1920 年，魏玛共和国政府又制定法律，规定在全国开办 4 年制公立小学，连同初、高级中学，向社会各阶层的子女开放，使每个人不分出身、财产和宗教信仰，都享受同等的发展机会。这项法律向比过去更为广泛的阶层提供了接受高一级教育的可能性。下面的数字可以清楚地说明这一点：1910 年，德国 10 岁学生的 8.9%升入了中学一年级，1928 年这一比例上升到 17.6%。[⑥] 纳粹党上台后，提出了响亮的教育口号：“不分等级和职业，由国家出钱培养具有特殊天赋的穷人子女。”[⑦] 希特勒的目的是要让子民“在一个短时期后，他们就将不知道别的，而只知道这个新社会”。在教学内容上，独

① ［英］奥斯丁·伦尼：《政治学》，倪达仁译，（台湾）双业书廊有限公司 1998 年版，第 176 页。

② 朱庭光主编：《法西斯体制研究》，上海人民出版社 1995 年版，第 235 页。

③ ［法］克洛德·达维德：《希特勒与纳粹主义》，徐岚译，商务印书馆 1997 年版，第 62—65 页。

④ ［德］卡·迪·埃尔德曼：《德意志史》第 4 卷上册，高年生等译，商务印书馆 1986 年版，第 506 页。

⑤ 转引自朱庭光主编《法西斯体制研究》，上海人民出版社 1995 年版，第 237 页。

⑥ 刘国柱：《希特勒与知识分子》，时事出版社 2000 年版，第 205 页。

⑦ ［德］卡·迪·埃尔德曼：《德意志史》第 4 卷上册，高年生等译，商务印书馆 1986 年版，第 466 页。

裁政府注重纳粹主义政治教育和体育锻炼，中心内容是培养民族社会主义世界观。例如，在历史课的教学中，除古代史外，历史教学计划几乎完全局限于讲授德国史。自然科学的教学则与军国主义和种族主义教育联系在一起，如生物课则着重讲授种族进化和种族斗争理论；地理课的主要内容是讲授地缘政治理论。中小学教育内容的设置决定了纳粹时期德国中小学生知识水平的大幅度下降。

极权主义独裁者一方面进行思想灌输，另一方面还要打击其他思想或理论，进行思想独裁，让独裁者所选择的政治知识占据垄断地位。德国的大学还在德意志第二帝国时期以及随后的魏玛共和国时期就是保守的民族主义堡垒。[①] 但是纳粹统治者还不满意，他们取消大学的自治地位，高校校长和系主任改由官方任命；废除大学和其他研究机关的学术自由，要在一夜之间使大学成为不再玩弄学术的机构；清洗大学教师或教授，在希特勒上台的最初五年中，就有45%的官方学术机构换了人，纳粹当局并且发动群众性的大学清洗运动，即由大学生中的暴徒把教授们从讲台上硬拽下来。纳粹还发动了大规模的“焚书”“驱儒”运动，将含有非德意志文化的书籍烧毁，许多报刊被勒令停刊；到1938年年底，取消了大约5000名“创造和传播非德意志精神”的科学文化人士的国籍，使之“不受法律保护”，其中包括当时最著名的物理学家爱因斯坦、诺贝尔文学奖获得者托马斯·曼等。

二　解释民主化浪潮的原因或条件

受当代世界民主化浪潮的影响，近四十年来，尤其是近十几年来，对于民主化的前提、条件或原因的研究成为西方政治学界最热门的话题。[②] 研究各种民主化理论对于中国来说也具有不言而喻的现实意义和理论意义。

① 刘国柱：《希特勒与知识分子》，时事出版社2000年版，第197页。

② 丛日云：《当代世界的民主化浪潮》，天津人民出版社1999年版，第57页。这也是近年来中国政治学者的一个热门话题。

明确关键概念“民主化”的含义是必要的。在大卫·波特（David Potter）等人看来，民主化是指这样一种政治变革过程，即“由较少负责任的政府到较多负责任的政府；由较少竞争（或干脆没有竞争）的选举到较为自由和公正的竞争性选举；由严厉限制人权和政治权利到较好地保障这些权利；由市民社会只有微弱的（或干脆没有）自治团体到享有较充分自治和数量较多的自治团体”。①

波特认为，对民主化的解释主要回答：民主的产生原因或条件是什么？为什么有的国家能够走上民主的道路而有的国家却不能？中外学者提出了多姿多彩的假说，笔者首先综述这些理论假说，然后对它们做一些评论，接着介绍诺斯的制度变迁理论中所蕴含的一种新解释框架的雏形，最后阐述本书对于民主化的解释。

（一）已有的民主化解释②

1. 当代以前的解释

由于民主的产生原因或条件是十分重大的研究课题，从古到今，它已经使无数政治学家为之竞折腰。亚里士多德、孟德斯鸠、卢梭、托克维尔都曾经认真研究过这一课题，并提出了至今仍然值得重视的见解。③ 亚里士多德（《政治学》）认为财富的分配状况、社会阶级（富人、穷人和中间阶级）的相对力量是不同政体的原因，穷人的统治导致民主。孟德斯鸠（《论法的精神》）认为对（财富分配的相对）平等、节俭的热爱有利于民主。他还强调地理和自然环境的影响，他的主要假说是，寒冷的气候有利于自由，而炙热和潮湿的气候导致专制政府和奴役。卢梭（《论人类不平等的起源与基础》）认为，在一个十分小的国家才有可能实现民主。托克维尔（《论美国的民主》）重视民主与平等的关联，同时，他也

---

① David Potter, David Goldblatt, Margaret Kiloh, Paul Lewis (eds.), *Democratization*, Malden, MA.: Polity Press. 1997, p. 6.

② 参见沈友军《当代西方学者关于民主产生条件的研究》，《国家行政学院学报》2002 年第 2 期。

③ 塔图·温汉南（Tatu Vanhanen）总结了他们的研究成果，见 Tatu Vanhanen, *The Process of Democratization: A Comparative Study of* 147 *States*, 1980－1988, Taylor & Francis New York Ins., 1990, pp. 36－47.

强调适合的法律和制度的重要性。

2. 以某种客观的、决定性的变量解释民主化的四种理论

一是现代化解释，以李普塞特（Seymour Martin Lipset）为代表，这一途径强调一系列社会和经济条件，它们或者是与现存的自由主义民主相关联的，或者是为成功的民主化所必需的。李普塞特的论点是：民主关系到经济发展的状况；一个国家越富裕，它准许民主的可能性就越多。[①] 这一论点直接秉承亚里士多德。

二是结构解释，以巴林顿·摩尔（Barrington Moore）及其1966年出版的《民主和独裁的社会起源》为代表，强调有利于民主化的权力结构的变迁。摩尔的结论是，民主发展的主要条件有五个。（1）建立某种均势，避免王权或者土地贵族畸轻畸重的局面出现。（2）向适宜形式的农业商品经济过渡。（3）削弱土地贵族。（4）防止建立针对工农的地主资产阶级联盟。（5）以革命手段粉碎过去，发生一场通向现今时代的声势浩大的运动。[②]

三是进化论解释。这一类解释的代表人物芬兰学者塔图·温汉南引进达尔文的进化论原则来解释政治和政治结构的演进，认为达尔文自然选择的进化理论能够提供一种解释原则。

达尔文的进化论认为，任何物种都有很强的繁殖能力，而自然资源是有限的，基本上是一个固定量，因此，为生存而进行的斗争是不可避免的。政治就是人类这一物种竞取稀缺资源的特有方式，人们夺取权力的目的是为了利用权力获得生存资源。在权力分配状况与资源分配状况的关系方面，资源分配的独立性更强，更加具有自变量的性质，而权力分配更加依赖于资源分配，是一个因变量。作为权力之根源的生存资源的集中导致独裁的政治结构，而同样资源的广泛分配带来权力的分享和民主的可能性。[③] 他具体提出两个

---

① ［美］西摩·马丁·李普塞特：《政治人——政治的社会基础》，张绍宗译，上海人民出版社1997年版，第二章“经济发展与民主”和第十四章中的“民主政治的社会条件”。

② ［美］巴林顿·摩尔：《民主和独裁的社会起源》，拓夫等译，华夏出版社1987年版，第348—349页。

③ Tatu Vanhanen, *Prospects of Democracy*: *A Study of* 172 *Countries*, Routledge: London and New York, 1997, pp. 22-23.

假说：第一，经济、智力和其他权力资源在人口不同部分间的分配，是民主化变量的基本因素；第二，在权力资源广泛分配，任何集团不再能够压制其竞争者或维持其霸权的条件下，民主才会产生。他的假说使我们想起卡尔·A. 魏特夫的结论，后者把民主与多中心社会联系起来，而东方独裁主义起源于国家对生产的战略手段——特别是可耕地和水利灌溉机构——的高度集中。①

温汉南认为，他的民主化假说能够为一些其他假说提供理论解释。② 例如，它能解释经济发展与民主化的关系、教育与民主化的关系等等：经济发展或者教育发展之所以能够促进民主化，是因为它们促进了资源的更加广泛的分配。隐藏在经济发展或教育发展与民主化之间的正向关系的背后的因素仍然是资源分配与民主化之间的关系。

不过，温汉南最终仍回到了现代化取向上来。③ 在他看来，从根本上说，技术的发明和发展是民主化潮流的主要驱动力。因为它导致经济和技术资源在更大范围的分配，从而推动了民主。所以，只要技术不断发展，民主化过程就会继续下去。

四是我国学者李景鹏教授的解释（历史唯物主义解释）。

马克思、恩格斯重视对经济基础的分析，相比之下较少研究上层建筑；而在研究政治上层建筑时，主要精力则放在国体上，相比之下较少研究政体。所以，他们的理论中没有对作为政体形式的民主的产生条件或原因的具体阐述。但是，他们的历史唯物主义方法却能指导我们的研究方向。我国政治学家李景鹏教授"到经济领域中去寻找"约束政府权威、促进民主产生的力量，对民主的产生条件作出了历史唯物主义的解释。他是在分析民主与市场经济的微妙关系时提出这一解释的。民主与市场经济的关系曾经受到查尔斯·林德布洛姆（Charles E. Lindblom）的关注，他发现，世界上实行市

① Karl A. Wittfogel, *Oriental Despotism: A Comparative Study of Total Power*, New Haven: Yale University Press, 1957.

② Tatu Vanhanen, *Prospects of Democracy: A Study of 172 Countries*, Routledge: London and New York, 1997, p. 25.

③ 丛日云：《当代世界的民主化浪潮》，天津人民出版社 1999 年版，第 69 页。

场取向的国家并非都是多头政治即民主的国家，但是民主国家却一定是市场取向的国家。也就是说，市场经济只有在一定的条件下才能与民主相联系。李景鹏教授进一步指出，只有自由市场取向的国家才能建立多头民主制度，因为只有这样的市场制度才能生长出制约权威的力量，才能生长出民主的最核心的价值即自由。①

为什么自由市场经济有利于民主的产生呢？第一，市场是造成约束政府权威的各种规则的主要力量。第二，市场交换环境使人产生一种内在的要求，即对自由的渴求，而民主的历史主要来源于对自由的追求。② 市场交易是一种自愿的互惠行为，这种行为是以参加交易的个人能够自由地处置人们自身以及归自己所有的财富和物品为前提的。这样一个微不足道的事实正是孕育社会和政治自由的最深刻的根源。所以说，政治自由是从贸易自由中生长出来的一种必然的政治要求，而作为自由的根本保障体系的宪法实际上是从市场中生长出来的契约精神的升华。正是这些支撑了民主制度的存在和发展。

3. 以某种主观的、非决定性的变量解释民主化的两种理论

一是转型解释，以罗斯托、奥唐内尔（O'Donnell，Guillermo）及其同事、林茨等为代表，强调政治过程、精英的首创性与选择。转型研究把焦点集中于以社会冲突为特征的历史政治过程，集中于政治精英的选择，即权威主义营垒中的强硬派和温和派、反对派阵营中的机会主义者、温和派和激进派所扮演的角色。政治精英的信念和行动成为最重要的解释性变项。在发表于1970年的一篇论文中，罗斯托宣称，民主的产生有四个必不可少的条件。第一，必须存在着民族认同。第二，必须经过严重的斗争。第三，必须有意识地采用民主的规则。第四，政治家和选民必须习惯于这些规则。③

---

① 李景鹏：《中国政治发展的理论研究纲要》，黑龙江人民出版社2000年版，第305—308页。

② ［美］查尔斯·林德布洛姆：《政治与市场——世界的政治　经济制度》，王逸舟译，上海三联书店1992年版，第236页。

③ Rustow, Dankwart A., "Transition to Democracy: Toward a Dynamic Model", *Comparative Politics*, April, 1970, pp. 350-361.

二是以政治文化作为主要解释变量的文化解释。J. 彭洛克（J. Roland Pennock）认为，政治文化因素是产生民主的必要甚至是充分条件。[①] R. 盖茨梯尔（Raymond D. Gastil）抛弃对民主的社会经济解释，认为民主化主要靠民主观念的扩散。在他看来，适宜的经济条件对民主制度的成功是有帮助的，但是对民主扩散的更长过程来说，它是第二位的因素。他的结论是，在特定国家民主的存在或缺失，“首先是民主及其支持概念传播的相对效果的产物”[②]。

4. *以多种因素的综合来解释民主化的理论（综合解释）*

以上六种解释都是用某一个（类）单一的因素来解释民主化，然而八九十年代以来，更多的学者倾向于综合考虑多种因素的作用，包括经济发展、社会政治经济结构、市民社会的发育、政治精英的战略、政治文化、种族关系、政治制度和政党体制、殖民地遗产、外来影响、国际关系等，来解释民主的产生。为了简便，笔者把这第七种解释称为综合解释。

亨廷顿是综合多种因素的作用来解释民主化的代表，他认为，民主化的原因因地因时而异，企图寻找一个共同的、普遍存在的自变项，并设定这一自变项也许在解释所有民主化中具有重要作用，几乎是注定不会成功的，如果不是同义反复的话。[③] 他认为每一波民主化浪潮的原因都不相同。导致第一波民主化浪潮的主要因素似乎是经济和社会发展，英国殖民地国家的经济和社会环境、西方同盟国在第一次世界大战中的胜利和主要大陆帝国的相应解体。第二波民主化浪潮，在很大程度上，是由西方盟国在第二次世界大战中的胜利和这些民主国家在战后所进行的非殖民化导致的。导致第三波民主化的五个因素是：合法性问题、经济发展、天主教内部的变革以及由此而导致的教会针对威权主义而采取的行动、外国政府或

---

① J. Roland Pennock, *Democratic Political Theory*, Princeton, New Jersey: Princeton University Press, 1979, p. 257.

② Raymond D. Gastil, “The Past, Present, and Future of Democracy”, *Journal of International Affairs*, Vol. 38, No. 2, 1985, pp. 161-179.

③ ［美］亨廷顿：《第三波——20世纪后期民主化浪潮》，刘军宁译，上海三联书店1998年版，第46页。

机构（梵蒂冈、欧洲共同体、美国和80年代末的苏联等）的行动、示范效应或滚雪球。

罗伯特·达尔也提出了一个综合的解释，他列举了对一个国家能否实现民主关系重大的五个条件：

> 民主的关键条件：
> ①军队和警察控制在由选举产生的官员手里；
> ②民主的信念和政治文化；
> ③不存在强大的敌视民主的外部势力；
> 有利于民主的条件：
> ④现代的市场经济和社会；
> ⑤弱小的亚文化多元主义。[①]

（二）对当代的民主化解释的分类、比较和评论[②]

1. 以解释模式为标准

属于科学模式的民主化解释有：现代化解释、结构解释、进化论解释和历史唯物主义解释等。属于释义模式的民主化解释有：转型解释、政治文化解释。民主化的综合解释综合运用了科学模式和释义模式，这是显而易见的。各种民主化解释的优点与缺点根源于其各自的解释模式所固有的优点与缺点，请见第三章的相关论述。

八九十年代以来，综合运用科学模式和释义模式的综合解释被提出，并且占据了优势地位，这不是偶然的；其原因在于人们认识到了单纯的甚至绝对化的科学模式和释义模式的缺陷。综合解释吸收了其他各种解释的研究成果，试图集民主化理论之大成。它深入考查广泛的历史事实，对各波民主化的归纳性的看法也更加符合事实；相比之下，单纯的现代化解释、结构解释、进化论解释、历史唯

---

① ［美］罗伯特·达尔：《论民主》，李柏光、林猛译，商务印书馆1999年版，第155页。

② 参见沈友军《民主化解释：向一种新框架发展》，《天津社会科学》2002年第3期。

物主义解释和单纯的转型解释、政治文化解释就都显得有些偏颇和片面，总会遇到难以解释的民主化事实。

然而，综合解释违背了理论建构的要求。科学理论追求普遍性的结论，它必须“是全称陈述”①。除了“每一波民主化浪潮的原因都不相同”这类否定普遍性解释的全称陈述之外，亨廷顿得不出其他全称陈述。然而，正如亨廷顿五年后在其另一名著②中所说的那样：③ 如果我们想要认真地对世界进行思考，并有效地在其中活动，某种简化现实的图画、某种理论、概念、模式和范式就是必要的。正如威廉·詹姆斯所说，如果没有这样的思想产物，就只有“一团乱七八糟的混乱”。

综合解释所缺乏的就是“某种简化现实的图画、某种理论、概念、模式和范式”，其结果就是“一团乱七八糟的混乱”。

2. *以研究战略为标准*

（1）对两种研究战略的阐述

泽沃斯基（Adam Przeworski）认为，解释民主化的战略（strategies of research）有两类：宏观取向和微观取向。④

宏观取向的研究注重探寻客观条件，例如经济和社会（如社会结构）条件，使用决定论的语言，摩尔的《民主和独裁的社会起源》是其代表。微观取向的研究把注意力集中于政治本身而不是政治之外的东西（如经济、社会条件），集中于政治行为者及其战略，强调利益和洞察力，把问题看成是关于（在具体的历史条件下的）可能性和选择的问题，罗斯托、林茨的研究具有代表性。普利汉姆

---

① ［英］波普尔：《科学发现的逻辑》，查汝强、邱仁宗译，沈阳出版社 1999 年版，第 41 页。

② 亨廷顿出版《第三波——20 世纪后期民主化浪潮》是 1991 年，这里所说的另一名著是 1996 年出版的《文明的冲突与世界秩序的重建》。

③ ［美］塞缪尔·亨廷顿：《文明的冲突与世界秩序的重建》，周琪、刘绯、张立平、王圆译，新华出版社 1999 年版，第 9 页。

④ Adam Przeworski, “Some Pproblems in the Study of the Transition to Democracy”, see O'Donnell, Guillermo, Schmitter, Philippe C., and Whitehead, Laurence (eds), *Transitions from Authoritarian Rule: Prospects for Democracy*, Baltimore and London: The Johns Hopkins University Press, 1986; Pridham, Geoffrey (ed.), *Transitions to Democracy: Comparative Perspectives from Southern Europe*, Latin America and Eastern Europe Dartmouth, 1995, “Introduction”.

(Geoffrey Pridham) 对于研究途径的分类也和泽沃斯基相类似。[①]

(2) 以研究战略为标准对已有的民主化解释的分类、比较和评论

属于科学模式的民主化解释全部属于宏观取向:现代化解释、结构解释、进化论解释和历史唯物主义解释等;属于释义模式的民主化解释也大都属于宏观取向:例如政治文化解释;连民主化的综合解释也基本上采取宏观取向。只有转型解释是微观取向。

泽沃斯基认为,两种研究战略都难以让人满意。对于宏观取向的研究,泽沃斯基有两点批评,一是客观条件最多只是对在具体的历史情境下可能发生的事件构成了约束,它不可能决定这种历史情境的结果。二是这种研究战略还存在着认识论上的缺陷:局限于实际发生的事件的理论不是理论,而是描述。微观取向的研究把政治转型看成是在种种可能性中作出的选择的结果,它正确地把客观条件只是作为一种约束,然而它远远没有成功地断言它们是哪些约束条件。但是,如果必须在两种战略中选择一种的话,泽沃斯基将选择微观取向的研究战略,这仅仅是因为它的实用性。泽沃斯基对于两种取向特别是宏观取向的批评是中肯的。

结合泽沃斯基的批评,本书的任务是,提供一种民主化解释,它能将宏观取向与微观取向两种研究战略的优点结合起来,以微观取向为基础,同时又能指出作为约束条件的种种客观条件;或者说,它能够为宏观历史提供微观基础。

为宏观解释建立微观基础是当代社会科学的一个大趋势。当代西方经济学试图为宏观经济学建立微观基础,把微观与宏观两个板块的经济学结合起来。[②] 新制度经济学家道格拉斯·C. 诺斯也将制度变迁的宏观历史与新古典微观经济学整合起来,并获得成功。[③]

---

① Geoffrey Pridham (ed.), *Transitions to Democracy: Comparative Perspectives from Southern Europe*, Latin America and Eastern Europe Dartmouth, 1995, "Introduction".

② [美] 斯蒂格利茨:《经济学》,姚开建等译,中国人民大学出版社 1998 年版,"译者序"。

③ [美] 道格拉斯·C. 诺斯:《制度、制度变迁与经济绩效》,刘守英译,上海三联书店 1994 年版。

政治学的发展也有这一趋势，邹谠的《二十世纪中国政治：从宏观历史与微观行动的角度看》[①] 就具有代表性。

3. *以逻辑方法为标准*

在当代的民主化理论中，明显地以归纳法为主要发现和论证方法的有：现代化解释、结构解释、综合解释等三种；明显地以“假说—演绎”法为主的有：进化论解释、历史唯物主义解释。

（三）一种具有更多综合优势的民主化解释框架雏形

综上所述，如果一种解释框架能够在解释模式方面吸收科学模式和释义模式的优点，避免两种模式的缺点，采用理性选择模式；在研究战略上能够吸收宏观取向和微观取向的优点，为宏观理论找到微观基础；并且，在逻辑方法上能够采用“假说—演绎”法，那么，它很可能是一种具有更多综合优势的民主化解释框架。这样一种明显符合上述三种要求的新框架的雏形已经出现了，它被包含在诺斯的制度变迁理论中。[②]

制度的功能在于降低不确定性，促进某些组织之间的政治交换或者经济交换。“制度”包含政治制度，[③] 制度变迁理论因此也包含政治制度变迁理论。制度变迁既可能向更加有效[④]的方向发展，也可能变来变去仍然被锁定在无效的状态。我们可以推论，一个独裁的政治制度在降低政治交换的不确定性程度、促进政治组织及其企业家之间的政治交换上会比民主制度更加低效，因此从独裁向民主的变迁是一种积极意义上的政治制度变迁，是政治制度变迁中的最值得我们重视的变迁。而促进这一进步的变迁的原因或条件也就是

---

① 《二十世纪中国政治：从宏观历史与微观行动的角度看》一书由（香港）牛津大学出版社 1994 年出版。

② 对于这一理论的系统批评见林岗、张宇主编《马克思主义与制度分析》，经济科学出版社 2001 年版。

③ ［美］道格拉斯·C. 诺斯：《制度、制度变迁与经济绩效》，刘守英译，上海三联书店 1994 年版，第 64 页。

④ 在多数情况下，诺斯是从经济绩效的视角谈“有效”或“无效”的，但是，我们也可以讨论政治制度的“有效”或“无效”，有效（或无效）的政治制度其有效（或无效）性体现在降低政治交换的不确定性程度，促进政治组织及其企业家之间的政治交换上。

民主化的原因或条件。本书第二章已经介绍了诺斯的制度变迁模型，此处不再赘述。

（四）本书的解释

1. 原生民主化和次生民主化的共同原因

有必要区分原生民主化和次生民主化。原生民主化指的是没有受到外界的民主国家的影响，自发地产生的民主化，例如英国的民主化历程。次生民主化则相反，指的是受到外界已经存在的民主国家的影响而发生的民主化，大多数国家的民主化都属于次生民主化。之所以要区分原生民主化和次生民主化，是因为民主化一旦在某一个国家自发地发生了，而且民主巩固了，如果信息技术水平达到一定程度，那么仅仅是这一原生民主化国家的存在，就会对后来其他国家的民主化过程产生巨大的促进作用，而原生民主化就没有得到这种促进作用的帮助。

不过，不论是原生民主化还是次生民主化，也不论是古代的民主化还是现代的民主化，只要是从非民主政治走向民主政治（民主化），就一定有共同的原因。对所有民主化的共同解释如下。由于处于被统治地位的某一部分人之间的政治交易费用降低，他们成功地发起反抗（革命）。革命之后若建立非民主政治，另外的某一部分人之间的政治交易费用仍然比较低，他们又可以成功地发起反抗。总之，这个社会处于这样的一种状况中：人数足够多的某一部分被统治者与革命家之间的政治交易费用总是比较低，这使得任何人的独裁统治都无法得逞。在“万般无奈”之下，一种由这些政治交易费用比较低的人们共同统治的政体就建立和巩固起来。至于那些政治交易费用比较高的人，则仍然会处于被统治、没有权利、受到掠夺的状态。民主权利是靠自己争取来的，一般来说，没有什么救世主会把它赠送给无意、无力争夺它的人。

2. 少数公民的民主为什么会逐步扩展为多数公民的民主

原生民主化国家的民主一般不会是全体社会成员都有权享受的，但是，民主一旦诞生，它就必然地逐步向下扩展，或者说，越来越多的处于被统治、没有权利、受到掠夺的状态的子民会获得民主权利。其中原因是这样：社会中那些与获得了民主权利的少数公民最经常接触的子民会最先产生民主要求，他们看到了民主权力的好处。而且，也看到拥有该权利的公民在能力、知识等各方面和自己并没有多大的差别；于是，这些子民会产生这样的意识：那些公民能够享受民主，为什么我们不能？只有少数人拥有民主权利的国家的意识形态不可能是根本上反民主的意识形态，例如，该意识形态不可能论证说，某个人或某个家族从神那里获得了独裁权利，它最多只能说，某群人因为由某种标准（如财产、种族等等）来划分的社会地位优越或进步，所以有权享受民主权利。而最重要的原因是，已经拥有民主权利的公民或其代表比较容易选择和平手段或者说谈判方法或交易方法来解决内部的甚至与外部团体之间的政治争端，因为暴力镇压的手段带来的好处平均分配给全部拥有民主权利的公民，每个公民能够得到的好处就大大减小了。这就大大地降低了子民们发起和平地要求民主权利的运动的成本：即使失败了，一般也没有生命危险。

在民主逐步向下扩展的过程中，可能会出现这样的局面：一部分子民在议会外和平地要求得到民主权利，一部分代表某些已经拥有民主权利的公民的议员在议会内予以响应，提出给予该部分子民民主权利的议案，这些议员所属的党很可能在此刻属于议会内的少数党，他们盘算着，这些子民一旦获得民主权利，很可能会感激地投票支持该党，从而增大了该党成为执政党的机会，符合该党成员的短期利益；虽然扩大选民范围不符合他们的长远利益，但是，在某些特别的时刻，只要他们对短期利益的偏好强于对自身长远利益的偏好，他们是会“饮鸩止渴”的。亨廷顿说：“在野党显然具有动员新的投票人参与政治以便挫败对手的动机。”① 议会内的多数党（或执政党）一般不愿意扩大选民范围，因为这有可能使该党变成议会内的少数党，失去执政地位。但是，如果议会外的子民人数多到一定程度，其抗议力量大到一定程度，继续抵制扩大选民范围的

① ［美］塞缪尔·P. 亨廷顿：《变化社会中的政治秩序》，王冠华等译，生活·读书·新知三联书店 1989 年版，第 398 页。

成本就会增加到一定程度，并终于达到某一点，在这一点上，赞同扩大选民范围，将抗议着的子民吸收为选民，是收益大于成本的。尤其是，新选民其实也可能会感激多数党的支持而投票给原多数党。绝大部分选民都是理性经济人，他们只是根据各政党能够为他们带来的利益和税负的多少来决定如何投票，所以，新增加选民之后，这些选民到底会投谁的票，具有很大的不确定性，各党都可以公平地竞取。

符合上述情况的事实很多，例如古代罗马获得公民权的人数逐步增加的过程，英国民主的逐步扩大的过程等。

3. 解释次生的民主化

科学技术不断地前进着，特别是原生的民主政治因为比较好地保障了知识产权而大大地刺激了科技进步。科技进步降低了“国际”交流的成本，使得国家间的交流成为可能，人类的视野扩大，人类世界越来接近成为一个“地球村”。现代科学（如天文学、生物学等等）、原生的民主政治的存在和繁荣都冲击着非民主政治的意识形态，前者冲击着意识形态中的自然科学部分，后者冲击着意识形态中的社会科学部分。例如，如前文所述，借助于信息传播技术，天文学增加了人们对天体运动规律的认识，有助于破除对于天上神仙的迷信思想；生物学增加了人们对于人类自身的进化发展规律，有助于破除上帝造人之类的思想。同时，民主政治的存在和繁荣丰富了人们对于政治规律的认识，有助于破除对于非民主政治的认同。结果是子民的不确定性程度不断降低。

随之而来的是一部分子民与某些政治企业家之间的政治交易费用不断降低，终于使这个社会处于这样的一种状况中：人数足够多的某一部分被统治者与革命家之间的政治交易费用总是比较低，这使得任何人的独裁统治都无法得逞。在“万般无奈”之下，一种由这些政治交易费用比较低的人们共同统治的政体就建立和逐步巩固起来。自然科学技术加上对于民主政治的一定程度的正确理念或认识，使得现代的独裁大国的政治交易费用状况和古代的“小国寡民”的政治交易费用状况变得相同了，这就是表面看来无比复杂的第一、二、三波民主化浪潮的基本原因。

4. 一个预测

当代世界仍然有许多国家的政体是各种形态的独裁政体，它们都会转型为民主政体吗？如果在这些国家中，关于民主政治的知识的扩展、传播速度赶得上自然科学技术的发展速度，如果自然科学技术没有被独裁者用来增加子民的不确定性，或者，虽然它被这样使用，但是，自然科学技术对于非民主政治的负面影响还是远远大于正面影响，子民总的不确定性程度还是不断降低，那么，这些国家都会发生次生的民主化转型。

三　一个规范性结论：自由地发展和传播政治知识

（一）科学的政治知识[①]的重要性

自然科学技术的现代化既可能促进民主化，也可能导致更加严重的独裁。它只是人类的工具，而且很可能首先为独裁者所充分利用。一个政治知识相当落后、反动的国家，如果拥有先进的自然科学技术，如果统治者能够实施思想独裁，那么，子民对于自身的真正利益难以认识清楚，他们的不确定性程度将会很高，有利于民主化的共识将难以形成，政治交易费用会提高。自然科学技术的现代化与严密的思想独裁和恐怖相结合，会产生极权主义独裁。自然科学技术只有与具有民主性质的政治知识结合起来，才能促进民主化。

人们对于自然科学技术的重要性很容易理解，随着时代的前进，人们的理解越发加深了；但是对于科学的政治知识的重要性很难理解，随着时代的前进，人们的理解越发落后了。亚里士多德时代，人们能够认识到，政治学是一切学问中最高的、最重要的学

① 科学的政治知识至少应该满足如下条件：第一，其研究者应该遵循现代科学哲学的要求来从事其工作；第二，所有这些知识中的实证知识部分都应该随时准备接受证伪性检验；第三，研究者在提出实证性理论时，应该尽可能做到价值中立。我们可以说，一般来说，在一个竞争比较充分的、没有思想独裁的知识市场中，科学的政治知识比较容易产生和进步，比较容易具有促进民主的性质。

问，现在人们还这样看吗？“科学技术是第一生产力”，这里，人们主要想到的是自然科学技术。

科学的政治知识是一种公共物品，这使问题进一步加剧。从消费的角度来看，公共物品不具有排他性，不能排除他人消费，因此，公共物品的供给者就得不到消费者应付的报酬，公共物品天然地会出现供给不足问题。而某些具有实施独裁统治潜力的理性经济人会十分欢迎这种局面，他们会主动加剧科学的政治知识供给不足的问题，然后充分地利用这一局面。所以，现代社会（包括民主社会）的危机在于公民对于科学的政治知识重要性的认识不足、公民政治知识的缺乏、公民对于政治的冷漠心理、政治知识的供给不足。

如果要防止出现政治知识的严重供给不足局面，如果要发展和巩固民主政治，那么，（1）对于一个热爱民主的政府来说，无论在什么情况下都要保持学术、思想、言论的自由[①]，政府应该无条件地资助大学，由各大学自主地发展各门人文社会科学。孟德斯鸠说：“要享受自由的话，就应该使每一个人能够想什么就说什么；要保全自由的话，也应该使每一个人能够想什么就说什么。”[②]（2）对于非民主政治中的真正追求民主的政治家——当然，按照本书的理论，事实上只会有同样是理性经济人的革命家，不会有纯粹意义上的为部分或全部子民争取民主权利的人——来说，首要的行动是进研究室，研究政治学知识；在得到比较科学的政治知识之后，要下大功夫传播它们，使多数子民掌握它们；最后，就像采摘成熟的桃子那样去采摘“民主”这颗果实。如果独裁者实施思想独裁，那么，传播这些政治知识就会遇到很大困难，这种状况表明，民主化历程会更加漫长，研究和传播工作会更加艰巨，热爱民主的政治家们要下更大的功夫来做政治知识的研究和传播工作。

（二）来自波普尔的“世界3”理论的支持

在本书的理论中，政治知识（包括意识形态）的功能在于影响

---

① ［法］德里达等：《大学、人文学科与民主》，《读书》2001年第12期。

② ［法］孟德斯鸠：《论法的精神》（上册），张雁深译，商务印书馆1993年版，第322页。

不确定性程度，从而影响政治交易费用水平和独裁成本，最终影响政治发展；它的重要性得到了高度的强调。不仅在解释极权主义、民主化浪潮时如此，而且，在上一章中，在本书解释非民主政治的东西之别时，本书也强调了古代希腊、罗马时代产生的具有民主性质的政治知识对于后来的西方世界的政治影响。相信读者能够进一步联想到文艺复兴运动对于近代西方政治发展的意义。

人类知识现象无疑是我们所处的宇宙中最伟大的奇迹，它的存在本身即构成一个并非很容易解决的问题。笔者认为，介绍一下波普尔的“世界3”理论，能够加深读者对于政治知识的重要性的理解，因为该理论会告诉我们，作为“世界3”的成员之一，政治知识具有客观性、实在性和自主性，“它对我们的反作用与我们物理环境对我们的反作用一样大，甚或更大”①。

“世界3”是这样划分出来的。波普尔说：

> 如果不过分认真地考虑“世界”或“宇宙”一词，我们就可区分下列三个世界或宇宙：第一，物理客体或物理状态的世界；第二，意识状态或精神状态的世界，或关于活动的行为意向的世界；第三，思想的客观内容的世界，尤其是科学思想、诗的思想以及艺术作品的世界。②

第一个世界叫作“世界1”，是物理世界或物理状态的世界，由物理上的对象及状态组成的世界。“世界2”是意识的世界，是精神世界或精神状态的世界，是存在于大脑中的精神活动的世界，这也是我们所体验的世界。这里属于意识的状态，心灵的状态。因为波普尔并没有否定人类以外的动物拥有低层次意识的可能性，所以

① ［英］卡尔·波普尔：《无尽的探索：卡尔·波普尔自传》，邱仁宗译，江苏人民出版社2000年版，第197页。

② ［英］卡尔·波普尔：《客观知识——一个进化论的研究》，舒炜光等译，上海译文出版社2001年版，第114页。

"世界2"并不限于人类。[①]"世界3"是概念东西的世界，即"客观意义上的观念的世界"[②]，是由"世界2"产生出来的、拥有智慧产物的、有客观内容的世界。此处所谓的"客观内容"是什么意思呢？举例子来说，当某种科学上的理论用英语也好，用汉语也好，用其他语言也好都能表达的时候，其被表达出来的内容就是客观内容，作为"世界3"的存在物，它必须是能被解读、能被理解的东西。例如，记载于软盘中的数据，只有在使用计算机时能由"世界2"解读的情况下，才是"世界3"的存在物。客观知识是由说出、写出或印出的各种陈述所组成，如科学知识是由问题及其境况、假说、论据等组成。在波普尔这里，"客观的"不是指康德所说的可证明的、不依赖于任何人的意念而存在的，而只是指非私人的，可在主体间相互检验的。[③] 在"世界3"的成员中，尤为突出的成员是理论体系，但同样重要的成员还有"问题"和"问题境况"。波普尔说，"世界3"的最重要的成员是"批判性辩论"（可以称为"讨论的状态"或"批判辩论的状态"）和期刊、书籍和图书馆的内容。[④]

"世界3"客体具有客观性。与"世界2"的思想过程不同，"世界3"的思想内容是抽象的客体，而不是具体的；它们处于彼此之间的逻辑关系之中，而不是联系着大脑过程。"世界3"的客体可以通过批判而得到改进，它可以引起人们去想、去做。知识的客观意义可与蜜蜂酿的蜜相类比。（1）它们是产品，人类生产知识好比蜜蜂酿蜜。（2）它们可贮存，知识贮存在书本或图书馆中，好比蜂蜜贮存在罐子里。（3）它们可供消费，自己的产品可供同类消费，自己可以消费同类生产的产品。（4）产品生产者也是产品的消费者，生产知识和理论者也是知识和理论的消费者。这就是说，知

① ［日］小河原诚：《波普——批判理性主义》，毕小辉、徐玉华译，河北教育出版社2001年版，第271页。

② ［英］卡尔·波普尔：《客观知识——一个进化论的研究》，舒炜光等译，上海译文出版社2001年版，第164—165页。

③ 王晓林：《证伪之维——重读波普尔》，四川人民出版社1998年版，第86页。

④ ［英］卡尔·波普尔：《客观知识——一个进化论的研究》，舒炜光等译，上海译文出版社2001年版，第115页。

识像蜂蜜一样是客观的。

“世界 3”是人造的，但是它一经出现，就有了某种程度的自主性。所谓自主性，是指“世界 3”客体的独立存在或不可还原性。我们可以发明一个理论，它可能有（而且在一个卓越的理论中总是会有）一些意想不到的、预见不到的后果。例如，人们发明了自然数，但是素数是我们发现的。它就在那里，我们不能改变它。它是我们的发明的一个意想不到和预见不到的后果。并且它是一个必然的后果：我们不可能回避它。因而像素数、平方数以及许多其他的东西是由“世界 3”本身“产生的”，无须我们的进一步帮助。就此而言，可以说“世界 3”是“自主的”。“世界 3”一旦存在，就开始有自己的生命和历史。实际上，客观知识世界大部分是实际出版了的书籍和已提出的论据的意外副产品，连作为“世界 3”客体的语言本身也是为了其他目的而活动的意外副产品。[①] 政治学专业的同人都应该能够理解这一点，因为我们都清楚柏拉图、亚里士多德、洛克、孟德斯鸠、卢梭、《联邦党人文集》的作者、马克思和恩格斯、孔子的思想理论的生命和历史。

“世界 3”又具有实在性。“世界 3”的实在性不仅在于它们能以“世界 1”的方式物质化或具体化，而且在于它们可引导人们去生产其他“世界 3”客体，并作用于“世界 1”。关于“世界 3”的实在性的判定标准，主要在于相互作用，特别是与“世界 1”之间的相互作用。波普尔声称，一个东西与“世界 1”的相互作用（即使是间接的）乃是称其为实在的决定性论据。换句话说，凡是实在的东西，就直接或间接地对物理客体具有因果作用，特别是具有某种事出有因的效果。物理世界的客体——例如物理力、力场——彼此相互作用，所以，“世界 1”是实在的。“世界 2”由于与我们的身体相互作用，因而是实在的。“世界 3”对“世界 2”的作用是直接的，而对“世界 1”的作用则是间接的。“世界 3”通过“世界 2”而对物理客体发生有效作用，所以，它们也是实在的。“世界

① 舒炜光：《知识论中的反传统——〈客观知识〉中译本序》，载［英］卡尔·波普尔《客观知识——一个进化论的研究》，舒炜光等译，上海译文出版社 2001 年版。

1”、“世界 2”能够直接地相互作用，“世界 2”、“世界 3”能够直接地相互作用。“世界 2”是另外两个世界的中介。

柏拉图是最早发现第三世界的人，但是柏拉图的第三世界是神圣的、不变的，它与波普尔的人造的、可变的“世界 3”有根本差别。此外，柏拉图的绝对理念要提供一种终极解释，而波普尔的客观知识本质上是猜测性的。黑格尔的“客观精神”和“绝对精神”与波普尔的“世界 3”也有重要区别，前者的实体化的客观精神或这个世界的神圣的自我意识推动着人，而后者的“世界 3”却是人创造出来的；前者的客观精神不仅是有意识的，而且是自我，后者的“世界 3”则与人的意识毫无相似之处，它根本不同于主观意义上的思想。柏拉图和黑格尔都企图以他们的绝对理念世界来统一整个世界，他们的哲学都是唯心主义一元论的，而波普尔则主张多元论哲学，认为“世界至少包括三个在本体论上泾渭分明的次世界”①。

了解“世界 3”理论，对于本书来说具有如下意义：（1）有助于理解政治知识的重要功能，从而有助于理解古代希腊和罗马的政治知识对于西方乃至全世界政治史的作用、古代非民主政治的东西之别、极权主义的产生原因和当代的民主化浪潮。（2）有助于理解思想自由和学术自由的功能以及运用某种意识形态搞思想独裁的危害性。“……竞争着的理论，以争论的方式相互批判，所有这些都是科学发展不可缺少的手段。……科学家试图消除他们的错误理论，他们试图让错误的理论死亡从而保存自己。信仰者，无论是动物还是人，则带着他的错误信仰而死去。”②（3）有助于理解传播政治知识（“世界 3”的重要成员）的重要性。“世界 3”只有通过“世界 2”（人的精神状态）才能作用于“世界 1”。每当比较科学或进步的政治知识与人民群众（“世界 2”）结合起来时，就会出现政治发展。（4）有助于理解本书的规范性建议，即自由地发展和传播政治知识。

---

① ［英］卡尔·波普尔：《客观知识——一个进化论的研究》，舒炜光等译，上海译文出版社 2001 年版，第 164 页。

② 同上书，第 130—131 页。

结 论

本书的任务：第一，从方法论的角度寻找政治学落后于某些其他社会科学（例如经济学）的原因，提出符合“科学”要求的政治科学方法论要点。第二，运用新方法论从事一项具体研究，即保留公共选择理论的理性经济人假设，但将其背景假设由西方民主政治改为非民主政治，从而建立一个非民主政治的经济学理论，以展示新的方法论的卓越功能。第三，检验该理论，即运用它解释如下种类差别巨大、时空范围广泛的事实：（1）为什么古代东方的非民主政治和西方的非民主政治有巨大差别（东西之别）？（2）为什么古代的非民主政治和现当代的非民主政治有巨大差别（古今之别）？这个问题可以细化为两个问题：①到了现代时期，在发达的资本主义国家德国和意大利为什么会产生极权主义独裁？②现当代时期，为什么大量的非民主国家开始民主化？（3）生产力水平低下的原始社会为什么有民主？而生产力水平比原始社会高的大多数奴隶社会、封建社会为什么没有民主？然而，为什么古代雅典城邦、罗马共和国又有民主？

本书的假说：只要有一个人认为独裁成本小于独裁收益，他就会努力建立非民主统治。关键在于独裁成本的大小以及能否建立非民主政治，这取决于子民与革命家之间的政治交易费用是否足够低，以致能够达成足够的联合。政治交易费用又决定于子民的不确定性程度。在自然科学技术（特别是信息技术）落后的古代，“国土”大小、人口多少、人们的空间距离等因素是影响不确定性程度的重要因素。近代以来，信息技术发达起来，它与不同的人文社会科学知识（政治知识）相结合就决定着不同的不确定性程度。如果它与高度独裁性的政治知识结合，独裁者又能实施思想独裁，就可能产生极权主义；如果它与民主性的政治知识结合，就会出现民主化。

本书的规范性结论：由于政治知识是波普尔所说的“世界3”的重要成员，具有客观性、实在性和自主性，影响着不确定性、政治交易费用和独裁成本，因此本书的规范性结论是，热爱民主的政府和人士应该自由地发展和传播科学的政治知识。

本书的主要创新：第一，以科学哲学为基础，概括了进步的政治科学方法论要点，并且运用它从事具体的科研实践，解决了较多的理论问题，提出了普遍性、原理性、演绎性、体系化的假说或理论，告别了政治科学只有板块结构的历史。第二，提出并检验了一个解释范围和精确度超过同类理论的非民主政治的经济学理论。由于新中国成立以前的历史是漫长的非民主政治的历史，所以，这项研究也可以看成是将西方的公共选择理论“本土化”的工作。本书把经济学方法的应用范围从交易政治学推广到非交易政治学，有助于使它建成一个“政治的经济学理论”，而不再仅仅是“民主政治的经济学理论”。本书为新制度经济学发展了一个政治制度变迁理论，其中，意识形态成为内生变量。本书的“政治科斯定理”没有把（经济领域中）资源配置的效率标准赋予政治科斯定理，相反，我们赋予它的标准是政治权利配置的平等标准。这是本书对于新制度经济学已有的政治科斯定理的突破。

一　政治科学方法论的革新

本书认为，政治学能够成为科学，即政治科学。[①] 新的政治科学方法论的要点总结如下：（1）面对“事实—价值”的问题，政治学一要将实证研究与规范研究区分开来，防止混淆；二要将实证研究作为规范研究的基础。（2）面对“归纳问题”，政治科学需要抛

① 政治学的另一组成部分是政治哲学。

弃对描述和归纳的沉迷（当然，不一定完全放弃归纳思维），必须端正对“实证研究”的认识。实证研究分为两类：理论实证和经验实证。理论实证包括两个主要阶段：即从现实中概括抽象或“创造抽象”出所研究内容的基本关系或基本假设条件的阶段；以此为基础或出发点进行逻辑演绎的阶段。理论实证的过程可以说是一个“假说—演绎”的过程，它是实证研究过程的第一个阶段。[①] 第二阶段才是经验实证阶段，后者就是对理论实证阶段得到的理论假说及其推论进行经验检验的过程。今天的“政治科学”的“实证研究”缺乏理论实证，其经验实证类似于无的放矢，难怪沦为资料的堆积。政治科学的出路在于按照上述规矩进行实证研究，目前尤其要注意做好理论实证研究。（3）政治科学需要放弃对“内在本质”的探索，而将这一任务交给政治哲学。政治科学需要摆脱神学和形而上学阶段，进入实证阶段，满足于在波普尔证伪主义哲学的指导下“庸俗”地探索现象之间的一致关系，就像“庸俗”的新古典经济学那样。（4）在解释模式上，政治科学可以考虑接受理性选择模式。

二 非民主政治的经济学理论

区分交易性政治和非交易性政治，对于非交易性政治中的统治者与被统治者之间的关系和行为，抛弃交易政治学分析，而采用成本—收益分析方法加以分析，这是本书对于公共选择理论、新制度经济学的突破之一。这一突破为运用经济学方法分析非民主政治打开了大门。

但是，一般来说，非民主政治中的子民与革命家之间的关系还是交易关系，这里才是交易政治学继续适用的领域。这是本书对于公共选择理论的第二个突破。这一突破改变了非民主政治的经济学理论的重点，也就是把重点分析内容从统治者与子民之间的关系转

① 陈宪主编：《经济学方法通览》，中国经济出版社 1995 年版，第 228 页。

到了子民与革命家之间的关系。

总的来看，关于子民与革命家之间的交易政治学分析、关于独裁者与其子民的非交易性关系的成本—收益分析在本书中被整合到一个大的框架中来了。另外，本书的问题源于公共选择理论，然而解决方案中却借鉴和发展了大量的新制度经济学的成果；实际上，本书是把新政治经济学的这两支整合到一个理论框架中来了，这个理论就是本书提出的“非民主政治的经济学理论”。

如果子民与革命家之间的交易能够以零成本顺利地进行，那么任何非民主政体都不能存在，政治权利的配置将会是平等的，不管其初始配置状况如何都会如此。这就是本书提出的政治科斯定理。本书没有把（经济领域中）资源配置的效率标准赋予政治科斯定理，相反，本书赋予它的标准是政治权利配置的平等标准，这是本书对于新制度经济学已有的政治科斯定理的突破。这一突破使得新制度经济学方法对于政治制度的分析转移了重点，即从关注经济领域的效率转向关注政治领域的权利和权力配置。

由这一政治科斯定理也可做出推论：如果一个政体是非民主的，那么，其存在原因一定是该政体下子民与革命家的政治交易费用（如无特别说明，政治交易费用即指子民与革命家之间的政治交易费用）高过了某一程度。本书正是因此将重点转向政治交易费用状况的。

本书的假说惊人地简单：非民主政治之所以产生和维持，是因为政治交易费用高于一定程度，使得子民与革命家难以达成足够的联合来推翻现行统治者，独裁成本因此比较低；它如果发生转型，也就是民主化，是因为政治交易费用下降到一定程度了，独裁成本因此比较高，以致无论怎么努力也不可能建立和维持非民主政治，民主政治就产生和维持下来了。

一般来说，政治交易费用取决于子民与革命家的不确定性程度。关键问题在于，打算接受经验事实的检验的综合性的命题必须明确地指出：是哪些因素影响着不确定性从而影响着政治交易费用？

本书的假说指出，在自然科学技术（特别是信息技术）落后的时代，例如古代，“国土”大小、人口多少、人们的空间距离等因素都是影响不确定性程度的重要因素。在无国家、无政府的原始社会，“国土”更小，人口更少，人们的空间距离更近，所以不确定性程度比较低；再加上亲密的血缘关系、低下的生产力水平降低了独裁收益，而险恶的外部环境又提高了实施独裁的机会成本。所以原始社会尽管生产力水平低（此时，生产力水平低下甚至还是一个有利于民主的条件），还是有民主。以上所述都是合乎常识，也合乎本书逻辑的判断。古代雅典和罗马为什么有民主？因为其独特地理环境使其能够幸运地拥有“小国寡民”条件，后者有助于降低不确定性。其实，雅典如果不被外部的独裁国家消灭，它也会随着“国土”和人口的扩大而趋向独裁制度的，“提洛同盟”时期的雅典其实在向非民主政治发展；[①] 而罗马的国土和人口扩大之后，民主就被帝制取代了。生产力水平提高了，然而，民主几乎在全世界绝迹了。

雅典与罗马的民主政治为世界留下的最珍贵的遗产是：因为思想和“学术”自由，没有思想独裁，具有民主性质的政治知识就产生了。政治知识是波普尔所说的“世界 3”的重要成员，具有客观性、实在性和自主性，它长期而持久地影响着不确定性、政治交易费用和独裁成本。民主性质的政治知识构成了对于世俗世界的恺撒和屋大维们（打算建立和维持非民主统治的人）的制约，使得古代西方即使进入了非民主政治时代，它们的独裁程度也远远比不上长期实施思想独裁的古代东方专制主义。两者在独裁程度上的极大差别被本书称为古代“非民主政治的东西之别”。本书没有讨论欧洲中世纪的教权统治，其实，它从反面论证了政治知识的功能，思想独裁、镇压异端的教廷因为从政治知识上着手，所以能够建立较高程度的独裁；而文艺复兴也正是从复兴和发展民主性质的政治知识着手的。对比中国近、现代史，就可以看出差距。

在信息技术日益发达的时代，也就是近、现、当代，信息技术

① 参见刘爱兰《世界古代中期政治史》，载史仲文、胡晓林主编《新编世界政治史》（上册），中国国际广播出版社 1996 年版，第 56 页。

与不同的人文社会科学知识（政治知识）相结合就决定着不同的不确定性程度。如果它与高度独裁性的政治知识结合，独裁者又能实施思想独裁，就可能产生极权主义。如果它与民主性的政治知识结合，就会出现民主化；这不仅是对已经发生的民主化浪潮的一个解释，而且也是对未来的一个预言。极权主义和民主化都是古代非民主政治所没有的，所以本书称之为“非民主政治的古今之别”。

本书的模型可以图示如下：

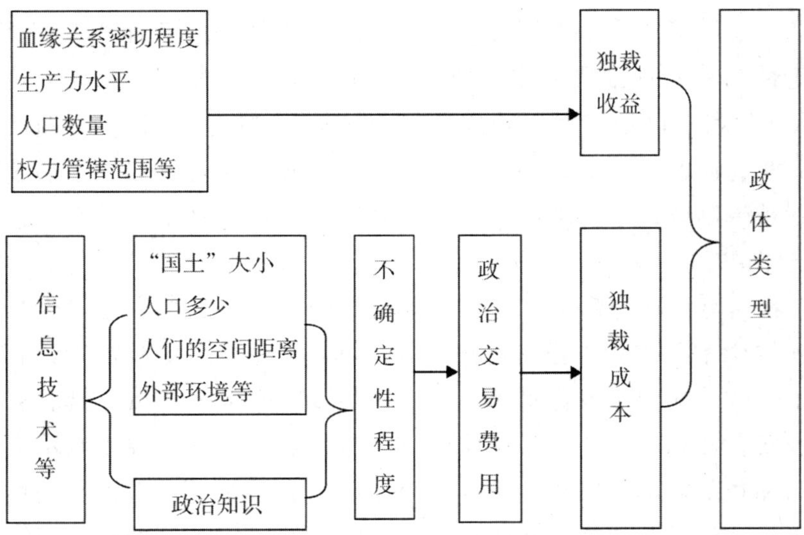

三　规范性结论

鉴于人类虽然热爱民主，但是也不愿意回到原始社会时期，又不可能（再）拥有古代雅典和罗马的“小国寡民”条件；鉴于信息技术即使在非民主政治中也会（虽然速度比在民主政治中慢）增长；鉴于科学的政治知识能够降低不确定性和政治交易费用，提高独裁成本，促进民主化，本书提出如下规范性建议：

要防止出现政治知识的严重供给不足局面，发展和巩固民主政治：（1）对于一个热爱民主的政府来说，无论在什么情况下都要保持学术、思想、言论的自由，① 政府应该无条件地资助大学，由各大学自主地发展各门人文社会科学。孟德斯鸠说："要享受自由的话，就应该使每一个人能够想什么就说什么；要保全自由的话，也应该使每一个人能够想什么就说什么。"② （2）对于非民主政治中的真正追求民主的政治家——当然，按照本书的理论，事实上只会有同样是理性经济人的革命家，不会有纯粹意义上的为部分或全部子民争取民主权利的人——来说，首要的行动是进研究室，研究政治学知识；在得到比较科学的政治知识之后，要下大功夫传播它们，使多数子民掌握它们；最后，就像采摘成熟的桃子那样去采摘"民主"这颗果实。如果独裁者实施思想独裁，那么，传播这些政治知识就会遇到很大困难，这种状况表明，民主化历程会更加漫长，研究和传播工作会更加艰巨，热爱民主的政治家们要下更大的功夫来做政治知识的研究和传播工作。

---

① ［法］德里达等：《大学、人文学科与民主》，《读书》2001 年第 12 期。

② ［法］孟德斯鸠：《论法的精神》（上册），张雁深译，商务印书馆 1993 年版，第 322 页。

参考文献

（一）中文文献

1.［冰］思拉尔·埃格特森：《新制度经济学》，吴经邦等译，商务印书馆 1996 年版。

2. 陈宪主编：《经济学方法通览》，中国经济出版社 1995 年版。

3. 陈祥超等：《法西斯运动和法西斯专政》，中国青年出版社 1999 年版。

4. 陈振明主编：《政治学》，中国社会科学出版社 1999 年版。

5.《辞海》，上海辞书出版社 1985 年版。

6. 丛日云：《当代世界的民主化浪潮》，天津人民出版社 1999 年版。

7.［德］Hannah Arendt：《极权主义》，蔡英文译，（台湾）联经出版事业公司 1982 年版。

8.［德］阿道夫·希特勒：《我的奋斗》，陈式译，（台湾）文国书局 1984 年版。

9.［德］爱因斯坦、［波］英费尔德：《物理学的进化》，周肇威译，上海科技出版社 1962 年版。

10.［德］恩格斯：《法德农民问题》，载《马克思恩格斯选集》第 4 卷，人民出版社 1972 年版。

11.［德］恩格斯：《反杜林论》，人民出版社 1970 年版。

12.［德］恩格斯：《家庭、私有制和国家的起源》，载《马克思恩格斯选集》第 4 卷，人民出版社 1972 年版。

13.［德］恩格斯：《论俄国的社会关系》，载复旦大学法律系国家与法的理论、历史教研组编《马克思恩格斯论国家和法》，法律出版社 1958 年版。

14. ［德］恩格斯：《1853 年 6 月 6 日给马克思的信》，载复旦大学法律系国家与法的理论、历史教研组编《马克思恩格斯论国家和法》，法律出版社 1958 年版。

15. ［德］恩格斯：《自然辩证法》，人民出版社 1997 年版。

16. ［德］黑格尔：《历史哲学》，王造时译，商务印书馆 1963 年版。

17. ［德］卡·迪·埃尔德曼：《德意志史》第 4 卷上册，高年生等译，商务印书馆 1986 年版。

18. ［德］莱因哈德·屈恩尔：《法西斯主义剖析》，李广起等译，军事科学出版社 1992 年版。

19. ［德］马克斯·韦伯：《社会科学方法论》，振华、张与健译，（台湾）时报文化出版企业有限公司 1991 年

20. ［德］韦伯：《儒教与道教》，洪天富译，江苏人民出版社 1995 年版。

21. ［德］维托斯·德吕舍尔：《动物王国的权力游戏》，刘海宁等译，21 世纪出版社 1999 年版。

22. 董建辉：《政治人类学》，厦门大学出版社 1999 年版。

23. 杜美：《欧洲法西斯史》，学林出版社 2000 年版。

24. ［法］J. 阿尔德伯特等：《欧洲史》，蔡鸿滨等译，海南出版社 2000 年版。

25. ［法］奥古斯特·孔德：《论实证精神》，黄建华译，商务印书馆 2001 年版。

26. ［法］德里达等：《大学、人文学科与民主》，《读书》2001 年第 12 期。

27. ［法］克洛德·达维德：《希特勒与纳粹主义》，徐岚译，商务印书馆 1997 年版。

28. ［法］孟德斯鸠：《论法的精神》（上册），张雁深译，商务印书馆 1993 年版。

29. 方福前：《公共选择理论——政治的经济学》，中国人民大

学出版社 2000 年版。

30. 风笑天：《社会学研究方法》，中国人民大学出版社 2001 年版。

31. 中国大百科全书总编辑委员会《政治学》编辑委员会、中国大百科全书出版社编辑部编：《中国大百科全书·政治学》，中国大百科全书出版社 1992 年版。

32. ［古希腊］亚里士多德：《政治学》，吴寿彭译，商务印书馆 1996 年版。

33. 顾准：《关于海上文明》，载《顾准文集》，贵州人民出版社 1995 年版。

34. 顾准：《希腊城邦制度——读希腊史笔记》，载《顾准文集》，贵州人民出版社 1995 年版。

35. 何怀远：《意识形态的内在结构浅论》，《江苏行政学院学报》2001 年第 2 期。

36. 黄光国：《论社会科学本土化的方法论问题——从科学哲学演变的视角》，载乔健等主编《社会科学的应用与中国现代化》，北京大学出版社 1999 年版。

37. 黄小勇：《现代化进程中的官僚制》，博士学位论文，北京大学，1999 年。

38. 李景鹏：《当代中国青年政治意识和政治行为的总体分析》，载李景鹏、宋定国主编《当代中国青年政治意识和政治行为》，中国人民公安大学出版社 1992 年版。

39. 李景鹏：《论权力分析在政治学研究中的地位》，《天津社会科学》1996 年第 3 期。

40. 李景鹏：《权力政治学》，黑龙江教育出版社 1995 年版。

41. 李景鹏：《试论社会主义民主的运行机制和理论基础》，《政治学研究》1988 年第 3 期。

42. 李景鹏：《谈社会主义民主问题》，《光明日报》1978 年 12 月 3 日第 3 版。

43. 李景鹏：《中国政治发展的理论研究纲要》，黑龙江人民出版社 2000 年版。

44. 李强：《传统中国社会政治与现代资本主义——韦伯的制度主义解释》，《社会学研究》1998 年第 3 期。

45. 李慎之：《中国文化传统与现代化》，《战略与管理》2000 年第 4 期。

46. 李延明等：《马克思恩格斯政治学说研究》，人民出版社 2002 年版。

47. 李政军：《“经济学分析”之分析》，《江苏社会科学》1997 年第 1 期。

48. 李祖德、陈启能主编：《评魏特夫的〈东方专制主义〉》，中国社会科学出版社 1997 年版。

49.《列宁选集》第 3 卷，人民出版社 1995 年版。

50. 林岗、张宇主编：《马克思主义与制度分析》，经济科学出版社 2001 年版。

51. 刘爱兰：《世界古代中期政治史》，载史仲文、胡晓林主编《新编世界政治史》（上册），中国国际广播出版社 1996 年版。

52. 刘国柱：《希特勒与知识分子》，时事出版社 2000 年版。

53. 刘怀德：《不确定性经济学研究》，上海财经大学出版社 2001 年版。

54. 刘元春：《交易费用分析框架的政治经济学批判》，经济科学出版社 2001 年版。

55. 吕亚力：《政治学方法论》，（台湾）三民书局 1985 年版。

56.《马克思恩格斯全集》第 3 卷、第 19 卷、第 28 卷、第 42 卷，人民出版社中文第 1 版。

57.《马克思恩格斯选集》第 1 卷、第 3 卷、第 4 卷，人民出版社 1995 年版。

58.《马克思恩格斯选集》第 1 卷、第 2 卷、第 4 卷，人民出版社 1972 年版。

59. ［美］J. 唐纳德·穆恩：《政治研究的逻辑：对立观点的综合观》，载［美］格林斯坦、波尔斯比编《政治学手册精选》（上册），竺乾威、周琪、胡君芳译，商务印书馆 1996 年版。

60. ［美］T. S. 库恩：《科学革命的结构》，李宝恒、纪树立译，上海科学技术出版社 1980 年版。

61. ［美］阿尔弗雷德·S. 艾克纳主编：《经济学为什么还不是一门科学》，苏通等译，北京大学出版社 1990 年版。

62. ［美］艾伦·C. 艾萨克：《政治学：范围与方法》，郑永年、胡谆、唐亮译，浙江人民出版社 1987 年版。

63. ［美］巴林顿·摩尔：《民主和独裁的社会起源》，拓夫等译，华夏出版社 1987 年版。

64. ［美］贝蒂·H. 齐斯克：《政治学研究方法举隅》，沈明明等译，中国社会科学出版社 1987 年版。

65. ［美］查尔斯·林德布洛姆：《政治与市场——世界的政治经济制度》，王逸舟译，上海三联书店 1992 年版。

66. ［美］戴维·伊斯顿：《政治体系——政治学状况研究》，马清槐译，商务印书馆 1993 年版。

67. ［美］丹尼斯·C. 缪勒：《公共选择理论》，杨春学等译，中国社会科学出版社 1999 年版。

68. ［美］道格拉斯·C. 诺斯：《对政治和经济的历史发展的交易成本分析》，载埃瑞克·G. 菲吕博顿、鲁道夫·瑞切特编《新制度经济学》，孙经纬译，上海财经大学出版社 1998 年版。

69. ［美］道格拉斯·C. 诺斯：《经济史中的结构与变迁》，陈郁等译，上海三联书店、上海人民出版社 1995 年版。

70. ［美］道格拉斯·C. 诺斯：《制度、制度变迁与经济绩效》，刘守英译，上海三联书店 1994 年版。

71. ［美］道格拉斯·诺思、罗伯斯·托马斯：《西方世界的兴起》，华夏出版社 1999 年版。

72. ［美］菲利普·施米特、特丽·林恩·卡尔：《民主是什么，不是什么?》，载刘军宁编《民主与民主化》，李柏光等译，商务印书馆 1999 年版。

73. ［美］格林、沙皮罗：《理性选择理论的病变：政治学应用批判》，徐湘林、袁瑞军译，（香港）牛津大学出版社 2000 年版。

74. ［美］哈维兰：《当代人类学》，王铭铭译，上海人民出版社 1987 年版。

75. ［美］汉森：《发现的模式》，邢新力译，中国国际广播出版社 1988 年版。

76. ［美］赫伯特·西蒙：《现代决策理论的基石：有限理性说》，杨砾、徐立译，北京经济学院出版社 1989 年版。

77. ［美］亨廷顿：《第三波——20 世纪后期的民主化浪潮》，刘军宁译，上海三联书店 1998 年版。

78. ［美］亨廷顿：《文明的冲突与世界秩序的重建》，周琪等译，新华出版社 1999 年版。

79. ［美］霍布斯：《利维坦》，黎思复等译，商务印书馆 1995 年版。

80. ［美］加里·S. 贝克尔：《人类行为的经济分析》，王业宇、陈琪译，上海三联书店、上海人民出版社 1995 年版。

81. ［美］加里·斯坦利·贝克尔：《家庭论》，王献生等译，商务印书馆 1998 年版。

82. ［美］杰克·赫什莱佛、约翰·G. 赖利：《不确定性与信息分析》，刘广灵、李绍荣主译，中国社会科学出版社 2000 年版。

83. ［美］科恩：《论民主》，聂崇信、朱秀贤译，商务印书馆 1979 年版。

84. ［美］莱斯利·里普森：《政治学的重大问题——政治学导论》，刘晓等译，华夏出版社 2001 年版。

85. ［美］劳伦斯·迈耶等：《比较政治学》，罗飞等译，华夏出版社 2001 年版。

86. ［美］罗伯特·达尔：《论民主》，李柏光、林猛译，商务印书馆 1999 年版。

87. ［美］罗纳德·哈里·科斯：《企业的性质》，载《企业·市场与法律》，盛洪、陈郁等译校，上海三联书店 1988 年版。

88. ［美］迈克尔·罗斯金等：《政治科学》，林震等译，华夏出版社 2001 年版。

89. ［美］曼瑟尔·奥尔森：《国家兴衰探源》，吴应中等译，商务印书馆 1999 年版。

90. ［美］曼瑟尔·奥尔森：《集体行动的逻辑》，陈郁、郭宇峰、李崇新译，上海三联书店、上海人民出版社 1995 年版。

91. ［美］密尔顿·弗里德曼：《实证经济学方法论》，载《弗里德曼文萃》，高榕、范恒山译，北京经济学院出版社 1991 年版。

92. ［美］乔·萨托利：《民主新论》，冯克利、阎克文译，东方出版社 1998 年版。

93. ［美］塞缪尔·P. 亨廷顿：《变化社会中的政治秩序》，王冠华等译，生活·读书·新知三联书店 1989 年版。

94. ［美］史密斯：《美国试图探索一种全新的政治学》，载上海社会科学院信息研究所、上海市社会科学规划办公室编《国外社会科学前沿：1997》，上海社会科学院出版社 1998 年版。

95. ［美］斯蒂格利茨：《经济学》，姚开建等译，中国人民大学出版社 1998 年版。

96. ［美］斯蒂格利茨：《经济学》，中国人民大学出版社 1997 年版。

97. ［美］瓦在特·尼科尔森：《微观经济理论》，朱宝宪、宁向东等译，中国经济出版社 1999 年版。

98. ［美］魏特夫：《东方专制主义》，徐式谷等译，中国社会科学出版社 1989 年版。

99. ［美］西摩·马丁·李普塞特：《政治人——政治的社会基础》，张绍宗译，上海人民出版社 1997 年版。

100. ［美］约瑟夫·熊彼特：《资本主义、社会主义与民主》，吴良健译，商务印书馆 1999 年版。

101. ［美］詹姆斯·M. 布坎南、戈登·塔洛克：《同意的计算》，陈光金译，中国社会科学出版社 2000 年版。

102. ［美］詹姆斯·M. 布坎南：《公共财政》，赵锡军等译，中国财政经济出版社 1991 年版。

103. ［美］詹姆斯·M. 布坎南：《自由　市场和国家》，吴良健、桑伍、曾获译，北京经济学院出版社 1988 年版。

104. ［美］詹姆斯·M. 布坎南：《经济政策的宪法》，载《诺贝尔奖获奖者演说文集——经济学奖（1969—1995）》，上海人民出版社 1999 年版。

105. 宁骚：《行政改革与行政范式》，《新视野》1998 年第 3 期。

106.《培根论说文集》，商务印书馆 1987 年版。

107. 彭渤：《国家与乡村社会关系——古代传统的中西比较》，《新东方》1999 年第 5 期。

108. 平新乔：《财政原理与比较财政制度》，上海三联书店、上海人民出版社 1995 年版。

109. 戚进勤、王淼洋、陈奎德主编：《科学哲学手册》，上海科学技术出版社 1990 年版。

110. 秦亚青：《霸权体系与国际冲突——美国在国际武装冲突中的支持行为（1945—1988）》，上海人民出版社 1999 年版。

111. ［日］小河原诚：《波普——批判理性主义》，毕小辉、徐玉华译，河北教育出版社 2001 年版。

112. ［日］猪口孝：《亚洲式的民主?》，载猪口孝等编《变动中的民主》，林猛等译，吉林人民出版社 1999 年版。

113. 沈友军：《当代西方学者关于民主产生条件的研究》，《国家行政学院学报》2002 年第 2 期。

114. 沈友军：《两种政治：掠夺性政治与交易性政治》，《学术探索》2002 年第 1 期。

115. 沈友军：《民主化解释：向一种新框架发展》，《天津社会科学》2002 年第 3 期。

116. 沈友军：《“诺思悖论”的存在条件》，《云南行政学院学报》2001 年第 2 期，《复印报刊资料——政治学》2002 年第1 期。

117. 盛洪：《经济学透视下的民主》，载汤敏、茅于轼《现代经济学前沿专题》第二集，商务印书馆 1996 年版。

118. 施雪华主编：《政治科学原理》，中山大学出版社 2001 年版。

119. 施治生、郭方：《“东方专制主义”概念的历史考察》，载李祖德、陈启能主编《评魏特夫的〈东方专制主义〉》，中国社会科学出版社 1997 年版。

120. 施治生、郭方主编:《古代民主与共和制度》，中国社会科学出版社 1998 年版。

121. 石士钧:《译者前言》，载［英］马克·布劳格《经济学方法论》，石士钧译，商务印书馆 1992 年版。

122. 舒炜光:《知识论中的反传统——〈客观知识〉中译本序》，载［英］卡尔·波普尔:《客观知识——一个进化论的研究》，舒炜光等译，上海译文出版社 2001 年版。

123. 孙伟平:《关于假说的形成过程、方法及原则的探讨》，《北方工业大学学报》1999 年第 2 期。

124. 孙伟平:《事实与价值》，中国社会科学出版社 2000 年版。

125. 孙哲:《独裁政治学》，(台湾) 扬智文化事业股份有限公司 1995 年版。

126. 童恩正:《文化人类学》，上海人民出版社 1989 年版。

127. 汪翔、钱南:《公共选择理论导论》，上海人民出版社 1993 年版。

128. 王平善、杨春祥编著:《思想政治工作讲座》，法律出版社 1992 年版。

129. 王浦劬主编:《政治学基础》，北京大学出版社 1996 年版。

130. 王威海编著:《韦伯: 摆脱现代社会两难困境》，辽海出版社 1999 年版。

131. 王晓林:《证伪之维——重读波普尔》，四川人民出版社 1998 年版。

132.《威特福格尔谈亚细亚生产方式》，《国外社会科学动态》1981 年第 2 期。

133. 文建东:《公共选择学派》，武汉出版社 1996 年版。

134. 萧俊明:《文化与社会行动》，《国外社会科学》2000 年第1 期。

135. 谢庆奎:《政治释义——关于政治涵义的再讨论》，《新视野》2001 年第 4 期。

136. 谢维扬:《中国早期国家》，浙江人民出版社 1995 年版。

137. 徐长福：《论人文社会学科中理论思维和工程思维的僭越》，《天津社会科学》2001 年第 2 期。

138. 徐长福：《思维方式：僭越与划界——人文社会学科中理论思维与工程思维之批判》，《学海》2001 年第 1 期。

139. 徐鸿武主编：《民主政治大视野》，北京师范大学出版社 1998 年版。

140. 徐鸿武主编：《社会主义民主概论》，吉林人民出版社 1984 年版。

141.《亚里士多德全集》第 1 卷，苗力田主编，中国人民大学出版社 1990 年版。

142. 易宪容：《交易行为与合约选择》，经济科学出版社 1998 年版。

143. [意] 尼科洛·马基雅维里：《君主论》，潘汉典译，商务印书馆 1997 年版。

144. 应克复等：《西方民主史》，中国社会科学出版社 1997 年版。

145. [英] 奥斯丁·伦尼：《政治学》，倪达仁译，（台湾）双业书廊有限公司 1998 年版。

146. [英] 波普尔：《科学发现的逻辑》，查汝强、邱仁宗译，沈阳出版社 1999 年版。

147. [英] 戴维·米勒、韦农·波格丹诺编：《布莱克维尔政治学百科全书》，中国问题研究所等译，中国政法大学出版社 1992 年版。

148. [英] 吉登斯：《何为社会科学》，于海译，《社会》2001 年第 11 期。

149. [英] 卡尔·波普尔：《辩证法是什么?》，载《猜想与反驳——科学知识的增长》，傅季重等译，上海译文出版社 1986 年版。

150. [英] 卡尔·波普尔：《客观知识——一个进化论的研究》，舒炜光等译，上海译文出版社 2001 年版。

151. [英] 卡尔·波普尔：《无尽的探索：卡尔·波普尔自传》，邱仁宗译，江苏人民出版社 2000 年版。

152. ［英］莱昂内尔·罗宾斯：《经济科学的性质和意义》，朱泱译，商务印书馆 2000 年版。

153. ［英］里查德·道金斯：《自私的基因》，卢允中、张岱云、王兵译，吉林人民出版社 1999 年版。

154. ［英］马克·布劳格：《经济学方法论》，石士钧译，商务印书馆 1992 年版。

155. ［英］佩里·安德森：《绝对主义国家的系谱》，刘北成、龚晓庄译，上海人民出版社 2001 年版。

156. ［英］乔治·奥威尔：《1984》，上海世界图书出版公司 2004 年版。

157. ［英］斯密：《国民财富的性质和原因的研究》（上），郭大力、王亚南译，商务印书馆 1981 年版。

158. ［英］休谟：《人性论》（下册），关文运译，商务印书馆 1980 年版。

159. ［英］伊·拉卡托斯：《科学研究纲领方法论》，兰征译，上海译文出版社 1999 年版。

160. ［英］约翰·邓恩编：《民主的历程》，林猛等译，吉林人民出版社 1999 年版。

161. ［英］约翰·伊特韦尔等：《新帕尔格雷夫经济学辞典》，经济科学出版社 1992 年版。

162. 俞吾金：《意识形态论》，上海人民出版社 1993 年版。

163. 袁瑞军：《理性、交易与政治——论公共选择理论的理性经济人假设》，博士学位论文，北京大学，1998 年。

164. 张荣明：《权力的谎言——中国传统的政治宗教》，浙江人民出版社 2000 年版。

165. 张五常：《交易成本范式》，载《经济解释——张五常经济论文选》，商务印书馆 2000 年版。

166. 张五常：《经济解释：让我们做弄潮儿》，载《经济解释——张五常经济论文选》，商务印书馆 2000 年版。

167. 郑传坤：《古代中西政治学的特点及其借鉴》，《政治学研究》2001 年第 4 期。

168. 郑祥福、洪伟:《科学的精神》，上海三联书店 2001 年版。

169. 郑祖铤:《马克思的东方专制制度理论的思想来源和基本内容》，《湘潭大学学报》（哲学社会科学版）1995 年第 5 期。

170. 中国大百科全书总编辑委员会《经济学》编辑委员会编:《中国大百科全书·经济学》，中国大百科全书出版社 1988 年版。

171. 朱庭光主编:《法西斯体制研究》，上海人民出版社 1995 年版。

172. 邹谠:《二十世纪中国政治——从宏观历史与微观行动的角度看》，（香港）牛津大学出版社 1994 年版。

（二）英文文献

173. Alchian, Armen A., "Uncertainty, Evolution and Economic Theory", *Journal of Political Economy*, Vol. 58, 1950.

174. Arrow, K. J., "The Organization of Economic Activitiew: Isses Pertint to the Choice of Market Versus Non-market Allocation", in: *The Analysis and Evaluation of Public Ecpenditures: The PPB System*, JECC of US, Washington, D. C., 1969.

175. Arthur, W. Brian, "Self-Reinforcing Mechanisms in Economics", In Philip W. Anderson, Kenneth J. Arrow, and David Pines (eds), *The Economy as an Evolving Complex System*, Reading, MA.: Addison-Welsley, 1988.

176. Bendix, Reinhard, *Max Weber: An Intellectual Portrait*, University of California Press, 1977.

177. Billington, James H., *Fire in the Minds of Men: Origins of the Revolution Faith*, New York: Basic Books, 1980.

178. Braithwaite, Richard, *Scientific Explanation*, Cambridge: Cambridge University Press, 1955.

179. Brzezinski, Zbigniew K., *Ideology and Power in Soviet Politics*, New York: Praeger, 1967.

180. Buchanan, James M., *Liberty, Market and State*, Harvester Press, 1986.

181. Calhoun, John C., "Disquisition on Government", *Public Opinion and Propaganda*, ed. By Katz, Cartwright, Eldersveld, and Lee, New York: The Dryden Press, 1954.

182. Caporaso, James A. and Levine, David P., *Theories of Political Economy*, Cambridge University Press, 1992.

183. Carl J. Friedrich and Zbigniew K. Brzezinski, *Totalitarian Dictatorship and Autocracy*, New York: Praeger, 1962.

184. Cioffi - Revilla, Claudio, *Politics and Uncertainty: Theory, Models and Applications*, Cambridge: Cambridge University Press, 1998.

185. David, Paul, "Clio and the Economics of QWERTY", *American Economic Review*, 1985.

186. Davis, Lance E. and North, Douglass C., *Institutional Change and American Economical Growth*, Cambridge University Press, 1971.

187. Downs, Anthony, *An Economic Theory of Democracy*, New York: Happer & Row Publishers, 1957.

188. Ehrenberg, Victor, *The Greek State*, Oxford, 1960.

189. Freedom House, "Freedom in the World: The Annual Survey of Political Rights and Civil Liberties", *Freedom Review*, New York: Freedom House, 1997.

190. Gastil, Raymond D., "The Past, Present, and Future of Democracy", *Journal of International Affairs*, Vol. 38, No. 2, 1985.

191. Goldstone, Jack A., "Is Revolution Individually Rational? Groups and Individuals in Revolutionary Collective Action", *Rationality and Society*, Vol. 6, No. 1, January 1994.

192. Gregor, James A., *Contemporary Radical Ideologies: Totalitarian Thought in the Twentieth Century*, New York: Random House, 1968.

193. Grofman, Bernard, "Political Economy: Downsian Perspectives", in Goodin, Robert E. and Klingemann, Hans-Dieter (Ed.), *A New Handbook of Political Science*, Oxford University Press, 1996.

194. Henshall, Nicholas, *The Myth of Absolutism*, London and

New York: Longman, 1992.

195. Herder, Johann Gottfried, *Outlines of a Philosophy of the History of Man*, London, 1800, See Sawer, M., *Marxism and the Question of the Asiatic Mode of Production*, The Hage, 1977.

196. Hume, David, Esq., *Essays, Literary, Moral, and Political*, Ward, Lock & Co., Warwick House; London, England.

197. Johnson, J. Buttolph and Joslyn, Richard A., *Political Science Research Methods*, New Delhi: Prentice Hall, 1987.

198. Jones, Richard, *An Essay on the Distribution of Wealth and the Sources of Taxation*, London.

199. Kirkpatrick, Jeane J., *Dictatorship and Double Standards: Rationalism and Reason in Politcs*, New York: Simon & Schuster, 1982.

200. Knight, Frank H., *Risk, Uncertainty and Profit*, New York: Houghton Mifflin, 1921.

201. Koebner, R., "Despot and Despotism: Vicissitudes of a Political Term", *Journal of the Warbrug and Courtauld Institute*, Vol. XIV, 1951.

202. Lichbach, Mark I., "What Makes Rational Peasants Revolutionary? Dilemma, Paradox and Irony in Peasant Collective Action", *World Politics*, Vol. 46, April 1994.

203. Linz, Juan J., *Totalitarian and Authoritarian Regimes*, Colorado: Lynne Rienner, 2000.

204. Mill, James, *The History of British India*, Vol. Ⅲ, London, 1840-1948.

205. Mill, John Stuart, *Principles of Political Economy*, London, 1923.

206. Morgenthau, Hans J., *Politics Among Nations: The Struggle for Power and Peace*, 5th. Ed. New York: Knopf, 1973.

207. Morton, Rebecca B., *Methods and Models: A Guide to the Empirical Analysis of Formal Models in Political Science*, Cambridge University Press, 1999.

208. Muller, Edward N. and Opp, Karl-Dieter, "Rational Choice

and Rebellious Collective Action", *American Political Science Review*, Vol. 80, No. 2, June 1986.

209. Musgrave, R. A. and Peacock, A. T., eds., *Classics in the Theory of Public Finance*, London: The Macmillan Press Ltd., 1958.

210. Neumann, Franz, "Notes on the Theory of Dictatorship", in Neumann, Franz., *The Democratic and the Authoritarian State*, edited by Herbert Marcuse, Illinois: The Free Press, 1957.

211. Neumann, F., *The Democratic and the Authoritarian State*, Glencoe, Ⅲ.: Free Press of Glencoe, 1957.

212. O'Kane, Rosemary H. T., (ed.), *Revolution: Critical Concepts in Political Science*, Volume Ⅱ, London and New York: Routledge, 2000, Introduction to sections and parts, Volume Ⅱ.

213. Pennock, Roland J., *Democratic Political Theory*, Princeton, New Jersey: Princeton University Press, 1979.

214. Potter, David, Goldblatt, David, Kiloh, Margaret and Lewis, Paul (eds.), *Democratization*, Polity Press, 1997.

215. Pridham, Geoffrey (ed.), *Transitions to Democracy: Comparative Perspectives from Southern Europe*, Latin America and Eastern Europe, Dartmouth, 1995.

216. Przeworski, Adam, "Some Problems in the Study of the Transition to Democracy", see O'Donnell, Guillermo, Schmitter, Philippe C., and Whitehead, Laurence (eds), *Transitions from Authoritarian Rule: Prospects for Democracy*, Baltimore and London: The Johns Hopkins University Press, 1986.

217. Rustow, Dankwart A., "Transition to Democracy: Toward a Dynamic Model", *Comparative Politics*, April, 1970.

218. Sawer, M., *Marxism and the Question of the Asiatic Mode of Production*, The Hage, 1977.

219. Schmitter, Philippe C. and Karl, Terry Lynn, "What Democracy Is... and Is Not", In *The Global Resurgence of Democracy*, edited by Larry Diamond and Marc F. Plattner, Baltimore and London: The

Johns Hopkins University Press, 1993.

220. Service, Elman R., *Profiles in Ethnology*, New York: Harper & Row, 1978.

221. Silver, Morris, "Political Revolution and Repression: An Economic Approach", *Public Choice*, Vol. 17, Spring 1974.

222. Skocpol, Theda, *States and Social Revolutions: A Comparative Analysis of France, Russia, and China*, Cambridge: Cambridge University Press, 1979.

223. Taylor, Morris, "Rationality and Revolutionary Collective Action", in Taylor, Morris (ed.), *Rationality and Revolution*, Cambridge: Cambridge University Press, 1988.

224. Tullock, Gordon, *Autocracy*, Dordrecht: Martinus Nijhoff, 1987.

225. Tullock, Gordon, "The paradox of revolution", *Public Choice*, Vol. 11, 1971.

226. Vanhanen, Tatu, *Prospects of Democracy: A Study of* 172 *Countries*, Routledge, London and New York, 1997.

227. Vanhanen, Tatu, *The Process of Democratization: A Comparative Study of* 147 *States*, 1980–1988, Taylor & Francis New York Ins., 1990.

228. Vernon, Van Dyke, *Political Science: A Philosophical Analysis*, Stanford: Stanford University Press, 1960.

229. Vira, B., "The Political Coase Theorem: Identifying Differences between Neoclassical and Critical Institutionalism", *Journal of Economic Issues*, Vol. 16, Sept. 1997.

230. Weber, Max, *Economy and Society*, Guenther Roth and Claus Wittich, eds., University of California Press, Vol. 2, 1978.

231. Williams, G. C., *Adaption and Natural Selection: Critique of Some Current Evolutionary Thought*, Princeton: Princeton University Press, 1966.

232. Williamson, O. E., *Transaction Cost Economics*, New York: Free Press, 1995.

233. Wintrobe, Ronald, *The Political Economy of Dictatorship*, Cambridge University Press, 1998.

234. Wittfogel, Karl A., *Oriental Despotism: A Comparative Study of Total Power*, New Haven: Yale University Press, 1957.

235. Wright, Von and Henrik, Georg, *Explanation and Understanding*, Ithaca, N. Y.: Cornell University Press, 1971.

后　记

诗人艾青说：为什么我的眼里常含泪水？因为我对这土地爱得深沉。我的眼里也常含泪水，因为我对民主制度爱得深沉。在漫长的古代和近代，中华民族都处于非民主的统治之下，它最缺乏的东西就是“民主政治”。

漫长的非民主政治的历史留下的后遗症是比较严重的，甚至阻碍当代中国的社会主义民主政治建设，“文化大革命”的十年就是一个突出的例子。我认为，发展、完善和巩固民主政治是中华民族的最高利益、第一利益，是中国最大的“国家利益”。

1984 年，我初中毕业，考入湖南省桃源师范学校，这使我丧失了考大学的机会。当我的同龄人在高中学校为考大学而拼搏的时候，当我的师范学校的同学在听课或打球的时候，我一般都在图书馆里阅读文学书刊，其结果是在第三年发表了一篇小说和两段文字。中师毕业后，我先在一所乡村小学教三年级，一年后进入初中学校授课。工作之余，我参加高等教育自学考试，完成了我的大专学业，于 1990 年获得“汉语言文学”专业毕业证书。然而，我的兴趣早在大专毕业前一年就已经从文学转向了政治学，从感性世界转向了理性世界。我决心考政治类专业的硕士研究生，探究民主政治的产生和维持的原因或条件。13 年过去了，这一追求依然执着；本文虽然名为《非民主政治的经济理论》，其实最终关心的还是民主政治，因为只有深刻地研究了非民主政治，我们才有可能有效地建设和完善民主政治。

本书是在我的博士论文的基础上修改完成的。写作博士论文的时候，我的导师李景鹏教授支持我的选择，即使我三番五次地调整论文题目、角度和结构，他还是耐心听我的汇报，给予我建议和鼓励。我在行文中为了突出重点，节省篇幅，常常忽略掉一些附带的说明，从而显得偏颇；李老师为我琢磨了许多具体的补救措施，这减少了论文的瑕疵。初稿完成之后，李老师仔细地阅读了全文，并且指出了许多错误。李老师知道我除了北京大学发放的生活费和奖学金之外别无经济来源，又努力为我缓解经济压力。当初考李老师的博士研究生时，我自知功底浅薄，希望渺茫，就没敢提前和导师以任何方式联系；分数都出来好几天了，我才第一次和他联系，李老师在电话中简洁、明确地告诉我被录取了，我简直不敢相信自己的耳朵。鉴于我基础不扎实，李老师鼓励我用勤奋学习来弥补；三年来我专心致志地学习和研究，希望没有辜负李老师。

在李老师和北京大学政府管理学院、国家行政学院的领导的关怀下，我有幸成为两院联合培养的博士研究生。国家行政学院的优良的条件及其图书馆工作人员的热情服务帮了我的大忙，本书的框架就是我坐在国家行政学院的草地上构思而成的。在博士的最后一个学年中，国家行政学院每月发给我 200 元的生活补贴，虽然微薄，却也有助于改善伙食。国家行政学院为我安排的导师徐鸿武教授十分关心我的研究，师母病了，多日住在医院，但徐老师就是不让我去看望，他怕影响论文的如期完成。我是一个幸运的研究生，无论是读硕士（导师为熊家学教授），还是读博士，都遇到了品行高洁、治学严谨的好导师；三位导师给我的慈父一般的关怀我将终生难忘。

政府管理学院谢庆奎教授、王浦劬教授、袁瑞军博士，经济学院黄贵田博士，哲学系何怀宏教授所开设的课程使我受益良多。在中期考试、开题报告、预答辩过程中，宁骚教授、丁则勤教授、黄恒学教授、张国庆教授、李强教授、徐湘林博士、杨凤春副教授也给了我许多好的建议。佟福玲、李凤兰老师工作热忱负责，我很感谢她们的帮助。

在与同学杨宏山、唐娟、林震、胡叔宝、徐家良、胡仙芝、张雅林、贾鸿飞等的研讨中，我学到了很多很多。杨宏山、胡叔宝、唐娟三位以不同的方式在生活上给了我帮助。师兄刘海波、师姐褚松燕在诸多方面给我提出了中肯的建议。

本书初稿完成于2002年，之后又沉睡了12年，直到2014年年底，在中国社会科学出版社的编辑王琪的支持下，本书才得以在2015年出版。

2015年2—4月，北京师范大学政府管理学院政治学研究所的硕士研究生郑姗姗、张舒、许嘉辉、王俊和关尔佳等同学分别负责了本书第二到第六章的注释和格式校订，我指导的研究生熊勇负责校订了本书第一、第七章的注释与格式，并组织上述同学完成了全书的校订工作。我十分感谢他们！

沈友军

2015年6月25日